U0104945

古典文獻研究輯刊

三七編

潘美月・杜潔祥 主編

第 28 冊

山海經新校正

〔晉〕郭璞 注、〔清〕畢沅 校正

劉朝飛 點校

國家圖書館出版品預行編目資料

山海經新校正／劉朝飛　點校 -- 初版 -- 新北市：花木蘭文
化事業有限公司，2023〔民112〕
目 2+228 面；19×26 公分
（古典文獻研究輯刊 三七編；第 28 冊）
ISBN 978-626-344-491-1（精裝）
1.CST：山海經 2.CST：研究考訂
011.08　　　　　　　　　　　　　　　　　112010529

ISBN-978-626-344-491-1

9 786263 444911

古典文獻研究輯刊
三七編　第二八冊　　　　　　ISBN：978-626-344-491-1

山海經新校正

作　　　者　劉朝飛（點校）
主　　　編　潘美月、杜潔祥
總 編 輯　杜潔祥
副總編輯　楊嘉樂
編輯主任　許郁翎
編　　　輯　張雅淋、潘玟靜　美術編輯　陳逸婷
出　　　版　花木蘭文化事業有限公司
發 行 人　高小娟
聯絡地址　235 新北市中和區中安街七二號十三樓
　　　　　　　電話：02-2923-1455／傳真：02-2923-1452
網　　　址　http://www.huamulan.tw 信箱 service@huamulans.com
印　　　刷　普羅文化出版廣告事業
初　　　版　2023 年 9 月
定　　　價　三七編 58 冊（精裝）新台幣 150,000 元
版權所有 · 請勿翻印

山海經新校正

劉朝飛　點校

作者簡介

劉朝飛，1987 年生於河北南皮，獨立學者，曾出版點校本《山海經箋疏》（2019 年華東師範大學出版社）《李賀歌詩箋注》（2021 年中華書局），又曾有學術隨筆集《志怪於常：山海經博物漫筆》（2020 年浙江古籍出版社）。

提　　要

　　《山海經新校正》是清代影響最大的三部《山海經》研究著作之一，校正者畢沅首次深入探討了有關《山海經》的地理、篇目問題，並且對文字校勘提出了很多獨到簡介。本次整理，又收入了同時期知名學者盧文弨、孫星衍等對此書的批校，使得此點校本有了更加獨特的價值。

感謝欒保群先生、梁風先生
為審訂此書稿

目

次

整理說明

　　《山海經》十八卷，舊傳為伯益所作。伯益，或作柏翳，名大費，佐大禹治水有功，舜賜姓嬴，為秦趙先祖。此書作者或又傳為大禹、夷堅，皆不可信。當代學者多認為其成書非由一人一時甚至一地。其成書上限或許甚早，下限是西漢初年，主體部分寫成當在戰國年間。西漢末年劉向、劉秀（歆）父子領校羣書時，本書由「臣望」在「建平元年（公元前 6 年）四月丙戌」整理而成，此後遂為定本。

　　晉郭璞（276～324）《山海經傳》，是本書第一個系統的注釋本。郭璞，字景純，河東聞喜（今山西聞喜）人，中年殉節，被追贈為弘農太守。郭璞博學多才，此著之外，還注釋有《爾雅》《三倉》《方言》《穆天子傳》《楚辭》《子虛賦》等，又有詩文《遊仙詩》《客傲》等。郭璞之後，《山海經傳》成為人們了解《山海經》最為重要的依據，此外幾乎再無別本可考。

　　郭璞之後，長期以來，治《山海經》之學者罕見。直至清代，方有吳任臣、畢沅、郝懿行三家聞名於世。吳氏導先，郝氏集成，中間真正將《山海經》研究推上高峰的，正是畢沅。

　　《山海經新校正》十八卷並《山海經古本篇目考》一卷，清畢沅（1730～1797）撰。畢沅，字纕蘅，一字秋帆，號靈巖山人，籍江蘇鎮洋（今江蘇太倉）。乾隆二十五年廷試一甲第一名，官至陝西巡撫、湖廣總督等。一生顯赫，著述甚豐，而以主持編纂《續資治通鑒》聞名。

　　此《山海經新校正》歷時五載，成於乾隆四十六年（1781）。當時作者任職於陝西，經歷西部山水，助成其書。書名「山海經新校正」，仿宋人林億校

正醫書之例，不言「箋注」等詞，以示謙遜。

書中經文之外，全錄郭璞注，而作者之言冠以「沅曰」。其內容主要有三點：

考證地理。這是作者最主要的貢獻，歷來備受重視。作者不滿於郭注在地理考證方面的簡陋，所以廣徵地志，驗於耳目，第一次對《山海經》中出現的地名做出了系統的解讀。如說「《西山經》其山率多可考」「《東山經》其山水多不可考」等。

整齊篇目。作者因劉秀之表「三十二篇」之言，以為當作「三十四篇」，故分析舊本十八篇，以合「三十四」之數。用力雖勤，其實不中。但作者在篇目考證方面，多少還是有些重要發明的。如《海內東經》所附水道志，畢氏以為即秦代《水經》，並將其中部分注文析出，實為灼見。

校正文字。作者守舊意識強烈，凡《說文》《玉篇》等字書中所無之字，常被其認定為後人所改。此書中文字，多不同於傳世本，而據篆形臆改。此說雖未必，郝懿行即或不從之，但也多少受其影響，如「昆侖」不作「崑崙」等。

本書以乾隆癸卯（1783）靈巖山館《經訓堂叢書》本為最早，其後又有光緒三年（1877）浙江書局《二十二子》本，光緒十三年上海同文書局石印本，光緒十四年掃葉山房刊朱墨套印本，光緒十六年學庫山房校刊本，光緒十九年鴻文書局本，光緒二十三年圖書集成鉛印本，民國四年（1915）育文書局石印本，民國九年五鳳樓《注釋圈句足本大字子書四十八種》石印本，《叢書集成初編》本，以及日本明治三十五年（1897）刻本。光緒二十三年（1897）圖書集成局《山海經箋疏圖說》，以及民國二十五年王心湛《山海經集解》，實亦即畢氏此書。初刻本較少見，浙江書局本流傳最廣，晚出眾本多不足觀。

《經訓堂叢書》本（簡稱初刻本）牌記題曰：「乾隆癸卯開雕，《山海經新校正》，經訓堂藏板。」乾隆癸卯即乾隆四十八年（1783）。書末有孫星衍序，亦作於是年。其書半葉十一行，行二十二字，小字雙行同，黑口，四周單邊，雙黑魚尾。每卷尾題「靈巖山館」或「靈巖山館刊」。此本文字誤較多，南京圖書館藏本有盧文弨批校，國圖藏本有蔣知讓批校，多有訂正，本次整理亦錄入其部分批校。據盧文弨說，此《經訓堂叢書》本又有「後補刻」之本，或合於蔣知讓本，但又不盡合，詳情不明。

盧文弨（1717～1795）在畢書刊刻不久之後，就開始對其進行了深入校訂，一直到去世前一年。其參校本有借自吳中袁氏的傳錄宋本（此本不詳，但仍當

是直接鈔自宋淳熙尤袤本）、藏經本（明正統道藏本），以及項綑甃玉書堂本、吳琯《古今逸史》本等〔註1〕。其書缺卷三、卷四，以及卷五之中次七經至中次十經，補以鈔葉，補鈔者當為丁丙（1831～1899）〔註2〕。盧文弨用功甚勤，所得甚多，但又未能將此校訂工作貫穿全書。所以今所見其《大荒經》批校內容尤其繁多，《五藏山經》存世部分批校內容尚可，但《海外內經》八卷卻幾乎沒有批校。又，其參照本，更多是用藏本，用宋本等很少。

蔣知讓批校本（簡稱蔣本），長時間被認定為是孫星衍批校、蔣知讓題跋。其書末一葉題曰：「丙辰（1796）冬十一月，讀第四遍，淵如其可幾及哉？與東原《水經》並為一代絕學已。師退識。」〔註3〕淵如為孫星衍之字，東原為戴震之字，師退為蔣知讓之字。其書最後一卷尾批：「甲辰（1784）十一月又校，在西安節院。十二月二十日，校抱經學士所寄本。」抱經為盧文弨之號。似乎蔣知讓在畢書刊刻後不久便批校三遍，十餘年之後又讀第四遍，自認為對此書有了一個深入了解，幾乎可以達到孫星衍的程度，又感慨此書成就相當於戴震校《水經注》。書中又墨筆引《音義》十條，又《中次二經》直題「星衍《音義》」一條，似乎至少墨筆《音義》諸條確實出自孫星衍，《音義》即此書孫序所謂「《山海經音義》二卷」自焚之者。但墨筆又有題「琮按」「琮意」者八條，顯然另是一人，或是時任永定河道臺之陳琮。墨筆中蔣知讓有署名者，亦有六條。其書大體是先有墨筆批校，後有朱筆批校，故朱筆常對墨筆進行勾畫，但也偶有墨筆勾畫朱筆者（如卷七形夭條）。總之，此書大概是挖改後的畢氏刊本，短時間內先後經過孫星衍、（陳）琮、蔣知讓等人批校，但僅能根據署名確定二十五條的具體作者，其他大量批校不知究竟出自何人之手。

湔江書局本（簡稱局本）牌記題曰：「光緒三年，湔江書局據畢氏靈巖山館本校刻。」半頁九行，行二十一字，白口，四周單邊，單黑魚尾。每卷卷尾

〔註1〕所謂「乾隆癸卯四月十七日，盧袞經閱。六月六日重以藏經本校。（卷一尾批）」「癸卯五月二日閱。六月九日再校。癸丑（1793）十二月廿六日，以傳錄宋本校。（卷二）」「甲寅（1794）正月十三日校。（卷十五）」「甲寅正月十四日校。（卷十六）」

〔註2〕丁丙又於書前補鈔四庫提要，有浮簽曰：「《山海經》十八卷，靈巖山館刊本，盧抱經校藏，晉記事參軍郭璞傳。郭璞自序並劉秀校上。是書見於《晉書》本傳。《隋》《唐》二志皆云二十三卷，今本少五卷，疑後人併其卷帙，以就劉秀奏中之數。書中序數山水，多參以神怪，故道藏收之。然實非黃老之言。實為小說之最古者歟？盧抱經搜宋本校正，惜有缺佚。」

〔註3〕又有浮簽題曰：「蔣知讓字師退，鉛山人，見曾賓谷《邗上題襟續集》。丙辰為嘉慶元年也。」

題「總校王詒壽，分校沈琮寶、孫瑛校」等字，卷卷校書者名字不同。諱清仁宗「顒琰」、宣宗「旻寧」字。此版流傳較廣，且譌誤較少，故今以此版為底本點校。

其他各本價值較低，今不予取用。唯《叢書集成初編》本（簡稱集成本）有簡單標點，頗足參考。

此書底本與參照本異文不多，除避諱字之外，今全部出校。畢氏所用底本當為《古今逸史》本，今亦取以對校。其引文則各取通行本，酌情出校。另對《五臧山經》部分施以編號。

癸卯仲春
南皮劉朝飛識

山海經新校正序

兵部侍郎兼都察院右副都御史巡撫陝西西安等處地方贊理軍務兼理糧餉欽賜一品頂帶畢沅撰

《山海經》作於禹益，述於周秦，其學行於漢，明於晉，而知之者魏酈道元也。

《五藏山經》三十四篇，實是禹書。禹與伯益主名山川，定其秩祀，量其道里，類別草木鳥獸。今其事見於《夏書·禹貢》《爾雅·釋地》，及此經《南山經》以下三十四篇。

《爾雅》云：「三成為昆侖丘，絕高為之京，山再成英，銳而高嶠，小而眾巋，屬者嶧，獨者蜀，上正章，山脊岡，如堂者密，大山宮小山霍，小山別大山鮮，山絕陘，山東曰朝陽。」皆禹所名。桉此經有昆侖山、京山、英山、高山、歸山、嶧皋之山、獨山、章山、岡山、密山、霍山、鮮山、少陘山、朝陽谷，是其山也。

《夏書》云：「奠高山大川。」孔子告子張以為，牲幣之物，五嶽視三公，小名山視子男。桉此經云凡某山至某山，其祠之禮何，用何，瘞禂用何，是其禮也。

《列子》引「夏革云」，呂不韋引「《伊尹書》云」，多出此經。二書皆先秦人著，夏革、伊尹又皆商人，是故知此三十四篇為禹書無疑也。

《海外經》四篇、《海內經》四篇，周秦所述也。

禹鑄鼎象物，使民知神姦。桉，其文有國名、有山川、有神靈奇怪之所際，是鼎所圖也。鼎亡於秦，故其先時人猶能說其圖以著于冊。

劉秀又釋而增其文，是《大荒經》以下五篇也。《大荒經》四篇釋《海外經》，《海內經》一篇釋《海內經》，當是漢時所傳。

亦有《山海經圖》，頗與古異。秀又依之為說，即郭璞、張駿見而作讚者也。

劉秀之表《山海經》云：「可以考禎祥變怪之物，見遠國異人之謠俗。」郭璞之注《山海經》云：「不怪所可怪，則幾於無怪矣；怪所不可怪，則未始有可怪也。」秀、璞此言，足以破疑《山海經》者之惑，而皆不可謂知《山海經》。何則？《山海經‧五藏山經》三十四篇，古者土地之圖。《周禮》：「大司徒用以周知九州之地域廣輪之數，辨其山林川澤丘陵墳衍原隰之名物。」《管子》：「凡兵主者，必先審知地圖，轘轅之險，濫車之水，名山通谷經川陵陸丘阜之所在，苴草林木蒲葦之所茂，道里之遠近。」皆此經之類。故其書世傳不廢。其言怪與不怪，皆末也。

《南山經》其山可考者，惟誰山、句餘、浮玉、會稽諸山。其地漢時為蠻中，故其他書傳多失其跡也。

《西山經》其山率多可考，其水有河、有渭、有漢、有洛、有涇、有符禺、有灌、有竹、有丹、有楚、有洋、有弱、有洱、有辱、有諸次、有端、有生、有濫，是皆雍梁二州之水，見於經傳，其川流沿注至今，質明可信者也。

《北山經》其山皆在塞外，古之荒服，經傳亦失其跡，而有泑澤及河原可信。《北次三經》以下，其山亦多可考，其水有汾、有酸、有晉、有勝、有狂、有修、有雁門、有聯、有教、有平、有沁、有嬰矦、有淇、有黃、有洹、有釜、有歐、有清漳、濁漳、有涷、有牛首、有泜、有槐、有彭、有虖沱、有滋、有寇，是皆冀州之水，見于經傳，其川流沿注又至今，質明可信者也。

《東山經》其山水多不可考，而有泰山、有空桑之山，有濼水、有環水，是為青州之地也。

《中山經》起薄山，是禹所都，故其山水之名尤著。水有渠豬、有滽、有滴、有少、有伊、有即魚、有鮮、有陽、有薤、有墠渚、有畛、有正回、有兩瀟瀟、有甘、有虢、有浮豪、有熒洛之洛、有玄扈、有戶、有良餘、有乳、有龍餘、有黃酸、有交觴、有俞隨、有穀、有謝、有少、有瞻、有波、有惠、有潤、有豪、有共、有厭染、有橐、有樵、有蓇、有湖、有門、有藉姑、有明、有狂、有來需、有合、有休、有汜、有器難、有太、有役、有沫，是皆豫州之水。《中次八經》起景山，有睢、有漳、有洈。《中次九經》有縣洛之洛、有岷

江、南江、北江、有湍、有清、有灉、有清冷淵、有涀、有汝、有殺、有灃、有淪，有澧、沅、湘、九江，是皆荊州之水，見于經傳，其川流沿注又至今，質明可信者也。

郭璞之世，所傳之地里書尚多不能遠引。今觀其注釋山水，不桉道里，其有名同實異，即云「今某地有某山，未知此是非」。又，《中山經》有牛首之山及勞湔二水，在今山西浮山縣境，而妄引長安牛首之山及勞湔二水；霍山近牛首則在平陽，而妄多引潛及羅江鞏縣之山，其疏類是。

酈道元作《水經注》，乃以經傳所紀、方士舊稱，考驗此經山川名號。桉其涂數，十得者六。始知經云東西道里信而有徵，今古世殊，未嘗大異。後之撰述地里者多從之。沅是以謂其功百倍于璞也。

然酈書所著僅述水道所逕，而其他山水紀傳所稱足為經証者亦閒有焉。《西山經》有女牀之山，薛綜云在華陰西六百里，今山不可考，而道里則合于經也。《西次三經》云洱水注洛，《隋書‧地理志》云洛原縣有洱水，必其水也。《北次三經》云泜水注彭水，《隋書‧地理志》云房子有彭水，亦必其水也。又，《太平寰宇記》云保安軍有吃莫川注洛，其水不勝船筏，今在陝西靖邊縣。桉，《西次三經》有弱水注洛，其川流既同，又名弱水，合于不勝船筏之說，亦必其水也。《海內經》凌門之山當即龍門之山，今陝西韓城是。楊汗之山，當即秦之楊紆，今陝西潼關是。而古今地里家疑其域外，是由漢魏以來不知聲轉，斯為謬也。凡此諸條，皆郭璞所不詳，道元所未取，又沅之有功於此經者也。

又，《山海經》未嘗言怪，而釋者怪焉。經說鴟鳥及人魚，皆云人面。人面者，略似人形。譬如經云鸚母、狌狌能言，亦略似人言，而後世圖此遂作人形。此鳥及魚，今常見也。又，崇吾之山有獸焉，其狀如禺而文臂，豹虎而善投，名曰舉父，郭云或作夸父。桉之《爾雅》有玃父善顧，是既猿猱之屬，「舉」「夸」「玃」三聲相近，郭注二書，不知其一，又不知其常獸，是其惑也。以此而推，則知《山海經》非語怪之書矣。

又，經所言草木治疾，多足証發《內經》。沅雖未達，是知非後人所及也。

《海外》《海內經》八篇，多雜劉秀校注之辭。詳求郭意，亦不能照。酈道元注《水經》，多連引其文。今率細書以別之。

沅不敏，役于官事，校注此書，凡閱五年，自經傳子史、百家傳注、類書所引，無不徵也。其有闕略，則古者不著，非力所及矣。既依郭注十八卷，不

亂其例，又以《考定目錄》一卷附于書。其云「新校正」者，仿宋林億之例，不敢專言牋注，將以俟後之博物也。

乾隆四十六年九月九日

郭璞注山海經序〔註1〕

　　世之覽《山海經》者，皆以其閎誕迂誇，多奇怪俶儻之言，莫不疑焉。嘗試論之曰，莊生有云：「人之所知，莫若其所不知。」吾於《山海經》見之矣。夫以宇宙之寥廓，羣生之紛紜，陰陽之煦蒸，萬殊之區分，精氣渾淆，自相潰薄，遊魂靈怪，觸象〔註2〕而搆，流形於山川，麗狀於木石者，惡可勝言乎？然則，總其所以琁，鼓之於一響；成其所以變，混之於一象。世之所謂異，未知其所以異；世之所謂不異，未知其所以不異。何者？物不自異，待我而後異，異果在我，非物異也。故胡人見布而疑黂，越人見罽而駭毳。蓋信其〔註3〕習見而奇所希聞，此人情之常蔽也。今略舉可以明之者：陽火出于冰水，陰鼠生于炎山，而俗之論者，莫之或怪；及談《山海經》〔註4〕，而咸怪之──是不怪所可怪而怪所不可怪也。不怪所可怪，則幾於無怪矣；怪所不可怪，則未始有可怪也。夫能然所不可，不可所不可然，則理無不然矣。案《汲郡竹書》及《穆天子傳》：「穆王西征，見西王母，執璧帛之好，獻錦組之屬。穆王享王母於瑤池之上，賦詩逞來，辭義可觀。遂襲崑崙之丘，遊軒轅之宮，眺鍾山之嶺，玩帝者之寶，勒石王母之山，紀迹玄圃之上。乃取其嘉木豔草，奇鳥怪獸，玉石珍瑰之器，金膏燭銀之寶，歸而殖養之於中國。穆王駕八駿之乘，右服盜驪，左驂騄耳，造父為御，犇戎為右，萬里長騖，以周歷四荒，名山大川，靡不登

〔註1〕盧文弨：吳中袁氏又愷借宋本校過。宋本每葉廿行，每行廿一字，小注同，不分卷，分十八篇，共一百廿六葉，皆連箅。宋本別字如悕嘗陰紈之類，今不悉改此上。此依《說文》而駁俗者改之。
〔註2〕象字盧文弨校作像。
〔註3〕「蓋信其」三字盧文弨校作「夫翫所」。
〔註4〕「經」字下盧文弨校增「所載」二字。

濟。東升大人之堂，西燕王母之廬，南轢鼅鼄之梁，北躡積羽之衢。窮歡極娛，然後旋歸。」案《史記》說穆王得盜驪騄耳驊騮之驥，使造父御之，以西巡狩，見西王母，樂而忘歸，亦與《竹書》同。《左傳》曰：「穆王欲肆其心，使天下皆有車轍馬迹焉。」《竹書》所載，則是其事也。而譙周之徒，足為通識瑰儒，而雅不平此，驗之《史考》，以著其妄。司馬遷〔註5〕《大宛傳》亦云：「自張騫使大夏之後，窮河源，惡覩所謂崑崙者乎？至《禹本紀》《山海經》所有怪物，余不敢言也。」不亦悲乎！若《竹書》不潛出於千載，以作徵於今日者，則《山海》之言，其幾乎廢矣。若乃東方生曉畢方之名，劉子政辨盜械之尸，王頎訪兩面之客，海民獲長臂之衣：精驗潛効，絕代縣符。於戲！羣惑者其可以少寤乎？是故聖皇原化以極變，象物以應怪，鑒無滯賾，曲盡幽情。神焉廋哉！神焉廋哉！蓋此書跨世七代，歷載三千，雖暫顯於漢，而尋亦寢廢。其山川名號所在，多有舛謬，與今不同，師訓莫傳，遂將湮泯。道之所在，俗之所喪，悲夫！余有懼焉，故為之創傳，疏其壅閡，闢其茀蕪，領其玄致，標其洞涉。庶幾令逸文不墜於世，奇言不絕於今，夏后之迹靡刊於將來，八荒之事有聞於後裔，不亦可乎？夫翳薈之翔，巨以論垂天之淩；蹏涔之遊，無以知絳虯之騰；鈞天之庭，豈伶人之所躡；無船〔註6〕之津，豈蒼兒之所涉：非天下之至通，難與言《山海》之義矣。於戲〔註7〕！達觀博物之客，其鑒之哉！〔註8〕

《山海經》目錄總十八卷〔註9〕（本三萬九百十九字，注二萬三百五十字，總五萬一千二百六十九字。）

南山經第一（本三千五百四十七字〔註10〕，注二千一百七字。）

西山經第二（本五千六百七十二字，注三千二百二字。）

北山經第三（本五千七百四十六字，注二千三百八十二字。）

東山經第四（本二千四十字，注三百七十五字。）

中山經第五（本四千七百一十八字，注三千四百八十五字。）

海外南經第六（本五百一十一字，注六百二十二字。）

海外西經第七（本五百三十七字，注四百五十二字。）

〔註5〕遷字下蔣本朱筆校增敘字，又有眉批：吳本遷下有敘字。

〔註6〕船字盧文弨校作航。

〔註7〕於戲二字盧文弨校作嗚呼。

〔註8〕盧文弨眉批：宋本微禎俱缺筆。

〔註9〕盧文弨眉批：另葉起。

〔註10〕蔣本眉批：止一千八百六十四字。

海外北經第八（本五百八十四字，注四百九十三字。）

海外東經第九（本四百四十二字，注五百九十五字。）

海內南經第十（本三百六十四字，注七百九字。）

海內西經第十一（本四百三十九字，注六百九十五字。）

海內北經第十二（本五百九十四字，注四百九十五字。）

海內東經第十三（本六百二十四字，注一千四百九十五字。）

大荒東經第十四（本八百六十四字，注八百一十三字。）

大荒南經第十五（本九百七十二字，注五百九十八字。）

大荒西經第十六（本一千二百八十二字，注一千二百三字。）

大荒北經第十七（本一千五百六字，注七百六十七字。）

海內經第十八（本一千一百十一字，注九百六十七字。此《海內經》及《大荒經》本皆進在外。）

沅曰：此目錄下注字今本所無。目錄下總十八卷注字《玉海》有，已下注字明藏經本有。其云「此《海內經》及《大荒經》本皆進在外」，言《山海經》古本十三篇，劉秀校進時又附五篇于後為十八篇也。此郭璞注與？

山海經古本篇目考

　　《山海經》三十四篇，禹、益所作。

　　沅曰：劉秀表曰凡三十二篇。今合《五臧山經》及《海外》《海內經》共三十四篇。「二」當為「四」，字之誤也。

　　沅又曰：《列子》桉夏革，以為夷堅所志。又夏革曰「大禹曰地之所載」云云四十七字，是經《海內南經》文。又，《呂氏春秋・本味篇》桉伊尹說，多取此經。夏革、伊尹皆湯時人，則此經為夏書無疑矣。故自唐以前，劉秀奏、王充《論衡》、趙君《吳越春秋》，皆以為禹、益所著。《博物志》曰：「太古書今見存，有《神農經》《山海經》。」《水經注》曰：「禹著《山經》，淇出沮洳。」又曰：「《山海經》創之大禹，記錄遠矣。」鄭玄注《尚書》，服虔注《左氏春秋》，皆用《山海經》。疑此經自杜佑始。

　　南山經第[註1]一，

　　南次二經第二，

　　南次三經第三，

　　西山經第四，

　　西次二經第五，

　　西次三經第六，

　　西次四經第七，

　　北山經第八，

　　北次二經第九，

〔註1〕第字盧文弨校曰：第，下同。

北次三經第十，

東山經第十一，

東次二經第十二，

東次三經第十三，

東次四經第十四，

中山經第十五，

中次二經第十六，

中次三經第十七，

中次四經第十八，

中次五經第十九，

中次六經第二十，

中次七經第二十一，

中次八經第二十二，

中次九經第二十三，

中次十經第二十四，

中次十一經第二十五，

中次十二經第二十六，

海外自西南陬至東南陬第二十七，

海外自西南陬至西北陬第二十八，

海外自東北陬至西北陬第二十九，

海外自東南陬至東北陬第三十，

海內東南陬以西第三十一，

海內西南陬以北第三十二，

海內西北陬以東第三十三，

海內東北陬以南第三十四。

沅曰：桉，《海內東北陬以南篇》至「會稽山在大楚南」止，下是《水經》。

十三篇，漢時所合。

沅曰：《藝文志·形法家》有《山海經》十三篇。

南山經第一，

西山經第二，

北山經第三，

東山經第四，

中山經第五，

海外南經第六，

海外西經第七，

海外北經第八，

海外東經第九，

海內南經第十，

海內西經第十一，

海內北經第十二，

海內東經第十三。

沅曰：皆劉向校經時所題也。向合《南山經》三篇以為《南山經》一篇，《西山經》四篇以為《西山經》一篇，《北山經》三篇以為《北山經》一篇，《東山經》四篇以為《東山經》一篇，《中山經》十二篇以為《中山經》一篇，並《海外經》四篇，《海內經》四篇，凡十三篇。班固作《藝文志》，取之于《七略》，而無《大荒經》以下五篇也。

十八篇，劉秀所增。

南山經第一，

西山經第二，

北山經第三，

東山經第四，

中山經第五，

海外南經第六，

海外西經第七，

海外北經第八，

海外東經第九，

海內南經第十，

海內西經第十一，

海內北經第十二，

海內東經第十三。

大荒東經第十四，

大荒南經第十五，

大荒西經第十六，

大荒北經第十七，

海內經第十八。

沅曰：藏本目錄云：「此《海內經》及《大荒經》本皆進〔註2〕在外。」又篇內有成湯、有王亥僕牛，則知後人所述。又桉，《大荒經》四篇似釋《海外經》四篇，《海內經》一篇似釋《海內經》四篇，當是秀所增也。

《水經》二卷，撰人闕，郭璞注。

沅曰：《海內東經》篇中自「岷三江首」至「漳水入章武南」，多有漢郡縣名。据《隋書·經籍志》云：「《水經》三卷，郭璞注。」《舊唐書·經籍志》云：「《水經》二卷，郭璞撰。」此《水經》，隋唐二志皆次在《山海經》末，當即《海內經》中文也。又有《水經》四十卷，酈善長注，乃桑氏之經。〔註3〕杜佑不知郭注是《海內東經》中《水經》，乃云：「《水經》郭璞注三卷，後魏酈道元四十卷，皆不詳所撰者名氏，亦不知何代之書。」是以二經為一。又引經云「濟水過壽張」云云，而責景純注解疏略。是以郭璞為注桑氏之書，其謬甚矣。

沅又曰：《水經注》云：「《山海經》創之大禹，紀錄遠矣。故《海內東經》曰，廬江出三天子都，入江彭澤西。」是亦誤以此《水經》為禹經也。

十八卷，郭璞所注。

沅曰：《隋書·經籍志》云：「《山海經》二十三卷，郭璞注。」《舊唐書》云：「十八卷，郭璞撰。」即用劉秀十八篇，篇為一卷也。

古圖，亡。又，圖十卷，梁張僧繇畫，亦亡。

沅曰：《山海經》有古圖，有漢所傳圖，有梁張僧繇等圖。十三篇中，《海外》《海內經》所說之圖，當是禹鼎也；《大荒經》已下五篇所說之圖，當是漢時所傳之圖也，以其圖有成湯、有王亥僕牛等知之，又微與古異也。据《藝文志》，《山海經》在形法家，本劉向《七略》，以有圖，故在形法家。又，郭璞注中有云「圖亦作牛形」，又云「亦在畏獸畫中」，又郭璞及張駿有《圖讚》，陶潛詩亦云「流觀《山海圖》」。

《中興書目》：「《山海經圖》十卷，本梁張僧繇畫，咸平二年校理舒雅銓次館閣圖書，見僧繇舊蹤尚有存者，重繪為十卷。又載工侍朱昂《進僧繇畫圖

〔註2〕進字盧文弨校曰：逸，宋逸。

〔註3〕蔣本墨筆眉批：其非生持此論，中丞疑之，比至都，紀侍郎傾於此言，以為恨不早知之，著於祕閣。殆見同心之言，閉門合轍也。（此條眉批字草難辨，尤其是前兩字或以為是「其初」。中丞當指畢沅，紀侍郎當即紀昀。）

表》於首。僧繇在梁以善畫著。每卷中先類所畫名，凡二百四十七種。」《玉海》云：「其經文不經見。《崇文總目》同。舒雅修。《晁氏志》：四十卷，舒雅等撰。或題曰『張僧繇畫』，妄也。」

《玉海》云：「《書目》又有《圖》十卷，首載郭璞序，節錄經文而圖其物，如張僧繇本，不著姓名。」

《圖讚》二卷，郭璞撰。

沅曰：《隋書／舊唐書·經籍志》並云。《中興書目》云：「《山海經》十八卷，晉郭璞傳，凡二十三篇，每卷有《讚》。」桉，今見藏本也。

張駿亦作。

沅曰：《初學記·馬部》引張駿《山海經圖畫讚》云云。

《音》二卷，郭璞撰。

沅曰：《隋書／舊唐書·經籍志》並云。案：《音》古本別行，今見注中，當是後人所合。

《新校正》十八卷，畢沅著。

沅曰：一考篇目，則古本與漢時所傳可得而定。二考文字，此書多偏旁相合之字，篆文所無，詳郭既有音，則自晉時已爾。其据書傳所引，灼知俗寫者，改正經文。餘則証以《玉篇》《廣韻》。然二書所見亦取俗本經文，實不足据。三考山名水道。地理家記載山水，即有與經同名，道里不合，俱所不取。如《中山經》有密山，而取新安密山，不取密縣之山；《西山經》有陰山，而取上郡雕陰山，不取塞外陰山；又《西山經》有洛，則以為雍州渭洛；《中山經》有洛，則以為豫州漦洛；女几之洛，則以為成都縣洛。率皆証以書傳，非由附會，前人未之及也。後有知者，倘加意焉。

沅又曰：《山海經》，明楊慎及國朝吳任臣皆有《廣注》。今桉：楊慎所注，多由蹈虛而非徵實，其於地理全無發明。任臣則濫引《路史》、六朝唐宋人詩文，以及《三才圖會》《駢雅》《字彙》等書，以証經文。《路史》錯謬，既不足取，詞章所稱，又豈經証？至於《三才圖會》《駢雅》等書，近世才人依託俗本經文撰述成帙，字跡譌謬，百無一得。任臣所注，多在於斯，經之蠹也。故無取焉。

山海經序及考定篇目終

山海經弟一

晉記室參軍郭璞傳

兵部侍郎兼都察院右副都御史巡撫陝西西安等處地方贊理軍務兼理糧餉欽賜一品頂帶畢沅新校正

侍中奉車都尉光祿大夫臣秀領校祕書言〔註1〕：校祕書太常屬臣望所校《山海經》，凡三十二篇，今定為一十八篇，已定。《山海經》者，出於唐虞之際。昔洪水洋溢，漫衍中國，民人失據，崎嶇於丘陵，巢於樹木。鯀既無功，而帝堯使禹繼之。禹乘四載，隨山刊木，定高山大川。益與伯夷〔註2〕主驅禽獸，命山川，類草木，別水土。四岳〔註3〕佐之，以周四方，逮人跡之所希至，及舟輿之所罕〔註4〕到。內別五方之山，外分八方之海，紀其珍寶奇物異方之所生，水土草木禽獸昆蟲麟鳳之所止，禎祥之所隱，及四海之外，絕域之國，殊類之人。禹別九州，任土作貢；而益等類物善惡，著《山海經》。皆聖賢〔註5〕之遺事，古文之著明者也。其事質明有信。〔註6〕孝武皇帝時，常〔註7〕有獻異鳥者，食之百物，所不肎食。東方朔見之，言其鳥名，又言其所當食，如朔言。問朔何以知之，即《山海經》所出也。孝宣帝〔註8〕時，擊磻

〔註1〕劉氏表盧文弨校曰：連前目。（指目錄與表本當相連，如宋本。盧氏灼見。）
〔註2〕夷字盧文弨校曰：翳，宋。（指宋本作翳。）
〔註3〕岳字盧文弨校曰：嶽，藏、宋。（指宋本、明道藏本作嶽。）
〔註4〕罕字盧文弨校曰：罕。
〔註5〕聖賢二字盧文弨校曰：藏到，宋同。（指宋本、明道藏本皆作賢聖。）
〔註6〕盧文弨：藏在東云，此亦漢人用書序。
〔註7〕常字盧文弨校曰：嘗。
〔註8〕帝字前盧文弨校曰：皇。

石於上郡，陷得石室，其中有反縛盜械人。時臣秀父向為諫議大夫，言此貳負之臣也。詔問何以知之，亦以《山海經》對，其文曰：「貳負殺窫窳，帝乃梏之疏屬之山，桎其右足，反縛兩手。」上大驚。朝士由是多奇《山海經》者，文學大儒皆讀學以為奇。可以考禎祥變怪之物，見遠國異人之謠俗。故《易》曰：「言天下之至賾而不可亂也。」博物之君子，其可不惑焉。臣秀〔註9〕昧死謹上。沅曰：《玉海》引此序而節其文。

南山經 〔註10〕沅曰：此秀所題也。後同。

南 1-1

南山經之首，沅曰：此《南山經》及下《南次二經》之類，是古本篇名，禹所題也。又曰：《山海經》之名，未知所始。今案：《五臧山經》是名《山經》，漢人往往稱之。《海外經》以下當為《海經》，合名《山海經》，或是向、秀所題。然《史記·大宛傳》司馬遷已稱之，則其名久也。曰䧿山，沅曰：任昉《述異記》作雀山。其首曰招搖之山。沅曰：《大荒西〔註11〕經》曰：有招搖山，融水出焉。即此。臨于西海之上。在蜀伏山，山南之西頭濱西海。沅曰：蜀伏山未詳，或當為「蜀汶山」。又，高誘注《呂氏春秋》「招搖」曰：山名，在桂陽。多桂，桂，葉似枇杷，長二尺餘，廣數寸，味辛，白花，叢生山峯〔註12〕，冬夏常青，閒無雜木。《呂氏春秋》曰：招搖之桂。多金玉。有草焉，沅曰：「草」本字本作「艸」，經典多借「草」字為之，假音也。其狀如韭璨曰，韭音九。《爾雅》云，霍山亦〔註13〕多之。沅曰：《爾雅》「藿，山韭」字作藿。詳郭彼義，以為山韭名藿。此之霍山以為山名，非也。〔註14〕而青華〔註15〕，沅曰：「華」，舊本作「花」，非，今改正。其名曰祝餘，或作

〔註9〕秀字本無，盧本、蔣本校增。
〔註10〕盧文弨於「南山經」下補「第一」二字，又補「郭氏傳」三字，自註「每篇倣此」。眉批「另葉」。（畢書中劉氏表與南山經緊鄰不換葉，盧文弨以為當另起一葉。）
〔註11〕「西」當作「東」。
〔註12〕峯字蔣本朱筆校作閒。
〔註13〕「霍山亦」三字盧文弨校作「藿，山韭」。
〔註14〕盧文弨眉批：璨不知何人，似近代人校此書者。其引《尔疋》「藿山韭」不應有誤，似轉寫者「韭」訛作「亦」，又妄增「多之」二字，不成文理。蓋經云如韭，非即韭也，故以《尔疋》之藿當之。《尔疋》下有云字，益知所引是成文。
〔註15〕華字盧文弨校曰：花。又有腳批：下花字宋亦作華。

桂茶。**食之不飢。有木焉，其狀如榖而黑理，**榖，楮也，皮作紙〔註16〕。璨曰：榖亦名構，名榖者以其實如榖也〔註17〕。**其華四照，**言有光燄也。若木華赤，其光照地，亦此類也，見《離騷經》。**其名曰迷榖，佩之不迷。有獸焉，其狀如禺，**沅曰：《說文》云：禺，母猴屬，頭似鬼。**而白耳，**禺，似獼〔註18〕猴而大，赤目，長尾，今江南山中多有。說者不了此物，名禺作牛字，圖亦作牛形，或作猴，皆失之也。禺字音遇。**伏行人走，其名曰狌狌**〔註19〕，沅曰：「狌」省文，當為「猩」。《爾雅》作「猩猩」，云：小而好啼。《周書·王會解》《釋文》《禮記》本俱作「狌狌」。《玉篇》云：狌同猩。**食之善走。**生生，禺獸，狀如猿，伏行交足，亦此類也。見《京房易》。**麗麂之水出焉，**麂音作几。**而西流注于海，其中多育沛，**未詳。**佩之無瘕疾。**瘕，蟲病也。沅曰：《說文》云：瘕，久病也。《玉篇》云：腹中病也。《史記·扁鵲倉公傳》有云「蟯瘕」，是郭義。《正義》曰：《龍魚河圖》云：犬狗魚鳥不熟，食之成瘕，痛。

南 1-2

又東三百里，沅曰：《大戴禮》云：三百步而里。是古里短于今。《淮南子》云：堯為天子，于是天下廣狹、險易、遠近，始有道里。《水經注》云：廬山有大禹刻石，誌其丈尺里數也。**曰堂**一作常。沅曰：李善注《文選》引作「重」。**庭之山。多棪木，**棪，別名「連其」，子似柰而赤，可食。音剡。**多白猿，**今猿〔註20〕似獼〔註21〕猴而大，臂腳長，便捷，色有黑有黃，鳴，其聲哀。沅曰：「猿」當為「蝯」，見《說文》。《玉篇》云：猿，俗字。**多水玉，**水玉，今水精也。相如《上林賦》曰：水玉磊砢。赤松子所服。見《列仙傳》。**多黃金。**

南 1-3

又東三百八十里，曰猨沅曰：猨亦當為蝯。《玉篇》云：蝯亦作猨。**翼之山。其中多怪獸，水多怪魚，**凡言怪者，皆謂貌狀倔奇不常也。《尸子》曰：徐偃王好怪，沒深水〔註22〕而得怪魚，入深山而得怪獸者，多列於庭。**多白玉，多蝮虫，**蝮虫，色如綬

〔註16〕「皮作紙」盧文弨於皮下校增可字。

〔註17〕盧文弨眉批：藏文多脫，宋亦同。實如榖亦可疑。蔣本朱筆：榖。

〔註18〕獼字盧文弨校曰：宋獺。（指宋本作獺。）

〔註19〕盧文弨眉批：《御覽》在猩猩類中。然《海內南經》亦有狌狌，郭云或作猩猩。案彼作猩猩是也，此自當作狌狌。

〔註20〕「猿」字初刻本从虫。

〔註21〕彌字盧文弨校曰：宋獺。

〔註22〕盧文弨眉批：沒深水上當有使人二字，者字衍，惠定宇所集《尸子》如是。

文，鼻上有鍼，大者百餘斤，一名反鼻。虫，古虺字。沅曰：《說文》云：虫，一名蝮；虺，以注鳴。二字不同，郭失之。**多怪蛇，多怪木，不可以上。**

南 1-4

又東三百七十里，曰杻陽之山。音紐。**其陽多赤金，**銅也。沅曰：郭義出《說文》。**其陰多白金。**銀也，見《爾雅》。山南為陽，山北為陰。**有獸焉，其狀如馬而白首，其文如虎而赤尾，其音如謠，**如人歌聲。沅曰：「謠」當為「䚻」，見《說文》。**其名曰鹿蜀，佩之宜子孫。**佩，謂帶其皮毛〔註23〕。**怪水出焉，而東流注于憲翼之水，其中多玄龜，其狀如龜而鳥首、虺尾，**虺尾銳。**其名曰旋龜，其音如判木，**如破木聲。**佩之不聾，可以為底。**底，躏也。為，猶治也。外傳曰：疾不可為。一作痕，猶病愈也。沅曰：郭義出《說文》，云：痕，病也。「為痕」則「治使愈」也。

南 1-5

又東三百里，〔註24〕**枙山。**枙音蔕。**多水。無草木。有魚焉，其狀如牛，**沅曰：《博物志》云：牛魚，目似牛，形如犢子，剝皮縣之，潮水至則毛起去。又，楊孚《臨海水上記》云：魚牛象獺，大如犢子，毛青黃色，其毛似氈，知潮水上下。見《初學記》。**陵居，蛇尾，有翼，其羽在魼下，**亦作脅。沅曰：當為「胠」。《說文》云：魼，魚也。此假音字。**其音如霤牛，**《莊子》曰「執犁之狗」，謂此牛也。《穆天子傳》曰：天子之狗執虎豹。**其名曰鯥，**音六。沅曰：此字《說文》所無。凡篆所不著者，非先秦書本字。疑古作「陸」，以陵居名之。**冬死而夏生，**此亦蟄類也。謂之死者，言其蟄無所知，如死耳。**食之無腫疾。**

南 1-6

又東四百里，曰亶爰之山。亶音蟬。**多水，無草木，不可以上。**言崇陗也。**有獸焉，其狀如貍而有髦，**沅曰：陸德明《莊子音義》引作「髮」。**其名曰類，**「類」或作「沛」，「髦」或作「髮」。沅曰：陸德明《莊子音義》引作「師類」。詳郭云作「沛」，知「師」又「沛」字之譌也。**自為牝牡，**沅曰：《列子‧天瑞》云：亶爰之獸，自孕而生，曰類。**食者不妒。**《莊子》亦曰：類自為雌雄而化。今狟豬亦自為雌雄。

〔註23〕毛字蔣本朱筆校作尾。
〔註24〕枙字上蔣本朱筆校增曰。

南 1-7

又東三百里，曰基山。沅曰：《呂氏春秋·本味篇》伊尹曰：箕山之東，青鳥之所，有甘櫨焉。「基」同「箕」，「青鳥」即下「青丘」是也。**其陽多玉，其陰多金**〔註25〕**，多怪木。有獸焉，其狀如羊，九尾，四耳，其目在背，其名曰猼訑**〔註26〕，博施二音，訑一作陀。沅曰：猼舊本作猭，非是。《說文》《玉篇》無「猭」字，《玉篇》有「猗狋」，云或作「猼」。《廣韻》作「猼」，今从之。又案：《說文》亦無「猗狋」二字，則郭本作訑，云或作陀，皆古字也。**佩之不畏。**不知恐畏。**有鳥焉，其狀如雞，而三首、六目、六足、三翼，其名曰鵸鵂，**鵸鵂急性，敝孚二音。〔註27〕沅曰：經文「鵸」舊本作「鵒」，傳「敝孚二音」舊本作「敝孚二音」，俱字之誤。《廣雅》云：南方有鳥焉，三首、六足、六目、三翼，其名曰鵸鵂。曹憲：鵸音必舌，鵂音付與。《玉篇》「鵸」云：鵸鵂鳥，方列切。今从之。又案：傳「敝孚二音」明藏經本作「尚付，敝孚二音」。**食之無臥。**使人少眠。

南 1-8

又東三百里，曰青丘之山。亦有青丘國，在海外，《水經》云〔註28〕。即《上林賦》云「秋田於青丘」。沅曰：此郭所云《水經》，未詳也。青丘，即《呂氏春秋·本味篇》伊尹云「青鳥」。服虔注《子虛賦》曰：青丘國在海東一百里。《十洲記》云「長洲一名青丘，在南海辰巳之地，地方各五千里，去岸二千五百里」者，非。杜光庭《嶽瀆名山記》云：瀛洲在東海，一名青丘。**其陽多玉，其陰多青䨼。**䨼，黝屬，音頒。沅曰：舊本作「䕫」。《玉篇》亦有「䕫」字，云：青屬。非也，當从丹。又案：《說文》：䨼，讀若崔。郭音頒者，聲之緩急。顏師古注《漢書》曰：青䨼，空青也。〔註29〕**有獸焉，其狀如狐而九尾，**即九尾狐。沅曰：郭云然者，《竹書紀年》云：帝少康八年，征于東海及三壽，得一狐九尾。《周書·王會解》云：青丘狐九尾。**其音如嬰兒，**沅曰：《倉頡篇》云：女曰嬰，男曰兒。**能食人，食者不蠱。**噉其肉令人不逢妖邪之氣。或曰：蠱，蠱毒。**有鳥焉，其狀如鳩，其音若呵，**如人相呵呼聲。**名曰灌灌，**或作濩濩。沅曰：《呂氏春秋·本味篇》伊尹曰：

〔註25〕盧文弨眉批：「其陰」下後又增「多金」二字，不知據何本。

〔註26〕訑字盧文弨校作羍。又有眉批：宋本作猗訑，藏同。

〔註27〕盧文弨眉批：案：人之急性者謂之憋忿，《列子·力命篇》作憋憋。《方言》十「憋」字下郭璞注：「憋忿，急性也，妨滅反。」則藏本之誤明矣。

〔註28〕盧文弨校曰：水當作東，云疑此。（依其意，斷句當作：亦有青丘國，在《海外東經》，此即《上林賦》云「秋田於青丘」。）

〔註29〕盧文弨眉批：此注「䨼，黝屬」下注「䨼，赤色者」，則郭此處从青不从丹。

玃玃之炙。高誘注曰：玃玃，鳥名，其形未聞，「玃」一作「獲」。案經，即此鳥也。「獲」當即「灌」之誤。〔註30〕**佩之不惑。英水出焉，南流注于即翼之澤，其中多赤鱬，**音懦〔註31〕。沅曰：「鱬」當為「鮞」。《呂氏春秋·本味篇》伊尹曰：魚之美者，洞庭之鮒。高誘曰：鮒，魚名，一云魚子。《說文》云：鮞，魚之美者，東海之鮒，讀若而。**其狀如魚而人面，**沅曰：凡云「人面」者，略似人形。**其音如鴛鴦，食之不疥。**一作疾。

南 1-9

又東三百五十里，曰箕尾之山。其尾踆于東海，多沙石。「踆」，古「蹲」字，言臨海上，音存。沅曰：郭云者，本徐廣注《史記》曰：古「蹲」字作「踆」。其實古文無「踆」字，「踆」當為「夋」，《說文》云：倨也。**汸水出焉，**音芳。**而南流注于淯，**音育。沅曰：此水未詳，非出盧氏之淯。**其中多白玉。**

南 1-0

凡誰山之首，自招搖之山以至箕尾之山，凡十山，二千九百五十里〔註32〕。**其神狀皆鳥身而龍首。其祠之**沅曰：《夏書》云：奠高山大川。又云：九山刊旅。又云：荊岐既旅。又云：蔡蒙旅平。《孔叢子》云：子張問：「《書》云奠高山，何謂也？」孔子曰：牲幣之物，五嶽視三公，小名山視子男。○蓋奠山之禮，具乎此經，是真禹益之書也。**禮毛，**言擇牲取其毛色也。《周官》曰：陽祀用騂牲之毛。**用一璋玉瘞，**半圭為璋。瘞，薶也。**糈**沅曰：「糈」當為「褙」。《說文》云：褙，祭具也。郭說非。**用稌米，**糈，祀神之米名，先呂反，今江東音所，一音壻。稌，稌稻也，他覩反。糈或作疏，非也。〔註33〕**一璧，稻米，白菅為席。**菅，茅屬也，音間。

沅曰：右《南山經》，古本為第一篇，秀所合也。

南 2-1

南次二經之首，曰柜山。音矩。**西臨流黃，北望諸毗**〔註34〕，沅曰：《廣

〔註30〕蔣本墨筆眉批：《音義》曰：《爾雅》云：萑，老鵑。《說文》云：萑，鴟屬，有毛角，所鳴其民有禍，讀若和。

〔註31〕懦字盧文弨校曰：藏儒，是。（指當從明道藏本作儒。）蔣本亦朱筆校作儒，夾批（沅曰之下）：《太平御覽》引作需。

〔註32〕蔣本朱筆：誰山至箕尾，止二千七百里，少二百五十里。

〔註33〕盧文弨眉批：《淮南·說山訓》：「巫之用糈藉。」高誘云：「糈米所以享神。藉，菅茅。」

〔註34〕毗字盧文弨校曰：毗。（下同。）

雅》：諸胐，池。曹憲：胐音符夷。**東望長舌。**皆山名。沅曰：舊「舌」作「右」〔註35〕，見下長舌山。**英水出焉，西南流注於赤水，其中多白玉，**《尸子》曰：水方折者有玉，員折者有珠。**多丹粟。**細丹沙如粟也。沅曰：即丹沙。「粟」「沙」音同，借為「沙」，古無「砂」字。**有獸焉，其狀如反，有距，**沅曰：別本「反」作「豚」。〔註36〕**其音如狗吠，其名曰貍力，見則其縣多土功。**沅曰：後人以此云縣，疑非夏時書，非也，說見後「郡縣」下。**有鳥焉，其狀如鴟而人手，**其腳如人手。鴟，音處脂反。**其音如痺，**未詳。沅曰：疑為「鼙」字之假音。**其名曰鴸，**音株。沅曰：「鴸」見《玉篇》，云：鳥，似雞。陶潛《讀山海經詩》云：鵃鵝見城邑，其國有放士。則「鴸」當為「鵃」。**其鳴自號也，見則其縣多放士。**放，放逐。或作效也。

南 2-2

東南四百五十里，曰長舌之山。沅曰：舊本「舌」作「右」。《廣韻》引此經作「長舌」。**無草木，多水。有獸焉，其狀如禺而四耳，其名長舌，**以山出此獸，因以名之。**其音如吟，**如人呻吟聲。**見則郡縣大水**〔註37〕。沅曰：《淮南子》云：夏桀、殷紂之盛也，人跡所至，舟車所通，莫不為郡縣。則郡縣之名，夏殷有之，不獨周矣。世俗以此疑經，非也。

南 2-3

又東三百四十里，曰堯光之山。其陽多玉，其陰多金。有獸焉，其狀如人而彘鬣〔註38〕，**穴居而冬蟄，其名曰猾裒，**滑懷兩音。沅曰：「猾」字本從「㕣」，經典多寫從「犬」，無此字。**其音如斲木，**如人斫木聲。**見則縣有大繇。**謂作役也。或曰其縣亂。沅曰：高誘注《淮南子》云：河東謂「治道」為「繇道」。

南 2-4

又東三百五十里，曰羽山。今東海祝其縣西南有羽山，即鯀所殛處，計此道里不相應，似非也。**其下多水，其上多雨。無草木，多蝮虫。**虺也。

南 2-5

又東三百七十里，曰瞿父之山。音劬。**無草木，多金玉。**

〔註35〕舌字盧文弨校曰：《讚》作長右，下同。

〔註36〕反字盧文弨校曰：藏亦作豚，項本反。

〔註37〕「郡縣」上盧文弨校曰：藏有其字。又曰：《廣韻》無縣字，大作多。

〔註38〕「彘鬣」二字初刻本互倒，盧文弨有乙正符號。

—21—

南 2-6

又東四百里，曰句餘之山。無草木，多金玉。今在會稽餘姚縣南，句餘〔註 39〕縣北，故此二縣因此為名云，見張氏《地里志》。沅曰：山在今浙江歸安縣東。《太平寰宇記》云：烏程縣，昇山在縣東二十里，一名焉山，一名歐餘山，一名歐亭山。《元豐九域志》云：慈谿有句餘山。〔註 40〕

南 2-7

又東五百里，曰浮玉之山。沅曰：《水經注》曰：「謝康樂云：『《山海經》浮玉山在句餘東五百里，便是句餘縣之東山，乃應入海。句餘今在餘姚鳥道山西北，何由北望具區也？以為郭于地理甚昧矣。』言洞庭南口有羅浮山，高三千六百丈。會稽山宜直湖南。又有山陰谿水入焉。山陰西四十里有二谿，東谿廣一丈九尺，冬煖夏冷；西谿廣三丈五尺，冬涼夏煖。二谿北出，行三里至徐邨，合成一谿，廣五丈餘，而溫涼又雜。蓋《山海經》所謂苕水也。北經羅浮山而下注於太湖，故言出其陰，入於具區也。」**北望具區，**具區，今吳縣西南太湖也。《尚書》謂之震澤。**東望諸𣶃。**水名。沅曰：《太平寰宇記》云：烏程縣，𣶃山在縣東北九里。案：浮玉山在安吉，則霅水之發源也。**有獸焉，其狀如虎而牛尾，其音如吠犬，其名曰彘，是食人。苕水出于其陰，北流注于具區，**沅曰：《水經注》云，即山陰西四十里二谿。《元和郡縣志》云：烏程縣，苕水西南自長城、安吉兩縣，東北流至州南，與餘不谿水、苧谿水合，又流入太湖，在州北二十五里。《太平寰宇記》云：烏程縣，苕谿在縣南五十步。又曰霅水，亦苕水之異名也。**其中多鮆魚。**鮆魚狹薄而長頭，大者尺餘。太湖中今饒之。一名刀魚。音祚〔註 41〕啟反。

南 2-8

又東五百里，曰成山。沅曰：《隋書・地理志》云：會稽有重山。「成」「重」聲相轉，疑即此，而經云「五百里」則太遠。**四方而三壇，**形如人築壇相累也。成，亦重耳。**其上多金玉，其下多青雘。閿水出焉，**音涿。沅曰：舊本「閿」作「閡」，音涿。《說文》《玉篇》俱無此字。《玉篇》有「閡」字〔註 42〕，音式旨切。藏經本亦作「閡」。今从之。〔註 43〕**而南流注于**一作流注于西。**虖勺，**虖音呼。勺或作多，下同。**其中多黃**

〔註 39〕餘字盧文弨校曰：章，藏本。蔣本亦朱筆校作章。
〔註 40〕盧文弨：慈谿是，歸安非。
〔註 41〕祚字盧文弨校曰：藏祥。
〔註 42〕盧文弨：門也。
〔註 43〕盧文弨：《篇海》作閿，音捉。

金。今永昌郡水出金，如穟〔註44〕在沙中。《尸子》曰：清水出黃金、玉英。〔註45〕

南 2-9

又東五百里，曰會稽之山。沅曰：山在今浙江山陰縣南。《水經注》云：會稽之山，古防山也，亦謂之為茅山，亦曰棟山。《越絕書》云：禹到大越，上苗山，大會計，因而更名苗山曰會稽。四方。今在會稽郡山陰縣南，上有禹冢及井。其上多金玉，其下多玞沅曰：舊本作「砆」〔註46〕。《玉篇》引此作「玞」，今从之。當只為「夫」，《廣雅》作「武夫」也。石。玞，武夫〔註47〕石，似玉，今長沙臨湘出之，青地白文，色蘢蔥不分了也。沅曰：舊本「青」作「赤」，「了也」二字作「明」，今据《玉篇》所引改正。勺水出焉，而南流注于湨。音鶏。沅曰：《水經注》引此「勺」作「夕」，「湨」作「湖」。

南 2-10

又東五百里，曰夷山。無草木，多沙〔註48〕石。湨一作洟。水出焉，而南流注于列塗。沅曰：《大荒南經》曰：大荒之中有山，名曰歹塗之山，青水窮焉。疑「歹」「列」字之誤。即此也。

南 2-11

又東五百里，曰僕勾一作夕。之山。其上多金玉，其下多草木。無鳥獸，無水。

南 2-12

又東五百里，曰咸陰之山。無草木，無水。

南 2-13

又東五〔註49〕百里，曰洵一作旬。沅曰：《玉篇》引此作「句山」。山。其陽多金，其陰多玉。有獸焉，其狀如羊而無口，不可殺也，稟氣自然。其名曰羬。音還，或音患。沅曰：當為「患」，「羬」字《說文》所無。《玉篇》云：稟氣自然，不可

〔註44〕穟字盧文弨校曰：藏秕。
〔註45〕盧文弨：今《尸子》作「清水有黃金，龍淵有玉英」，見《廣釋篇》。
〔註46〕盧文弨眉批：《水經注》宋本作玞石，今本訛玦石。
〔註47〕武夫二字盧文弨校曰：砆砆。
〔註48〕沙字盧文弨校曰：砂。
〔註49〕五字盧文弨校曰：四。

殺之。又有「羭」字，云：獸，似羊，無口。**洵水出焉，**音詢。〔註50〕**而南流注于閼之澤，**音遏。**其中多芘蠃。**紫色螺〔註51〕也。沅曰：芘蠃，即《夏小正》云「蜌者，蒲盧也」。「芘蠃」「蒲盧」音相轉。然郭云「紫色」，似「芘」字本作「茈」。

南 2-14

又東四百里，曰虖勺之山。其上多梓枏〔註52〕，梓，山楸也。枏，大木，葉似桑，今作楠，音南。《爾雅》以為梅。**其下多荊杞。**杞，苟杞也，子赤。**滂水出焉，**音滂沱之滂。**而東流注于海。**

南 2-15

又東五百里，曰區吳之山。無草木，多沙石。沅曰：舊本「沙」作「砂」，俗字。鹿水出焉，而南流注于滂水。

南 2-16

又東五百里，曰鹿吳之山。上無草木，多金石。澤更之水出焉，而南流注于滂水。水有獸焉，名曰蠱雕，蠱或作纂。**其狀如雕而有角，**雕似鷹而犬尾、長翅。〔註53〕**其音如嬰兒之音，是食人。**

南 2-17

東五百里，曰漆吳之山。無草木，多博石，可以為博〔註54〕基石〔註55〕。沅曰：郭說非。古「棊」字從木，不以石為之。博石，蓋言大石。**無玉。處于東海，望丘山，其光載出載入，**神光之所潛耀。**是惟日次。**是日景之所次舍〔註56〕。

南 2-0

凡南次二經之首，自柜山至于漆吳之山，凡十七山，七千二百里〔註57〕。

〔註50〕初刻缺此郭注二字。盧補「音詢」，又曰：俗本詢，藏恂。
〔註51〕螺字初刻本譌為碟，蔣本墨筆校作螺。
〔註52〕枏字盧文弨校曰：梅。（下同。）
〔註53〕此條郭注，盧文弨校曰：藏無，宋亦無。又校犬字為大。蔣本墨筆：此注吳本無。又朱筆：大，犬改。
〔註54〕初刻本脫「博」字，盧文弨校增，曰：改本作博基石。
〔註55〕盧文弨：改本作博棊石。
〔註56〕舍字盧文弨校曰：會。
〔註57〕蔣本墨筆眉批：柜山至漆吳，凡七千三百十里，多一百一十里。

其神狀皆龍身而鳥首。其祠毛，用一璧瘞，糈沅曰：當為「糈」，見前。用稌。
稻穬也。

沅曰：右《南次二經》，古本為第二篇。

南 3-1

南次三經之首，曰天虞之山。其下多水，不可以上。

南 3-2

東五百里，曰禱過之山。其上多金玉，其下多犀、兕，犀，似水牛，豬
頭，痺腳，腳似象，有三蹏，大腹，黑色；三角一在頂〔註58〕上，一在額上，一在鼻上，在鼻
上者小而不墮，食角也；好噉棘，口中常灑血沫。兕，亦似水牛，青色，一角，重三千斤〔註59〕。
多象。象，獸之最大者，長鼻，大者牙長一丈，性妒，不畜淫子。有鳥焉，其狀如鵁鶒，
似鳧而小，腳近尾，音骹箭之骹。而白首，三足，或作手。人面，其名曰瞿如，音
劬。其鳴自號也。泿水出焉，音銀。沅曰：《水經》云：泿水出武陵鐔城縣北界沅水谷，
東至蒼梧猛陵縣為鬱谿，東至高要縣為大水。而南流注于海，沅曰：《水經》云：泿水又
東，至南海番禺縣西分為二，其一南入于海，其一東過縣東南入于海。注云：東逕懷遠〔註60〕
縣入于海也。其中有虎蛟，蛟，似蛇，四足，龍屬。其狀魚身而蛇尾，其音〔註61〕
如鴛鴦，食者不腫，可以已痔。

南 3-3

又東五百里，曰丹穴之山。沅曰：《爾雅》云：距齊州以南，戴日〔註62〕為丹
穴，丹穴之人信。《莊子》云：越王子搜逃乎丹穴。又，《說文》曰：鳳皇莫宿風穴。「風」當為
「丹」。其上多金玉。丹水出焉，而南流注于勃海。勃海，海岸曲崎頭也。沅曰：
舊本「勃」作「渤」，非。《說文》作「郣」，云：地之起者。高誘注《淮南子》曰：勃，大也。
《史記索隱》云：崔浩云，勃，旁跋也。有鳥焉，其狀如雞，五采而文，名曰鳳
皇。首文曰德，翼文曰義，背文曰禮，膺文曰仁，腹文曰信。沅曰：《周

〔註58〕頂字盧文弨校曰：頤。

〔註59〕「重三千斤」盧文弨校曰：《尔足》注：重千斤。

〔註60〕遠字盧本、蔣本（朱筆）校曰：化。

〔註61〕「音」字初刻本誤作「首」。盧文弨校作音，蔣本亦朱筆校作音。

〔註62〕日字本誤作曰，蔣本朱筆校正。又有眉批：《貨殖傳》云：巴蜀寡婦清，其先
　　　　得丹穴。纂解云：徐廣曰：涪陵出丹。

書‧王會篇》云：戴仁，抱義，掖信，歸有德。此所云者，言首有文是歸有德，翼有文是歸有義，背有文是歸有禮，下悉同也，非云有文在其身曰德曰義也。**是鳥也，飲食自然，**沅曰：《尚書》：鳥獸咸若。「然」「若」音同也。**自歌自舞，見則天下安寧。**漢時，鳳皇〔註63〕數出，高五六尺〔註64〕。《莊周》說鳳，文字與此有異。《廣雅》云：鳳，雞頭、鶱鵠〔註65〕、蛇頸、龜背、魚尾。雌曰皇，雄曰鳳。沅曰：「寧」，依義當為「寍」。

南3-4

又東五百里，曰發爽或作罋。之山。無草木，多水，多白猿。沅曰：字當為「蝯」。**汎水出焉，而南流注于勃海。**

南3-5

又東四百里，至于旄山之尾。其南有谷曰育遺，或作隧。〔註66〕**多怪鳥，**《廣雅》曰：鷄離、鵃朋、爰居、鴟雀，皆怪鳥之屬也。沅曰：案：《廣雅》云：鵃朋〔註67〕，鳳皇屬也。〔註68〕鷄離、延居、鶪雀，怪鳥屬也。以義定之，以鵃朋為怪鳥，郭之誤；以「鷄」為「鷄」，字之誤；以「爰」為「延」，「鶪」為「鴟」，字之通。今本《廣雅》「鶪」又作「鵑〔註69〕」，非。**凱風**沅曰：「凱」當只作「豈」。**自是出。**凱風，南風。

南3-6

又東四百里，至于非山之首。其上多金玉，無水，其下多蝮虫。

南3-7

又東五百里，曰陽夾之山。無草木，多水。

南3-8

又東五百里，曰灌湘之山。上多木，無草，多怪鳥，無獸。一作灌湖

〔註63〕皇字盧文弨校曰：鳥。
〔註64〕尺字下盧文弨校增：五采。蔣本亦朱筆增之，又有墨筆眉批曰：吳本注「五六尺」下尚有「五采」二字，此脫之。
〔註65〕鶱鵠盧文弨校曰：藏本作鵝領。蔣本亦朱筆校鵠為領。
〔註66〕盧文弨：《贊》作育隧。
〔註67〕朋字蔣本朱筆校曰：明。
〔註68〕盧文弨校增「鶪鸎」二字。
〔註69〕「鶪」字初刻本誤作「鶪」，據《廣雅》改。

射之山。

南 3-9

又東五百里，曰雞山。其上多金，其下多丹臒。臒，赤色者。或曰，臒，美丹〔註 70〕也。見《尚書》。音尺蠖之蠖。黑水出焉，而南流注于海，其中有鱄魚，音如團扇之團。沅曰：《說文》云：鱄，魚名。李善注《文選》引此作「蟤」，非。其狀如鮒沅曰：《易》「射鮒」，陸德明《音義》云〔註 71〕：《子夏傳》謂蝦蟇。而彘毛，其音如豚，見則天下大旱。

南 3-10

又東四百里，曰令丘之山。無草木，多火。其南有谷焉，曰中谷，條風自是出。東北風為條風。《記》曰：條風至，出輕繫，督逋罪。有鳥焉，其狀如梟，人面，四目而有耳，其名曰顒，音娛。沅曰：《玉篇》作「鸐」。其鳴自號也，見則天下大旱。

南 3-11

又東三百七十里，曰侖者之山。音論說之論，一音倫。其上多金玉，其下多青臒〔註 72〕。有木焉，其狀如穀而赤理，其汁〔註 73〕如漆，沅曰：「漆木」之字當為「桼」。從水者水名。其味如飴，食者不飢，可以釋勞，其名曰白䓘，或作皋〔註 74〕蘇。皋蘇一名白䓘，見《廣雅》，音羔。沅曰：《說文》：櫜，木也，讀若皓。疑即此。「䓘」非古字。〔註 75〕可以血玉。血，謂可用染玉作光彩。沅曰：郭說非也。血，釁也，猶言合玉。今白芨可合玉，即白䓘也。

南 3-12

又東五百八十里，曰禺槀之山。多怪獸，多大蛇。

〔註 70〕美丹盧文弨校曰：馬融、孔安國皆云善丹。
〔註 71〕云字下盧文弨校增「魚名」二字，又有眉批：陸亦先云魚名，不當刪。《莊子》「涸轍之鮒」乃鯽也。
〔註 72〕臒字盧文弨校曰：䨥。
〔註 73〕「汁」字初刻本誤作「汙」。盧文弨校曰：汁，藏。蔣本朱筆校曰：汁。
〔註 74〕蔣本朱筆：皋，二回改淨。（不解此何意。）
〔註 75〕蔣本墨筆夾批：《說文》：菜，葛屬，白華。疑白䓘。

南 3-13

又〔註76〕東五百八十里，曰南禺之山。其上多金玉，其下多水。有穴焉，水出〔註77〕輒入，夏乃出，冬則閉。佐水出焉，而東南流注于海。有鳳皇、鵷鶵。亦鳳屬。沅曰：《莊子》：南方之鳥，其名鵷雛，發于南海，而飛于北海。司馬相如賦作「宛雛」。

南 3-0

凡南次三經之首，自天虞之山以至南禺之山，凡一十四山，六千五百三十里〔註78〕。其神皆龍身而人面。其祠，皆一白狗祈，祈，請禱也。沅曰：郭說非也。「祈」當為「劙」，《說文》云：以血有所刉涂祭也。《周禮》「祈于社稷」，鄭注云：祈或為刉。《春官》肆師職曰：祈或作畿。又云：《秋官》大師職曰：凡刉珥則奉大牲。此「刉衈」正字與？案：「刉」與「劙」同義，皆本字；「祈」，假音字也。糈用稌。沅曰：「糈」當為「褙」。

沅曰：右《南次三經》，古本第三篇。

南 3-0-0

右南經之山志，大小凡四十山，萬六千三百八十里。沅曰：此條疑秀所說也。秀合此三篇以為一篇，曰《南山經》。〔註79〕

山海經第一　終

總校王詒壽，分校沈琮寶、孫瑛校

〔註76〕蔣本墨筆：此行吳本誤脫又字，未知誰是。
〔註77〕出字盧文弨校曰：春，藏。蔣本朱筆校曰：春。
〔註78〕蔣本墨筆：天虞至南禺，僅五千七百里。
〔註79〕盧文弨尾批：乾隆癸卯四月十七日，盧袁經閱。六月六日重以藏經本校。

山海經弟二

晉記室參軍郭璞傳

兵部侍郎兼都察院右副都御史巡撫陝西西安等處地方贊理軍務兼理糧餉欽賜一品頂帶畢沅新校正

西山經

西 1-1

西山經華山之首，曰錢來之山。沅曰：去松果山四十五里，當在今河南閿鄉縣或秦嶺。是又古者「錢」「泉」通字。錢來之山，以泉來得名與？其上多松，其下多洗石。澡洗可以硙體，去垢圿。硙，初兩反。有獸焉，其狀如羊而馬尾，名曰羬羊，今大月氏〔註1〕國有大羊，如驢而馬尾。《爾雅》云：羊六尺為羬。〔註2〕謂此羊也。羬音鍼〔註3〕。沅曰：「羬」非古字，當為「㕘」，《說文》云：山羊而大者，細角。《周書·王會》云：高夷嗛羊，嗛羊者，羊而四角〔註4〕。則亦或當為「嗛」，聲相近。其脂可以已腊。治體皴。腊音昔。沅曰：「腊」，籀文「昔」字。昔之訓乾肉，借為皴腊之腊也。王逸注《楚詞》「皮乾腊」，字亦如此。《廣雅》云：皵，皮也。俗字。

─────────────

〔註1〕氏字本誤作氐（下同），蔣本朱筆校正。
〔註2〕盧文弨：《尔疋》釋文云：本亦作羱。蔣本墨筆：《爾雅》：羊六尺為羬。釋文云：本亦作羱。
〔註3〕鍼字盧文弨校曰：針。
〔註4〕蔣本墨筆：《周書》云四角，四與細音同也。

西 1-2

西四十五里，曰松果之山。沅曰：《初學記》及《文選注》引此作「松梁」。山在今華陰縣東南二十七里。《水經》云：河水又南，至華陰潼關。注：有灌水出松果之上。《太平寰宇記》云：華陰縣，松果山在縣東南二十七里。**灌水出焉，**沅曰：舊本「灌」作「濩」，非。《水經注》云：灌水北流逕通谷，世亦謂之通谷水，《述征記》所為潼谷水。《元和郡縣志》云：潼關，關西一里有潼水。今水出潼關廳南三十里潼谷，北流貫關城入河。「灌」「潼」聲之轉也。**北流注于渭，**沅曰：《水經注》云「入河」，今亦入河。經言「入渭」者，華陰、潼關之間，河、渭之會，互受通稱也。**其中多銅。有鳥焉，其名曰螐渠，**螐，音彤弓之彤。沅曰：《爾雅》作「鵬渠」，《漢書·司馬相如賦》作「庸渠」，《說文》作「雝渠」，皆即此鳥。「螐」非古字，當為「雝」。**其狀如山雞，黑身，赤足，可以已㿈。**謂皮皺起〔註5〕也，音回駮反。沅曰：「㿈」當為「暴」，依義當為「皰」。《說文》云：皰，面生气也。《玉篇》又作「皽」「皷」二形，皆俗字。〔註6〕

西 1-3

又西六十里，曰太華之山。即西岳華陰山也，今在弘農華陰縣西南。沅曰：山在今陝西華陰縣南十里。「華」字本作「崋」，見《說文》。**削成**沅曰：郭義讀「削」為「陗」也，俗亦讀為「肩若削成」之「削」。**而四方，**今山形上大下小，陗峻也。**其高五千仞，其廣十里，**仞，八尺也。上有明星、玉女，持玉漿，得上服之，即成仙道，險僻不通，《詩含神霧》云。**鳥獸莫居。有蛇焉，名曰肥遺，**沅曰：舊本「遺」作「蟥」，非。据劉昭注《郡國志》引此，只作「肥遺」。《廣韻》又作「蜰蟥」，俗字。〔註7〕**六足四翼，見則天下大旱。**湯時此蛇見於陽山下。復有肥遺蛇，疑是同名。

西 1-4

又西八十里，曰小華之山。即少華山。沅曰：山在今陝西華州南十里。《元和郡縣志》云：鄭縣，少華山在縣東南十里。**其木多荊杞，其獸多㸲牛。**今華陰山中多山牛山羊，肉皆千斤。牛即此牛也。音昨。沅曰：「㸲」字《說文》所無，見《玉篇》。**其陰多磬石，可以為樂石。**沅曰：郭說非也。秦刻石云：刻此樂石。凡石之所有聲者皆曰磬石，或

〔註5〕蔣本墨筆：皺起，吳本作皺起。
〔註6〕蔣本朱筆：《音義》曰：㿈亦或當為爆。《說文》云：灼也。《一切經音義》云：爆，謂皮散起也。古文皽㿈二形同，方孝反，普剥反。桉，皽膔皆俗字。
〔註7〕盧文弨：蟥蓋蜰之誤。《廣韻》「六足」上云一首兩身。

曰鳴石。**其陽多琈珫之玉。** 琈珫，玉名，所未詳也，灣浮兩音。沅曰：《爾雅》云：西
〔註8〕南方之美者，有華山之玉石。「琈珫」非古字，「琈」當為「瑜」，「珫」當為「孚」。《玉
篇》云：珫，珫筍，玉采色。《禮記》云：孚尹旁達。「珫」「孚」字同也。**鳥多赤鷩，** 赤鷩，
山雞之屬。智腹洞赤，冠金，皆〔註9〕黃，頭綠，尾中有赤，毛彩鮮明。音作蔽，或作鼇。**可
以禦火。其草有萆荔，** 萆荔，香草也，蔽戾兩音。沅曰：「荔」當為「藶」，《說文》曰：
萆藶似烏韭。《爾雅·釋艸》：帛似帛，布似布，華山有之。疑此艸矣。**狀如烏韭，而生於
石上，亦緣木而生，** 烏韭，在屋者曰昔邪，在牆者曰垣衣。**食之已心痛。** 沅曰：陶
弘景《別錄》云：垣衣主治心煩欬逆。

西 1-5

又西八十里，曰符禺之山。沅曰：山在今陝西華州西南四十里。《水經》云：渭
水又東過鄭縣北。注：有符禺之山。《太平寰宇記》云：鄭縣，符禺山在縣西南一百里，高一百
丈。**其陽多銅，其陰多鐵。其上有木焉，名曰文莖，其實如棗，可以已
聾。其草多條，其狀如葵而赤華，黃實如嬰兒舌，食之使人不惑。** 沅曰：
束皙《發蒙說》云：甘棗令人不惑。見《藝文類聚》。**符禺之水出焉，** 沅曰：《水經注》云：
渭水又東，合沙溝水，水即符禺水也，南出符石，北逕符禺之山，北流入渭。《金史·地里志》
云：鄭有符禺水。水今在今同州府華州西，俗名遇仙橋河是也。**而北流注于渭。其獸多
蔥聾，其狀如羊而赤鬣。其鳥多鴖，** 音旻。沅曰：《說文》有鴖鳥。**其狀如翠而
赤喙，** 翠，似燕而紺色也。**可以禦火。** 畜之辟火災也。

西 1-6

又西六十里，曰石脆之山。沅曰：舊本「脆」作「脃」，非。《水經》云：渭水又
東過鄭縣北。注：有石脆之山。今當在同州府華州西南，俗失其名。**其木多椶枏。** 椶樹高
三丈許，無枝條，葉大而員枝〔註10〕，生梢頭，實皮相裹，上行一皮者為一節，可以為繩，
一名栟櫚，音馬騣之騣。**其草多條，其狀如韭而白華黑實，食之已疥。其陽多
琈珫之玉，其陰多銅。灌水出焉，而北流注于禺水，** 沅曰：《水經注》云：小
赤水即《山海經》之灌水也，水原出石脆之山，北逕蕭加谷，于孤柏原西，東北流與禺水合。
《太平寰宇記》云：鄭縣，灌水一名小赤水，今名高谷水。案：水在今陝西華州赤水鎮東。經

〔註8〕「西」字初刻本誤作「東」，據《爾雅》改。
〔註9〕皆字蔣本朱筆校曰背，又墨筆校曰：皆改背。
〔註10〕枝字蔣本朱筆校曰：岐。

言此水注禺水，禺水又注招水。《水經》言灌水入渭，今此水亦入渭，疑灌水是上流之名。**其中有流赭，**赭，赤土。**以塗牛馬無病。**今人亦以朱塗牛角，云以辟惡。「馬」或作「角」。沅曰：「塗」當為「涂」。

西 1-7

又西七十里，曰英山。沅曰：《水經》云：渭水又東，過鄭縣北。注：有英山。《太平寰宇記》：鄭縣，英山在縣西南一百三十里。今當在陝西華州及雒南縣界，俗失其名。今《華州志》云：州西南三十里喬谷即英山。疑非也。沅又曰：今華州有馬領山，疑即前符禺山，聖山疑即英山，音皆相轉，而無以定也。**其上多杻橿。**杻，似棣而細葉，一名土橿，音紐。橿，木中車材，音姜。**其陰多鐵，其陽多赤金。禺水出焉，北流注于招水，**音韶〔註11〕。沅曰：《水經注》云：禺水北流與招水相得，亂流西北注于灌，灌水又北注於渭。《華州志》云：州西南三十里有喬谷，招水所經也。俗謂「招」為「喬」。**其中多鮭魚，**音同蚌蛤之蚌〔註12〕。沅曰：「鮭」當為「蚌」。洪适《隸釋》云：《淮南子》「硭魚」注云「硭讀如蚌」，字書「蚌或作鮭、硭」，則鮭與蚌通。**其狀如鱉，其音如羊。其陽多箭䉋，**今漢中郡出䉋竹，厚裹而長節，根深，筍冬生地中，人掘取食之。䉋音媚。沅曰：今華州西南五十里有箭谷，《水經注》謂之簫笰谷，谷多竹木也。「䉋」當為「媚」，見《水經注》，有媚笰谷。戴凱之《竹譜》云：䉋亦箘徒，概〔註13〕節而短。《玉篇》云：䉋，竹，長節，深根，筍冬生。**其獸多㸲牛、羬羊。有鳥焉，其狀如鶉，黃身而赤喙，其名曰肥遺，食之已癘，**癘，疫病也，或曰惡創。《韓子》曰：癘人憐主〔註14〕。**可以殺蟲。**

西 1-8

又西五十二里，曰竹山。沅曰：山在今陝西渭南縣東南四十里，俗名大秦嶺，亦曰箭谷嶺。《水經》云：渭水又東逕下邽縣故城南。注：有竹山。《太平寰宇記》云：鄭縣，竹山在縣西南一百四十里，高一千二百六十丈。**其上多喬木，**枝上竦者，音橋。**其陰多鐵。有草焉，其名曰黃藿，其狀如樗，其葉如麻，白華而赤實，其狀如赭，**紫赤色。**浴之已疥，又可以已胕。**治胕腫也，音符。沅曰：「胕」即「腐」字省文。《黃帝素問》有「胕腫」。**竹水出焉，**沅曰：《水經注》云：竹水南出竹山，北逕媚加〔註15〕谷，

〔註11〕此條郭注本脫，蔣本朱筆校補。
〔註12〕盧文弨：當作音蚌蛤。
〔註13〕概字蔣本朱筆校曰：概。
〔註14〕主字盧本、蔣本（朱筆）校曰：王。
〔註15〕加字蔣本朱筆校曰：笰。

歷廣鄉原東，俗謂之大赤水，北流注于渭。《太平寰宇記》云：鄭縣，竹水亦曰大赤水，又名箭谷水。案：水在今陝西渭南縣東二十里，廣鄉原在縣東南十里。**北流注于渭。其陽多竹箭**，箭，篠也。**多蒼玉。丹水出焉**，今所在有丹水。**東南流注于洛水**，沅曰：《水經注》云：上洛縣洛水東與丹水合，水出西北竹山，東南流注于洛。今在陝西渭南、洛南二縣界。**其中多水玉，多人魚。**如鯑魚，四腳。**有獸焉，其狀如豚而白，毛大如笄而黑端**，笄，簪屬。**名曰豪彘。**狟豬也，夾髀有竈豪長數尺，能以脊上豪射物，亦自為牝牡。狟或作貆。吳楚呼為鸞豬，亦此類也。沅曰：「豪」舊本作「毫」，俗字，今改正。

西 1-9

又西百二十里，曰浮山。沅曰：《水經注》云：有肺浮山，與麗山連麓而在南。案其道里，當即此山。今在陝西臨潼縣南。**多盼木**，音「美目盼兮」之「盼」。**枳葉而無傷**，枳刺，鍼〔註16〕也，能傷人，故名云。沅曰：《廣雅》云：傷，篾也。**木蟲居之。**在樹之中。**有草焉，名曰薰**音訓。**草**，沅曰：「薰」字當為「黑」，《廣雅》云：薰草，蕙草也。王逸《楚詞章句》云：菌，薰也，葉曰蕙，根曰薰。《廣志》云：薰草綠葉紫莖，魏武帝以此燒香，今東下田有草，莖葉似麻，其華紫也。見《史記索隱》。**麻葉而方莖，赤華而黑實**，沅曰：嵇含《草木狀》云：蕙草一名薰草，葉如麻，兩兩相對，氣如蘼蕪，可以止癘。**臭如蘼蕪**，蘼蕪，香草。《易》曰：其臭如蘭。眉無兩音。沅曰：《爾雅》作「蘪蕪」，云「蘄茝」。《史記·司馬相如賦》作「蘪〔註17〕蕪」，樊光云：藁本一名蘼蕪，根名蘄芷。見《史記索隱》。**佩之可以已癘。**沅曰：《爾雅疏》引作「止癘」。

西 1-10

又西七十里，曰㺀次之山。音臾。**漆水出焉**，今漆水出岐山。沅曰：郭璞、劉昭、樂史以為漢杜陽之俞山漆水，非也。《水經注》云：《開山圖》曰「麗山西北有溫池」，溫池西南八十里，岐山在杜陵埤，長安西有渠謂之柒渠。据此，則麗山西有岐山漆水，與經云㺀次山在浮山西合矣。山當在今陝西咸寧縣南，俗失其名。**北流注于渭。其上多棫檀**，棫，白桵也，音域。**其下多竹箭。其陰多赤銅，其陽多嬰垣之玉。**垣，或作短，或作根，或作埋，傳寫謬錯，未得詳。沅曰：郭云或作「根」者，當為「珢」。《說文》：珢，石之似玉者。《玉篇》引張揖《埤蒼》云：瓘珢，石似玉也，珢居恨、魚巾〔註18〕二切。是。又，《說文》有「堅」字，云：石之似玉者。與「垣」聲相近，疑亦是。**有獸焉，其狀如**

〔註16〕鍼字盧文弨校作針，又有眉批：段懋堂依《方言》二改作傷刺篾也。
〔註17〕麋字本誤作麋，蔣本墨筆校正。
〔註18〕巾字初刻本誤作中，蔣本朱筆校正。

禺而長臂善投，其名曰囂。亦在《畏獸畫》中，似獼猴。投，擲也。沅曰：「囂」當為「夒」，形相近，字之誤也。《說文》云：夒，母猴，似人。**有鳥焉，其狀如梟，人面而一足，曰橐𤷙**〔註 19〕，音肥。**冬見夏蟄，服之不畏雷。**著其毛羽，令人不畏天雷也。或作災。

西 1-11

又西百五十里，曰時山。沅曰：「時」讀從「泰時」之「時」。黃帝立時于雍，多有其名。山在終南山東，當是陝西長安縣正南秦嶺矣。**無草木。**逐或作遂。**水出焉，北流注于渭，**沅曰：鄭君《詩箋》曰：豐鎬之閒，水北流也。**其中多水玉。**

西 1-12

又西百七十里，曰南山。沅曰：山在今陝西鄠、盩厔二縣南，《夏書》云「終南山」，《春秋傳》云「中南山」，《詩》亦云「南山」。山在渭水之南，益以名之。或說南、隆聲相近，《淮南子》謂之「終隆山」，南之言隆也。《三秦記》云：其山從長安向西可二百里。見《初學記》。又云：長安正南秦嶺，見《長安志》。据此，則長安縣南以東曰秦嶺，俗以為南山，非。**上多丹粟。丹水出焉，**沅曰：水疑即赤水也。《水經注》：渭水又東，逕槐里縣故城南，有漏水，出南山赤谷。又云：耿谷水北與赤水會，又北逕思鄉城東，又北注渭水。今水出陝西盩厔縣東南五十里赤谷。**北流注于渭。獸多猛豹，**猛豹，似熊而小，毛淺有光澤，能食蛇，食銅鐵，出蜀中。豹，或作虎。**鳥多尸鳩。**尸鳩，布穀類也，或曰鵧鷑也。鳩或作丘。

西 1-13

又西百八十里，曰大時之山。沅曰：山疑即大白山也，在今陝西鄠縣東南四十里。《廣韻》引此作「泰時」，當為「泰時」，《封禪書》稱自古以雍州積高，神明之隩，故立時郊上帝，蓋黃帝時嘗用事。《說文》亦云：古扶風有五時，皆黃帝時祭。則泰時之名起于黃帝，禹因之矣。泰時之稱太白，其在秦襄公作西時祠白帝時與？《水經注》曰：太一山，亦曰太白山，在武功縣南，去長安二百里。又，今太白山西南，一水北入渭，一水南入漢，與經涔水、清水合，故知即此山也。**上多穀柞，**柞，櫟。**下多杻橿。陰多銀，陽多白玉。涔水出焉，**音潛。**北流注于渭。**沅曰：水疑即斜水。「涔」當為「涂」，形相近，字之誤也。「涂」與「斜」同音。《地理志》：武功，斜水出衙嶺山，北至鄠入渭。今水出陝西郿城縣北山，北至鄠入渭。今水出陝西郿城縣北山，北至郿縣入渭。**清水出焉，**沅曰：水疑即郿水也。《地

〔註 19〕盧文弨：𤷙舊作𤷙，似當从巴也。《說文》但有𤷙，从非，己聲，別也。

理志》：武功，襃水出衙嶺山，南至南鄭入沔。《括地志》云：斜水與襃水同源派流。見《史記正義》。今水出陝西郿縣西南，又西南流逕寶雞縣，又逕鳳縣、襃城縣，至南鄭縣入漢水。**南流注于漢水。**今河內修武縣縣北黑山亦出清水。沅曰：《夏書》云：東流為漢。《地理志》謂之「東漢水」，《水經》謂之「沔水」，「漢」「沔」互受通稱，在今漢中府寧羌州北，東流逕沔縣、襃城縣，至南鄭縣也。

西 1-14

又西三百二十里，曰嶓冢之山。今在武都氐道縣南。嶓音波。沅曰：山在今甘肅秦州西南六十里。《地理志》云：隴西，《禹貢》嶓冢山在西。《地形志》誤以為在華陽嶓冢縣。今相承以為在漢中府寧羌州北者，非。**漢水出焉，**沅曰：漢水上原曰漾水，亦曰西漢水，或曰即洋水也。《水經》云：漾水出隴西氐道縣嶓冢山。《說文》云：漾，古文作瀁。《地理志》云：氐道，《禹貢》養水所出。又云：西漢水所出。是以出嶓冢者為漾，亦為西漢水也。《淮南子》：昆侖山，洋水出其西北陬。高誘云：洋水逕隴西氐道，東至武都為漢水。《水經注》云：闞駰云，漢或為漾，漾水出昆侖西北隅，至氐道重源顯發而為漾水。是以漢為即昆侖之洋水也。今水出秦州，州即漢西及氐道二縣地。又案：《華陽國志》說此水多誣，今不取。**而東南流注于沔。**至〔註20〕江夏安陸縣，江即沔水。沅曰：「沔」舊本〔註21〕作「江」，据劉昭注《郡國志》作「沔」。沔水首受西漢水，北承沮水，亦曰東漢水。《水經》云：沔水出武都沮縣東狼谷。《地理志》云：沔水出武都。又云：武都，沮水出東狼谷。又云：武都縣，東漢水受氐道水，一名沔。《漢書注》如淳曰：北方人謂漢水曰沔水。《水經注》云：闞駰曰，以其初出沮洳然，故曰沮水。是沔、沮、東漢，一也。今水出漢中府略陽縣東。經云漢水注沔者，酈道元按庾仲雍言：漢水自武遂川南入葛蔓谷，越野牛，逕至關城合西漢水。邢昺按郭璞《爾雅音義》謂之潛水，《水經注》謂之通谷水。今水在漢中府寧羌北，俗名燕子河，上承東漢水，西流合于西漢水也。**䢵水出焉，北流注于湯水。**或作陽。沅曰：䢵水、湯水俱未詳。《藝文類聚》引此作「𡃀水」。**其上多桃枝、**沅曰：《尚書》「蔑席」，《周禮》「次席」，孔、鄭皆云「桃枝」。《爾雅·釋艸》曰：桃枝，四寸，有節。戴凱之《竹譜》說桃枝「長爽，纖葉，清肌，薄皮」，注云：桃枝是其中最細者。又曰：桃枝皮赤，編之滑勁，可以為席。余之所見桃枝竹，節短者不兼寸，長者或踰尺，豫章徧有之。**鈎端，**鈎端，桃枝屬。沅曰：《廣雅》作「箇箹」，云：桃支也。《竹譜》引此作「劍端」。皆非。經字正也。**獸多犀、兕、熊、羆，**羆，似熊而黃白色，猛憨，能拔樹。**鳥多白翰、赤鷩。**白翰，白鷴也，亦名鷐雉，又曰白雉。**有草焉，其葉如蕙，**

〔註20〕至字盧文弨校曰：在。
〔註21〕本字蔣本朱筆校作皆。

蕙，香草，蘭屬也。或以蕙為薰葉，失之。音惠。**其本如桔梗，**本，根也。**黑華而不實，名曰骨容**〔註22〕，**《**爾雅・釋草》曰：榮而不實謂之英。骨音骨。沇曰：二字舊本从艸，非。劉昭注《郡國志》引此作「骨容」，今从之。舊傳脫「英」字。**食之使人無子。**

西 1-15

又西三百五十里，曰天帝之山。上多椶枏，下多菅蕙。菅，茅類也。**有獸焉，其狀如狗，名曰谿邊，**或作谷遺。沇曰：艸木鳥獸之名多雙聲，當為「谷遺」。**席其皮者不蠱。有鳥焉，其狀如鶉，黑文而赤翁，**翁，頸〔註23〕下毛，音汲瓮之瓮。沇曰：《說文》云：翁，頸毛也。《漢書》云：赤雁集，殊翁褋。孟康曰：翁，雁頸。**名曰櫟**〔註24〕，音沙礫之礫。**食之已痔。有草焉，其狀如葵，其臭如蘼蕪，名曰杜衡，**香草也。沇曰：《爾雅》云：杜，土鹵。《范子計然》曰：秦蘅出于隴西天水。見李善注《文選》。《廣雅》云：楚蘅，杜蘅也。《本草經》云：杜若一名杜衡。《博物志》云：一名杜杏，味亂細辛，葉似葵。又云：今杜若葉似薑而有文理，莖葉皆有長毛。「衡」，經典加艸，非。經字正也。**可以走馬，**帶之令人便馬，或曰馬得之而健走。**食之已癭。**沇曰：《淮南子》云：險阻氣多癭。

西 1-16

西南三百八十里，曰皋塗之山。沇曰：《史記索隱》引此作「鼻塗」。薔音色。或作薔，又作菖。**水出焉，西流注于諸資之水。**沇曰：《淮南子・地形訓》云：西南方曰渚資，曰丹澤。**塗水出焉，南流注于集獲之水。其陽多丹粟，其陰多銀、黃金。其上多桂木。有白石焉，其名曰礜，**沇曰：《說文》云：礜，毒石也，出漢中。**可以毒鼠。**今礜石殺鼠，音豫，蠶食之而肥〔註25〕。**有草焉，其狀如藁**〔註26〕**茇，**藁茇，香草。沇曰：即藁本也。「本」「茇」聲之緩急。**其葉如葵而赤背，名曰無條，**沇曰：「無」當讀如「蕪」，經云「如藁茇」，又曰「其葉如葵」，疑即蘼蕪矣。**可以毒鼠。有獸焉，其狀如鹿而白尾，馬足，人手，**前兩腳似人手。**而四角，名曰玃**〔註27〕

〔註22〕骨容二字盧文弨校增艸頭，合乎郭注。
〔註23〕頸字盧文弨校曰：顙。
〔註24〕櫟字盧文弨校曰：鸒。
〔註25〕蔣本墨筆：毒鼠：言礜石有毒，可以治鼠瘻也。《本艸經》云：礜石主鼠瘻。吳普云：神農、岐伯享有毒。郭云殺鼠，非也。
〔註26〕經注二藁字，盧本、蔣本皆校作菓。蔣本墨筆：菓，吳本作菓。朱筆：菓，皆改。
〔註27〕玃字盧文弨校曰：《廣疋》作獲，九縛切。又有眉批曰：《索隱》云郭云巨玃，非也。上已有蜼蠼，此處亦當依舊本。但《玉篇》無猳玃。《呂覽・察傳篇》

如。音猳玃之玃。沅曰：舊本經文譌為「玃如」，傳文譌為「猳貜」，今改正。案：正字當為「蠷如」。《史記索隱》引此作「玃猱」，云字或作「蠷」。又案：《史記‧司馬相如賦》有「蠷蝚」。《說文》云：蠷，禺屬。《漢書注》張揖云：玃猱，獼猴也。師古云：猱音洒高反，音柔，即今所謂戎，皮為韏褥者也。戎音柔〔註28〕之轉耳，非獼猴也。《博物志》云：蜀山南高山上有物如獼猴，長七尺，能人行，健走，名曰猴玃，一名化，或曰猳玃，同行道，婦女有好者輒盜之。《說文》亦有「㲉」「玃」，同郭義。《玉篇》云：玃似獼猴而黃，又作蠷。沅謂，許張顏等所說不同，實皆禺屬也。玃，司馬貞案《字林》音狄，顧野王音塗卓反，聲之轉，如「蝚」「戎」則音皆相近。**有鳥焉，其狀如鴟而人足，名曰數斯，食之已癭。**或作瘤。

西 1-17

又西百八十里，曰黃山。今始平槐里縣有黃山，上故有宮，漢惠帝所起，疑非此。沅曰：山未詳也。或說即今陝西興平黃山，斯錯簡耳。**無草木，多竹箭。盼水出焉，**音「美目盼兮」之「盼」。沅曰：「盼」俗本作「眄」，非。**西流注于赤水，**沅曰：或說盼水即耿谷水，形相近，字之譌耳。耿水東北入赤谷水，在盩屋縣，亦山之南麓也。然山在渭北，水在渭東，疑非是。**其中多玉。有獸焉，其狀如牛，而蒼黑大目，其名曰㸰。**音敏。沅曰：《汲冢周書‧王會》云：數楚，每牛；每牛者，牛之小者也。「㸰」非古字，當為「每」，《廣韻》「㸰」音切同「美」，是也。**有鳥焉，其狀如鴞，青羽、赤喙，人舌能言，名曰鸚䳇。**鸚䳇舌似小兒舌，腳指前後各兩，扶南徼外出五色者，亦有純赤白者，大如雁也。

西 1-18

又西二百里，曰翠山。其上多椶枏，其下多竹箭。其陽多黃玉〔註29〕，沅曰：《詩》：充耳以黃。傳云：黃，黃玉。**其陰多旄牛、麢、麝。**麢，似羊而大，角細，食〔註30〕好在山崖閒。麝，似獐而小，有香。**其鳥多鸓，**音壘。沅曰：舊本為鸓，音壘，据《玉篇》有鸓，大鵙〔註31〕切，說與此同，今從之。傳「音壘」當為「音疊」，依改正之。

注：玃，猳玃。《尔疋》「玃父」注作猳玃。
〔註28〕柔字下蔣本墨筆校增曰：聲。
〔註29〕黃玉二字盧文弨於黃下校增玉字，曰：藏多一金字。蔣本墨筆：吳本「其陽多黃金玉」，此脫金字。琮按：《西次三經》槐江之山、《中次十二經》暴山亦曰多黃金，則此為脫字明矣。
〔註30〕細食二字盧本、蔣本（朱筆）校作圓銳，盧文弨曰：《尔疋》注。（其標點亦當改作：麢，似羊而大，角圓銳，好在山崖閒。）
〔註31〕鵙字蔣本朱筆校曰：煩。

其狀如鵲，赤黑而兩首四足，可以禦火。

西 1-19

又西二百五十里，曰騩山。<small>音巍，一音隗囂之隗。</small>是錞于西海。<small>錞，猶隈墕</small>〔註32〕<small>也，音章閏反。沅曰：「錞」，借字；「𩰚」，本字。西海者，《地理志》謂之僊海，或謂之青海，「西」「僊」「青」三聲相近，今在西寧府西北番中。或說凡水之大者皆名海。《太康地記》曰：河北得水為河，塞外得水為海也。見《史記正義》。張衡《思玄賦》自注云：黃帝葬于西海橋山。《七發》亦云：北望汝海。李善注云：汝稱海，大言之也。是其類矣。</small>無草木，多玉。淒水出焉，<small>或作浽。</small>西流注于海，其中多采石、黃金，<small>采石，石有采色者，今雌黃、空青、綠碧之屬。</small>多丹粟。

西 1-0

凡西經之首，自錢來之山至于騩山，凡十九山，二千九百五十七里。
<small>沅曰：此經之山，自陝西潼關，西至甘肅西寧也。準今書，自錢來山至此，二千八百十七里，與經不合，疑有脫誤字。</small>華山，冢也，<small>冢者，神鬼之所舍也。沅曰：郭說非也。《爾雅》曰：山頂曰冢。《釋詁》曰：冢，大也。</small>其祠之禮太牢。<small>牛羊豕為太牢。</small>羭山，神也，祠之用燭，<small>或作爥。</small>齋百日以百犧，<small>牲純色者為犧。</small>瘞用百瑜，<small>瑜，亦美玉名，音臾。</small>湯<small>或作溫。</small>其酒百尊，<small>溫酒令熱。</small>嬰以百珪百璧。<small>嬰，謂陳之以環祭也。或曰嬰即古罌字，謂盂也，徐州云，《穆天子傳》曰「黃金之罌」之屬也。</small>其餘十七山之屬皆毛，牷用一羊祠之。<small>牷，謂牲體全備</small>〔註33〕<small>也。《左傳》曰「牷牲</small>〔註34〕<small>肥腯」者也。</small>

<small>⎡燭者，百草之未灰。白蓆，采等純之。⎤純，緣也。五色純之，等差其文綵也。《周禮》：莞席紛純。沅曰：此亦周秦人釋語，舊本亂入經文，今別行。</small>

<small>沅曰：右《西山經》，古本為第四篇。</small>

西 2-1

西次二經之首，曰鈐山。<small>音髡鉗之鉗。或作冷，又作塗。</small>其上多銅，其下多玉，其木多杻檀。

〔註32〕隈墕二字盧文弨校曰：是墫。蔣本墨筆：隈，吳本从土。
〔註33〕備字盧文弨校曰：具。
〔註34〕牷牲二字盧文弨校乙。（盧校是。）

西 2-2

西二百里，曰泰或作秦。冒之山。沅曰：山在今陝西膚施縣。晉灼引《水經》：
上郡雕陰有泰冒山。《太平寰宇記》云：洛水原出白於山，經上郡雕陰秦望山。案：「泰」「秦」
字相近，「望」「冒」聲相近。《膚施縣志》云：縣南雕陰山，一名秦望山。是也。其陽多金，
其陰多鐵。浴水沅曰：《初學記》引此經作「洛水」〔註35〕，是。出焉，沅曰：晉灼
引《水經·洛水》云：出上郡雕陰泰冒山，過華陰入渭，即漆沮水。《漢書》顏師古注亦云：
洛即漆沮，本上郡雕陰泰冒山，而東南入渭。則「浴」當為「洛」，蓋自白於山出而經此也。
東流注于河，其中多藻玉，藻玉，玉有符彩者。或作「涷」，音練。多白蛇。水蛇
〔註36〕。

西 2-3

又西一百七十里，曰數歷之山。沅曰：《水經注》：汧縣有數歷山。《金史·地理
志》云：鳳翔路虢有楚山。「數歷」與「楚」聲相近，故水亦曰楚水也。山當在今陝西隴州，疑
俗稱西秦山在州東南百里者是也。其上多黃金，其下多銀，其木多杻橿，其鳥多
鸚䳇。楚水出焉，而南流注于渭，沅曰：《水經注》云：渭水逕南由縣南，東與楚水
合，世所謂長蛇水，水出汧縣之數歷山，又南流注于渭，闞駰以是水為汧水焉。案：今水出隴
州西南，東流逕西秦山南，又東至寶雞縣西，入于渭，俗亦稱陸川。其中多白珠。今蜀郡
平澤出青珠。《尸子》曰：水員折者有珠。

西 2-4

又西百五十里，曰高山。沅曰：《玉篇》引此經作「商山」，非。案其道里，疑即
橋山也。「高」「橋」聲相近。《地里志》：陽周，橋山在南。《元和郡縣志》云：真寧縣，橋山在
縣東八十里。山在今甘肅真寧、陝西中部二縣界，涇水所經也。一云，今甘肅隆德縣東南二十
里有高山，俗名美高山，亦是也。其上多銀，其下多青碧、碧，亦玉類也。今越巂會無
〔註37〕縣東山出碧。沅曰：《詩》云：充耳以青。傳曰：青，青玉。《說文》：碧，石之青美者。
雄黃，晉太興三年，高平郡界有山崩，其中出數千斤雄黃。其木多椶，其草多竹。涇
水出焉，音經。沅曰：《夏書》云：涇屬渭汭。即此水。〔註38〕《說文》云：涇水出安定涇

〔註35〕盧文弨：今亦作浴。
〔註36〕水蛇二字盧文弨校曰：藏本作水螈。
〔註37〕蔣本墨筆：會無縣，吳本作會稽縣。
〔註38〕初刻本有缺文，盧文弨曰：畢後補刻「音經。沅曰：《夏書》云：涇屬渭汭，
　　　　即此水。」下接《說文》。

陽幵頭山涇谷。《括地志》云：涇水原出原州百泉縣西南幵頭山涇谷。見《史記正義》。今水出甘肅固原州南，一原出平涼府華亭縣北，合流，東逕涇州北，又東逕慶陽府真寧縣南也。**而東流注于渭，**今涇水出安定朝那縣西幵頭山〔註39〕，至京兆高陵縣入渭也。沅曰：東流者，東南流。《夏書》：涇屬渭汭。孔安國曰：言治涇水入渭也。水在今陝西高陵縣西南入渭也。**其中多磬石**〔註40〕、《書》曰「泗濱浮磬」是也。**青碧。**

西 2-5

西南三百里，曰女牀之山。沅曰：薛綜《東京賦注》曰：女牀山在華陰西六百里。考地理諸書，山亡所見。桉其道里，或鳳翔府岐山縣岐山也。**其陽多赤銅，其陰多石涅，**即礬石也。楚人名為涅石，秦名為羽涅也。《本草經》亦名曰涅石也。沅曰：《淮南子》云：以涅染緇。高誘曰：涅，礬石也。**其獸多虎豹犀兕。有鳥焉，其狀如翟而五采**沅曰：舊本作彩，非。**文，**翟，似雉而大，長尾。或作鸐。鸐，雕屬也。**名曰鸞鳥，**沅曰：《周書・王會》云：氐羌鸞鳥。決疑注：漢大史令蔡衡曰，凡象鳳者有五，多青色者鸞。《抱朴子》曰：似鳳而白纓。見《藝文類聚》。**見**〔註41〕**則天下安寧。**舊說鸞似雞，瑞鳥也，周成王時西戎獻之。沅曰：《說文》云：鸞，鳴中五音，頌聲作則至。《孫氏瑞應圖》云：鸞心識鐘律，鐘律調則至。見《藝文類聚》。

西 2-6

又西二百里，曰龍首之山。沅曰：山在今陝西隴州，西至甘肅清水縣。「龍」當讀如「隴氐」之「隴」。班固《西都賦》云：右界褒斜隴首之陰。《通典》云：隴城，大隴山亦曰隴首山。即此。非「疏龍首以抗殿」之「龍首」也。**其陽多黃金，其陰多鐵。苕水出焉，**沅曰：「苕」當為「芮」，形相近，字之誤也。《周書・職方解》云：雍州，其川涇汭。《周禮》作「芮」。今芮水出陝西隴州西北七十里龍門洞，俗稱黑水河，北流入甘肅華亭縣界。「苕」，《初學記》引此作「若」，「若」「納」「芮」三字聲亦相近。**而**〔註42〕**東南流注于涇水，**沅曰：汭水自陝西隴州至甘肅華亭縣，又逕崇信縣，又逕涇州，又逕陝西邠州長武縣，至州西入涇，皆東北流。經云「東南」者，酈道元釋《水經》「北流」有「自北而南」之說與？**其中多美玉。**

〔註39〕蔣本墨筆：幵頭山，吳本作井頭山，疑彼誤。
〔註40〕蔣本墨筆：磬石，吳本作磐石，必彼誤也。
〔註41〕見字盧文弨校曰：現。
〔註42〕而字本脫，盧本、蔣本（朱筆）校增。

西 2-7

又西二百里，曰鹿臺之山。今在上黨郡〔註43〕。沅曰：舊本傳云「在上郡」，
非。《地形志》云：建義有鹿臺山。《隋書·地理志》：襄垣、平遙，俱有鹿臺山。《太平寰宇記》
云：謁戾山一名鹿臺山。山在今汾州府平遙縣西。依郭說如是，桉其道里，則未詳也。其上多
白玉，其下多銀，其獸多㸲牛、羬羊、白豪。豪，狟豬也。有鳥焉，其狀如
雄雞而人面，名曰鳧徯，其名自叫也，見則有兵。

西 2-8

西南二百里，曰鳥危之山。其陽多磬石，其陰多檀楮，楮即穀木。其
中多女牀。未詳。鳥危之水出焉，西流注于赤水，其中多丹粟。

西 2-9

又西四百里，曰小次之山。其上多白玉，其下多赤銅。有獸焉，其
狀如蝯〔註44〕，而白首赤足，名曰朱厭，見則大兵。一作「見則有兵起焉」，
一作「見則為兵」。

西 2-10

又西三百里，曰大次之山。其陽多堊，堊，似土，色甚白，音惡。其陰多
碧，其獸多㸲牛、麢羊。

西 2-11

又西四百里，曰薰吳之山。無草木，多金玉。

西 2-12

又西四百里，曰底陽之山。音旨。沅曰：「底」今書作「厎」，傳寫之譌。其木
多㯉〔註45〕、柟、豫章，㯉，似松，有刺，細理，音即。豫章，大木，似楸，葉冬夏青，
生七年而後復〔註46〕可知也。其獸多犀、兕、虎、犳、㸲牛。犳，音之藥反。沅
曰：即「虎豹」字。《玉篇》有「犳」，云：獸，豹文。音同郭。又《廣韻》作「狗」字，音

〔註43〕蔣本墨筆：上黨郡，吳本亦作上郡。
〔註44〕蝯字畢本从袁，蔣本墨筆：吳本作猿，此疑誤。
〔註45〕蔣本墨筆：㯉字吳本誤作稷。
〔註46〕復字蔣本校刪，朱筆：去一字。

切同袄〔註47〕，云：獸，似豹少文。益誤。

西 2-13

又西二百五十里，曰眾獸之山。其上多瑤珸之玉，其下多檀楮，多黃金，其獸多犀兕。

西 2-14

又西五百里，曰皇人之山。其上多金玉，其下多青雄黃。即雌黃也，或曰空青、曾青之屬。皇水出焉，西流注于赤水，其中多丹粟。

西 2-15

又西三百里，曰中皇之山。其上多黃金，其下多蕙棠。彤棠之屬也。「蕙」或作「羔」。

西 2-16

又西三百五十里，曰西皇之山。其陽多金，其陰多鐵，其獸多麋鹿、柞牛。麋，大如小牛，鹿屬也。

西 2-17

又西三百五十里，曰萊山。其木多檀楮。其鳥多羅羅，是食人。羅羅之鳥，所未詳也。

西 2-0

凡西次二經之首，自鈐山至于萊山，凡十七山，四千一百四十里〔註48〕。其十神者，皆人面而馬身。其七神，皆人面牛身，四足而一臂，操杖以行，是為飛獸之神，其祠之毛，用少牢，羊豬為少牢也。白菅為席。其十輩音背。神者，其祠之毛，一雄雞，鈐而不糈，鈐，所用祭器名，所未詳也，或作「思」，訓祈。不糈，祠不以〔註49〕米。毛采。言用雄色雞也。

沅曰：右《西次二經》，古本為第五篇。

〔註47〕「音切同袄」四字盧文弨校作「音崇懸切，別紐」。
〔註48〕蔣本墨筆：鈐山至萊山，凡四千六百七十里。多五百三十里。
〔註49〕不以二字本倒誤，盧本、蔣本（朱筆）校乙。

西 3-1

西次三經之首，曰崇吾之山。沅曰：《博物志》《史記索隱》引此作「崇丘」。在河之南。北望冢遂，山名。南望䍃之澤，音遙。沅曰：即鍾山瑤厓也。西望帝之搏獸之山〔註50〕，搏或作簿。東望蠐音於然反。淵。有木焉，員葉而白柎〔註51〕，今江東人呼草木子房為柎，音府。一曰，柎，花下鄂，音丈夫。字或作柎，音符。赤華而黑理，其實如枳，食之宜子孫。有獸焉，其狀如禺而文臂，豹虎而善投，沅曰：謂攫人也。「投」字以「殳」為聲，「攫」字以「矍」為聲，皆相似，舉父之名亦以此。名曰舉父。或作夸父。沅曰：即《爾雅》「玃父」也。郭云「或作夸父」，《爾雅》「寓屬」云：玃父善顧。《說文》云：玃，母猴也。攫，持人也。「玃」「舉」「夸」三聲相近。郭注二書，不知是一，蓋不知音轉耳。高誘注《淮南》云：夸父，神獸。非。有鳥焉，其狀如鳧，而一翼一目，相得乃飛，名曰蠻蠻，比翼鳥也。色青赤，不比不能飛。《爾雅》作「鶼鶼」鳥也。沅曰：《爾雅》作「鶼鶼」，《玉篇》作「鸒鸒」，皆俗字。《博物志》作「虵」，說與此同。「虵」「蠻」聲相近。見則天下大水。

西 3-2

西北三百里，曰長沙之山。沅曰：《穆天子傳》云：己丑，天子東征，鮮蟇送天子，至于長沙之山。案山有水北注泑澤，當在塞外蒲昌海南也。泚水出焉，音紫。北流注于泑水。烏交反，又音黝，水色黑也。沅曰：《說文》云：泑澤在昆侖下，讀與呦同。《史記》謂之鹽澤。《地理志》謂之蒲昌海，云：敦煌郡有。《括地志》云：蒲昌海一名泑澤，一名鹽澤，一名輔日海，亦名牢蘭，亦名臨海，在沙州西南。見《史記正義》。無草木，多青雄黃。

西 3-3

又西北三百七十里，曰不周之山。此山形有缺不周帀處，因名云。西北不周風自此山出。沅曰：《淮南子》云：西北方曰不周之山，曰幽都之門。屈原賦云：路不周以左轉，指西海以為期。《淮南子》云：共工之力觸不周之山，使地東南傾。王逸、高誘皆云：不周山在昆侖西北。《漢書注》張揖曰：不周山在昆侖東南二千三百里。二說不同者，漢說以昆侖為在于闐，則不周山在其西北；張揖据此經道里為說，則曰東南。北望諸毗之山，臨彼嶽崇之山。東望泑澤，河水所潛也，沅曰：《史記》云：張騫曰，鹽澤潛行地下，其南則河原出焉。漢以昆侖為在于闐，故言河原在南。《北山經》言河原則在西北，是敦薨之水，西流注

〔註50〕山字盧文弨校曰：丘。蔣本墨筆：山，吳本作邱，疑是。又朱筆校作邱。
〔註51〕蔣本墨筆：柎：吳本作柎。傳有「或作柎」句，則必彼誤也。

此者也。**其原渾渾泡泡。**河南出昆侖，潛行地下，至蔥嶺，出于闐國，復分流岐出，合而東流注泑澤。已復潛行，南出於積石山，而為中國河也。名泑澤，即蒲澤，一名蒲昌海，廣三四百里，其水停，冬夏不增減，去玉門關三百餘里，即河之重源，所謂潛行也。渾渾泡泡，水漬涌之聲也。袞咆二音〔註52〕。沅曰：《說文》云：厡，水泉本也。篆文作原，俗又从水，非，今改正。**爰有嘉果，其實如桃，其葉如棗，黃華而赤柎，食之不勞。**

西 3-4

又西北四百二十里，曰崒音密。**山。**沅曰：《穆天子傳》注及李善注《文選》引此直作「密山」。「崒」即「密」字之壞。**其上多丹木，員葉而赤莖，黃華而赤實，其味如飴，食之不飢。丹水出焉，西流注于稷澤，**后稷神所馮，因名云。沅曰：郭說是。《海內西經》云：后稷之葬，山水環之，在氐國西。《海內經》云：西南黑水之閒，有都廣之野，后稷葬焉。《淮南子·地形訓》云：后稷壠在建木西。**其中多白玉。是有玉膏，其原沸沸湯湯，**玉膏涌出之貌也。《河圖玉版》曰：少室山，其上有白玉膏，一服即仙矣。亦此類也。沸音拂。**黃帝是食是饗。**所以得登龍於鼎湖而龍蛻也。**是生玄玉。**言玉膏中又〔註53〕出黑玉也。**玉膏所出，以灌丹木，丹木五歲，五色乃清，**言光鮮也。**五味乃馨，**言滋香也。**黃帝乃取崒山之玉榮，**謂玉華也。《離騷》曰：懷琬琰之華英。又曰：登昆侖兮食玉英。《汲冢書》所謂「苕華之玉」。**而投之鍾山之陽。**以為玉種。沅曰：《淮南子》云：鍾山之玉，炊以鑪炭，三日三夜，而色澤不變。許君曰：鍾山北陸無日之地出美玉。**瑾瑜之玉為良，**言最善也。或作「食」。觀臾兩音。**堅粟精密，**說玉理也。《禮記》曰：縝密以粟。粟或作栗。玉有粟文，所謂穀璧也。〔註54〕**濁澤而有光。**濁謂潤厚。**五色發作，**言符彩互映色〔註55〕。《王子靈符應》曰：赤如雞冠，黃如蒸栗，白如割肪，黑如醇漆，玉之符彩也。**以和柔剛。**言玉協九德也。**天地鬼神，是食是饗。**玉所以祈祭者，言能動天地感鬼神。**君子服之，以禦不祥。**今徼外出金剛石，石屬而似金，有光色〔註56〕，可以刻玉，外國人帶之，云辟惡氣，亦此類也。**自崒山至于鍾山，四百六十里，其閒盡澤也，**沅曰：何休《公羊學》云：漸洳曰澤。**是多奇鳥怪獸奇魚，皆異物焉。**

〔註52〕「二音」盧文弨校曰：藏作兩音。

〔註53〕又字盧文弨校曰：凡。

〔註54〕盧文弨校曰：正文當作「堅粟」。注文當作「似粟。粟或作粟。」如此，方可接「玉有粟文」云云。

〔註55〕「映色」二字盧文弨校曰：暎也。

〔註56〕色字盧文弨校曰：彩。

西 3-5

又西北四百二十里，曰鍾山。沅曰：《漢書》云：趙地鍾、岱，迫近胡寇。如淳曰：鍾，所在未聞。案：《北山經》云：鍾山之神，名曰燭陰。《淮南子》云：燭龍在雁門北。是知鍾山在雁門北。《水經注》：芒干水出塞外，南逕鍾山，山即陰山。徐廣《史記注》云：陰山在五原北。是知山即陰山。今山西朔平府北塞外，西至陝西榆林府北境，陰山是也。「陰」「鍾」聲相近。又，《漢書》侯應曰：陰山東西千餘里。則密山、泰器之山皆其連麓也。又，高誘注《淮南子》云：鍾山，昆侖也。以其連麓而在東北與？其子曰鼓，此亦神名，名之為「鍾山之子」耳。其類皆見《歸藏·啟筮》。沅曰：許君注《淮南子》云：鼓造蓋謂梟。疑鼓即梟也。其狀如人面而龍身。《啟筮》曰：麗山之子，青羽、人面、馬身。亦似此狀也。是與欽鴀音邳。沅曰：章懷太子賢注《後漢書》引此作「欽駓」，是也。「欽」亦作「堪」，音同。「鴀」當為「坏」，或為「負」，或借作「駓」，「鴀」字俗寫也。《莊子》云「堪坏襲昆侖」，《淮南子》作「欽負」，皆是。又「欽負」，今俗本《淮南》誤作「鉗且」。殺葆江于昆侖之陽，葆或作祖〔註57〕。沅曰：《呂氏春秋·本味篇》云：伊尹曰，祖江之丘名曰搖水。張衡《思玄賦》云：過鍾山而中休，瞰瑤谿之赤岸，弔祖江之見劉。自注：祖江，人名也。即此。高誘注《呂氏春秋》以「沮江」為「漸洳江旁之水」，非。帝乃戮之鍾山之東曰瑤音遙。崖。沅曰：今書作「崤」，非。据《呂氏春秋》當為「搖」。張衡賦自注作「瑤岸」，云即赤岸。《後漢書》注引此亦作「瑤岸」。蓋在搖水之崖。《說文》云：崖，高邊也。欽鴀化為大鶚，鶚，雕屬也，音鄂。沅曰：「鶚」當為「鴞」。《說文》云：鴞，鷙鳥，从鳥屰聲。俗以「鳶」「鶚」為二字，非。案：篆文鱷魚字从虫屰聲，今加作「鰐」，是其証矣。張有《復古編》云：「鴞」別作「鶚」「鳶」，並非。是也。其狀如鵰沅曰：《史記索隱》云：服虔曰，鵰，大鷙鳥也，一名鷲，黑色，多子，可以其毛作箭羽。案：鵰，籀文也。而黑文，白首赤喙而虎爪，其音如晨鵠，晨鵠，鶚屬，猶云晨梟耳。《說苑》曰「牒吠犬」比〔註58〕「奉晨梟」也。見則有大兵。鼓亦化為鵕鳥，音俊。沅曰：「俊」字假音，大鳥也。其狀如鴟，沅曰：《說文》云：雎〔註59〕，雖也；鴟，籀文也。赤足而直喙，黃文而白首，其音如鵠，見即其邑大旱。《穆天子傳》云鍾山作「舂」字，音同耳。穆王北升此山以望四野，曰：「鍾〔註60〕山，是惟天下之高山也，百獸之所聚，飛鳥之棲也。爰有赤豹、白虎、白鳥〔註61〕、

〔註57〕初刻本經「葆江」作「祖江」，無郭注四字。盧文弨校曰：畢後改祖為葆，添注葆或作祖。案：《贊》作祖。

〔註58〕盧文弨校吠字為北，又刪比字。蔣本朱筆校同。

〔註59〕雎字本誤作鴟。

〔註60〕鍾字盧文弨校曰：舂。

〔註61〕鳥字蔣本墨筆校曰：梟。又曰：吳本亦作白鳥。

青鶊,執犬羊,食豕鹿。」穆王五日觀於鍾山,乃為銘迹於縣圃之上,以詔後世。

西 3-6

又西百八十里,曰泰器之山。觀水出焉,沅曰:《呂氏春秋》作「蘿水」,高誘曰:蘿水在西極。劉逵《吳都賦注》作引此作「濩水」。**西流注于流沙。**沅曰:王逸《楚詞注》云:流沙,沙流如水也。張揖《漢書注》云:流沙,沙與水流行也。《地理志》云:張掖居延,居延澤在北,古文以為流沙。高誘注《呂氏春秋》云:流沙自流行。**是多文鰩魚,**音遙。沅曰:《呂氏春秋·本味篇》云:伊尹曰,味之美者,蘿水之魚名曰鰩。《本草》陳藏器說:此魚生海南,大者長尺許,有翅與尾齊,羣飛海上,海人候之,當有大風。**狀如鯉魚,魚身而鳥翼**〔註62〕,**蒼文而白首赤喙,常行西海,遊於東海,以夜飛,其音如鸞雞,**鸞雞,鳥名,未詳也。或作欒。**其味酸甘,食之已狂,見則天下大穰。**豐穰收熟也。《韓子》曰:穰歲之秋。

西 3-7

又西三百二十里,曰槐江之山。沅曰:据《張掖記》說,即甘州張掖縣北雞山也。**丘時之水出焉,而北流注于泑水,其中多蠃母。**即蝸螺〔註63〕也。沅曰:疑亦蒲盧,即蜃也。**其上多青雄黃,多藏琅玕、黃金、玉。**琅玕,石似珠者。藏,猶隱也。郎干二音。沅曰:「藏」古字作「臧」。**其陽多丹粟,其陰多采黃金、銀。實惟帝之平圃,**即玄圃也。《穆天子傳》曰:乃為銘迹於玄圃之上。謂刊石紀功德,如秦皇、漢武之為者也。沅曰:郭云「即玄圃也」,玄圃在今甘肅張掖縣北雞山是。《太平御覽》云:《張掖記》曰:「黑水出縣界雞山,亦名縣圃。惜有娀氏女簡狄浴于玄丘之水,即黑水也。」《太平寰宇記》云云同。**神英招司之,**司,主也。招音韶。**其狀馬身而人面,虎文而鳥翼,徇**沅曰:字當為「徇」,見《倉頡篇》。裴駰《史記集解》曰:李奇曰,徇,略也。**于四海,**徇,謂周行也。**其音如榴**〔註64〕。音雷〔註65〕。或作籀。此所未詳也。**南望昆侖**〔註66〕,沅曰:昆侖在今甘肅州南,故曰「南望」。二字舊本从山,非。**其光熊熊,**沅曰:「炎炎」之假音也。**其氣魂魂。**皆光氣炎盛相焜燿之貌。**西望大澤,后稷所潛也,**

〔註62〕蔣本墨筆:《音義》云:《嶺表錄異》云:鰩子魚,口有觜如鶴,肉翅,無鱗,尾尖而長,有風濤即乘風飛於海上船梢,〔類〕鮎鰯魚。見《太平御覽》。

〔註63〕盧文弨:《中山經》作僕纍。

〔註64〕蔣本墨筆:琮意,榴或是鶹。《北次三經》饒山云:其鳥多鶹。

〔註65〕留字盧文弨校作雷。

〔註66〕昆侖盧文弨校作崑崙。(下同。)

后稷生而靈智，及其終〔註67〕化，形遯此澤，而為之神，亦猶傅說騎箕尾也。沅曰：即稷澤，稷所葬也。**其中多玉，其陰多楱**沅曰：《說文》云：楱，昆侖河隅之長木也。即此。《國語》云：楱木不生危。韋昭曰：楱木，大木。《穆天子傳》云：天子乃釣于河，以觀姑繇之木。字凡三，作「樏」正字，「楱」省文，「繇」借字也。**木之有若。**楱木，大木也。言其上復生若木。大木之奇靈者為若，見《尸子》。《國語》曰：楱木不生花〔註68〕也。沅曰：《說文》云：叒，籒文作「喬」，即「若」字也。《詩》云桑「其葉沃若」，是其義。**北望諸毗，**山名。**槐鬼離侖居之，**離侖，其神名。**鷹鶚之所宅也。**鶚，亦鴟屬也。《莊周》曰：鴟鴉甘鼠。《穆天子傳》云：鍾山上有白鶚〔註69〕、青鵰。皆此族類也。**東望恆山四成，**成，亦重也。《爾雅》云：再成曰英也。**有窮鬼居之，各在一搏。**搏，猶脅也，言羣鬼各以類聚，處山四脅。有窮，其總號耳。搏一作搏。**爰有淊水，**沅曰：當為「瑤水」，或為「搖」。《史記》云：《禹本紀》言昆侖有醴泉、瑤池。《穆天子傳》云：西王母觴天子于瑤池。《呂氏春秋·本味篇》云：伊尹曰，水之美者，昆侖之井，沮江之丘名曰搖水。皆此也。「淊」非古字。**其清洛洛。**水流下之貌也。淊音遙也。**有天神焉，其狀如牛而八足，二首，馬尾，其音如勃皇，**勃皇未詳。**見則其邑有兵。**沅曰：《山經》文多用韻語，前密山文庚陽韻也，此文母、圃、玉、粟、侖、魂、潛、若、宅、搏、洛、皇、兵，凡五轉，餘文多似此。好古者尚疊意云。

西 3-8

西南四百里，曰昆侖之丘〔註70〕。沅曰：山在今甘肅肅州南八十里。《爾雅·釋地》云：三成為昆侖丘。《地理志》云：金城臨羌，西北至塞外，有西王母石室、昆侖山祠。又云：敦煌廣至縣有昆侖障。《十六國春秋》云：涼張駿酒泉守馬岌上言：「酒泉南山即昆侖之體，周穆王見西王母即謂此山，有石室、王母堂。」又，刪丹西河名云弱水，《禹貢》昆侖在臨羌之西，即此，明矣」。《括地志》云：昆侖山在肅州酒泉縣南八十里。俱見《史記正義》。昆侖山，漢武帝案古地圖又以為在于闐。唐以為在吐蕃，云即紫山。元以火敦腦兒為河原，云是朵甘思東北大雪山。皆非此昆侖也。經曰「槐江之山南望昆侖，東望恆山」，明昆侖去恆山不甚遠。若在于闐，何由相望？又，古言昆侖皆是西北，去中國亦止數千里耳。《海內西經》云：海內昆侖之虛在西北。鄭君注《尚書》引《禹所受地記書》云：昆侖東南地方五千里，名曰神州。

〔註67〕終字盧文弨校曰：潛，藏。
〔註68〕花字盧本、蔣本（朱筆）校曰：危。
〔註69〕鶚字初刻本作鸛。
〔註70〕蔣本墨筆：《管子·輕重甲》云：八千里之山，崑崙虛可得而朝也。

《說文》云：丘字从北一，中邦之居在昆侖東南。《漢書》云：黃帝使泠倫自大夏之西，昆侖之陰，取竹之解谷。大夏者，《春秋傳》所言實沈之遷，在山西境。昆侖之陰，《呂氏春秋》作「阮隃之陰」，案阮即代郡五阮關，隃即西隃雁門，見《說文》，亦在今山西，山西西接陝西，以至甘肅，皆在西北。以知此之昆侖在肅州。其非于闐、吐蕃之山，明矣。又，張守節云：肅州即小昆侖，非河原出者。後世皆仍其誤。考《博物志》云：漢使張騫度西海，至大秦國，西海之濱，有小昆侖。則古以小昆侖為是大秦國之山。肅州之山為《夏書》《山海經》昆侖亡疑也。自《十洲記》《遁甲開山圖》以下，多有異說，故《水經》亦云去嵩高五萬里，無稽之談，蓋不取云。是〔註71〕**實惟帝**沅曰：郭云「帝，天帝」，非也。帝者，黃帝。竹書《穆天子傳》云：天子升于昆侖之丘，以觀黃帝之宮。《莊子》云：黃帝游于赤水之北，昆侖之丘。是也。**之下都，**天帝都邑之在下者也。《穆天子傳》云：吉日辛酉，天子升於昆侖之丘，以觀黃帝之宮，而封豐隆之葬，以詔後世。言增封於昆侖山之上。**神陸吾司之，**即肩吾也。《莊周》曰：肩吾得之，以處大山也。**其神狀虎身而九尾，人面而虎爪，是神也司天之九部及帝之囿時。**主九域之部界、天帝苑囿之時節也。沅曰：「時」疑當讀為「播時百穀」之「時」。**有獸焉，其狀如羊而四角，名曰土螻，**沅曰：《周書‧王會》云：州靡費費，其形人身技踵，自笑，笑則上唇翕其目，食人，北方謂之吐嘍。即此。《海內南經》亦謂之梟羊。又案：螻，《廣韻》引此作「𤢉」，非也。**是食人。有鳥焉，其狀如蠭**〔註72〕，沅曰：《說文》此正字。**大如鴛鴦，名曰欽原，**欽，或作「爰」或作「至」也。**蠚**沅曰：當為「螫」。《說文》云：螫，蟲行毒也；𧎨，蟲也〔註73〕。蠚，𧎨字之譌，借為螫耳。**鳥獸則死，蠚木則枯。有鳥焉，其名曰鶉鳥，是司帝之百服。**服，器服也。一曰，服，事也。或作藏。**有木焉，其狀如棠，**棠梨也。**華黃**〔註74〕**赤實，其味如李而無核，名曰沙棠，可以禦水，食之使人不溺。**言體浮輕也。沙棠為木，不可得沈。《呂氏春秋》曰：果之美者，沙棠之實。《銘》曰：安得沙棠，剡以為舟；汎彼滄海，以邀以遊。沅曰：「剡」舊本作「刻」，非。**有草焉，名曰薲草，**音頻。**其狀如葵，其味如蔥，食之已勞。**《呂氏春秋》曰：菜之美者，昆侖之蘋。**河水出焉，**出山東北隅也。沅曰：《爾雅‧釋地》云：河出昆侖虛，色白。高誘注《淮南子》云：河水自昆侖，由地中出，禹導而通之，至積石山。章懷太子賢注《後漢書》云：《河圖》曰，昆山出五色流水，其白水東南流入中國，名為河。《河圖》云：黃河出昆侖山東北角剛山東，以北流千里，折西而行，

〔註71〕盧文弨校曰：「是」疑衍。

〔註72〕蠭字盧文弨校曰：蜂。

〔註73〕此引《說文》有誤，當作：螫，蟲行毒也；𧎨，螫也。（初刻本譌誤更甚，盧本、蔣本皆有校改。）

〔註74〕華黃二字蔣本朱筆校乙。

至于南山，南流千里至于華山之陰，東流千里至于植雍，北流千里至于下津，河水九曲，長者入于勃海。見《初學記》。今水出于積石，當肅州昆侖之南。《海內西經》曰出東北隅，蓋其伏流也。**而南流東注于無達。**山名。**赤水出焉，**出山東南隅也。沆曰：李善注《文選》云：《河圖》曰，昆侖有五色水，赤水之氣上蒸為霞。《莊子》云：黃帝遊于赤水之北，登于昆侖之丘。疑即浩亹水也。**而東南流注于氾天之水。**氾天，亦山名，赤水所窮也。《穆天子傳》曰：遂宿於昆侖之側〔註75〕，赤水之陽。陽，水北也。氾，浮劍反。沆曰：《大荒南經》云：有氾天之山，赤水窮焉。**洋水出焉，**出山西北隅。或作清〔註76〕。沆曰：高誘注《淮南子》曰：洋水逕隴西氐道東，至武都為漢，或作養水。《水經注》云：闞駰說漢或為漾，漾水出昆侖西北隅，至氐道重源顯發而為漾水。据此，則即甘肅秦州南之漢水也。《海內西經》云出西北隅，或其潛源與？**而西南流注于醜塗之水。**醜塗，亦山名也，皆在南極。《穆天子傳》曰：戊辰濟洋水。又曰：觴天子洋水也。沆曰：《大荒南經》云：大荒之中有山名曰朽塗之山，青水窮焉。「朽」「醜」聲相近，即此。郭云「洋」或作「清」也。**黑水出焉，**亦出西北隅也。沆曰：《海內西經》云：黑水出西北隅以東，東行又東北，南入海羽民南。**而西流〔註77〕于大杅。**山名也。《穆天子傳》曰：乃封長肱于黑水之西河，是惟昆侖鴻鷺之上，以為周室主。杅音于。**是多怪鳥獸。**謂有一獸九首，有一鳥六首之屬也。

西 3-9

又西三百七十里，曰樂游之山。沆曰：疑即樂都也。《穆天子傳》曰：天子西濟于河，爰有溫谷樂都。《元和郡縣志》云：湟水縣，湟水亦謂之樂都水，出青海東地亂山中。据此，則青海東亂山即樂都，亦經樂游之山。**桃水出焉，**沆曰：疑即洮水也。《地理志》云：臨洮，洮水出西羌中，北至抱罕東入河。**西流注于稷澤，是多白玉，其中多鰭魚，**音渭。沆曰：舊本誤作「鰭魚」，誤。《廣韻》引此作「鰭」。**其狀如蛇而四足，是食魚。**

西 3-10

西水行四百里，曰流沙，沆曰：《海內西經》云：流沙出鍾山，西行，又南行昆侖之墟，西南入海，黑水之山。《地理志》云：居延，居延澤在東北，古文以為流沙。高誘注《呂氏春秋》云：流沙在敦煌郡西八百里。**二百里至于嬴母之山。神長乘司之，**沆曰：《水經注》云：禹西至洮水之上，見長人，受黑玉。疑此神也。《穆天子傳》云：天子乃封長肱于黑水之西河。「肱」「桑」聲相近。樂史以為此神為在岷山，今鞏昌府岷州是。**是天之九德**

〔註75〕盧文弨校曰：之側本作之阿。
〔註76〕清字盧文弨校曰：淯，藏。
〔註77〕流字下盧文弨校增注字，曰：當有。

也，九德，九〔註78〕氣所生。**其神狀如人而豹**之藥反。**尾。其上多玉，其下多青石而無水。**

西 3-11

又西三百五十里，曰玉山。沅曰：大秦西有白玉山，非此也。山即《地理志》所云臨羌西北塞外西王母石室，在今肅州西七十里，昆侖之連麓。**是西王母所居也。**此山多玉石，因以名云。《穆天子傳》謂之羣玉之山，見其山河無險，四徹中繩，先王之所謂策府，寡草木，無鳥獸，穆王於是攻其玉石，取玉石版三乘，玉器服物，載玉萬隻以歸。雙玉為瑴，半瑴為隻。沅曰：俗以西王母為神人，非也。西王母，國名。《爾雅》「四荒」有「西王母」，《尚書大傳》「西王母來獻白玉琯」，《荀子》「禹學于西王國」是也。《莊子》云：西王母〔註79〕坐乎少廣。《淮南子》云：西王母在流沙之瀕。其餘傳記所說多謬，蓋無取云。**西王母，其狀如人，豹尾虎齒而善嘯，蓬髮**沅曰：嘯，《說文》云：吟也。經云此者，見其民俗，如文身、雕題之屬耳。俗遂以為神人也。**戴勝，**蓬頭亂髮。勝，玉勝也。音龐。沅曰：《淮南子》云：夏桀之時，西老折勝。「老」「母」聲相近，即西王母也。戴勝，言其民俗尚此飾也。**是司天之厲及五殘。**主知災厲五刑殘殺之氣也。《穆天子傳》曰：吉日甲子，天子賓于西王母，執玄圭白璧以見西王母，獻錦組百純，金玉百斤，西王母再拜受之。乙丑，天子觴西王母于瑤池之上，西王母為天子謠曰：「白雲在天，山陵自出。道里悠遠，山川閒之。將子無死，尚復能來。」天子畣之曰：「予還東土，和理諸夏。萬民均平，吾顧見汝。比及三年，將復而野。」西王母又為天子吟曰：「徂彼西土，爰居其所。虎豹為羣，烏鵲與處。嘉命不遷，我惟帝女。彼何世民，又將去子〔註80〕。吹笙鼓簧，中心翱翔。世民之子，惟天之望。」天子遂驅，升于奄山，乃紀迹於奄山之石，而樹之槐，眉曰「西王母之山」。奄山，即崦嵫山也。案《竹書》：穆王五〔註81〕十七年，西王母來見，賓于昭宮。舜時，西王母遣使獻玉環，見《禮·三朝〔註82〕》。沅曰：《博物記》云：老子云，萬民皆付西王母，惟王、聖人、仙人、道人之命上屬九天君。其說蓋因此耳。《史記索隱》云：《穆天子傳》「與西王母觴于瑤池」，譙周不信此事，而云：「予嘗聞之，代俗以東西陰陽所出入宗其神，謂之王父母。或曰地名，在西域。」案：周說是也。「司」古文多借為「祠」，或其國好祠陰陽之神，故名西王母與？又，《淮南子》言羿請不死之藥于西王母，則是其國有學仙延年之術也。厲，如《春秋傳》「晉侯夢大厲」是也。**有獸焉，其狀**

〔註78〕下「九」字蔣本朱筆校曰：之。
〔註79〕母字本脫。
〔註80〕子字蔣本朱筆校曰：予。
〔註81〕盧文弨校曰：「五」字衍。蔣本亦校刪。
〔註82〕朝字下盧文弨校增記字，曰：當有。

如犬而豹文，其角如牛，或作羊。其名曰狡，其音如吠犬，見則其國大穰。
晉太康七年，邵陵扶夷縣檻得一獸，狀如豹，文，有二角，無前二〔註83〕腳，時人謂之狡，
疑非此〔註84〕。有鳥焉，其狀如翟而赤，名曰胜遇，音姓。是食魚，其音如
錄，音錄。義〔註85〕未詳。見則其國大水。

西 3-12

又西四百八十里，曰軒轅之丘。沅曰：《穆天子傳》云：天子升于昆侖之丘，以
觀黃帝之宮。《淮南子》云：軒轅丘在西方。《水經注》云：南安姚瞻以為黃帝生于天水，在上
邽城東七十里軒轅谷。無草木。黃帝居此丘，娶西陵氏女，因號軒轅丘。洵水出焉，音
詢。南流注于黑水，其中多丹粟，多青雄黃。

西 3-13

又西三百里，曰積石之山。沅曰：山在今甘肅西寧縣東南一百七十里。《海外北
經》云：鄧林，禹所導積石之山在其東。《地理志》云：金城河關，積石山在西南羌中。《括地
志》云：積石山今名小積石山，在河州枹罕縣西七里。又云：黃河源從西南下，出大昆侖東北
隅，東北流，逕于闐入鹽澤，即東南潛行吐谷渾界大積石山，又東北流至小積石山。見《史記
正義》。是唐人有二積石。案：《夏書》積石之山不當大遠，唐人所言河源亦不足信，大積石或
其附會也。今人閻百詩、胡渭以大積石之說為《夏書》之山，小積石為唐述窟，蓋不取焉。其
下有石門，沅曰：石門山在今甘肅河州西南，積石山之南麓。河水冒以西流。冒，猶
覆也。積石山，今在金城河門關西南羌中。河水行塞外，東入塞內。沅曰：《海內西經》云：河
水入勃海，又出海外，即西而北，入禹所導積石山。是山也，萬物無不有焉。《水經》
引《山海經》云：積石山在鄧林山東，河所入也。沅曰：此疑非郭傳，後人所附。

西 3-14

又西二百里，曰長畱之山。其神白帝少昊居之。少昊，金天氏，帝摯之號
也。沅曰：顏之推《家訓》云：《帝王世紀》云「帝少昊，其神降于長流之山，于祀主秋」。案：
「畱」「流」古同也。其獸皆文尾，「文」或作「長」。其鳥皆文首。「文」或作「長」
〔註86〕。是多文玉石。實惟員神魂音隗。氏之宮。是神也，主司反景。日

〔註83〕「二」字盧文弨校曰：雨。
〔註84〕蔣本墨筆：「疑非此」，吳本亦作「非」。琮意應作「即」字，然否也。
〔註85〕「音錄義」三字初刻本脫，盧文弨校增。
〔註86〕此條郭注初刻本脫，盧文弨校增。

西入則景反東照，主司察之。

西 3-15

又西二百八十里，曰章莪之山。無草木，多瑤碧。碧，亦玉屬。所為甚怪。多有非常之物。有獸焉，其狀如赤豹，五尾，一角，其音如擊石，其名如〔註87〕狰。《京氏易義》曰：音如石相擊。音靜〔註88〕也。沅曰：「狰」字《說文》所無。有鳥焉，其狀如鶴，一足，赤文青質而白喙，名曰畢方，沅曰：《韓非子》云：師曠曰，昔者黃帝合鬼神於泰山之上，駕象車而六蛟龍，畢方並轄。《淮南子》云：木生畢方。薛綜注左思賦云：畢方，老父神，如鳥，兩足一翼者，常銜火在人家作怪災也。其鳴自叫也，見則其邑有訛火。訛亦妖訛字。

西 3-16

又西三百里，曰陰山。濁浴之水出焉，而南流注于蕃澤，其中多文貝。餘泉蚔之類也，見《爾雅》。沅曰：今本《爾雅》作「餘貾」，非〔註89〕。有獸焉，其狀如貍或作豹。而白首，名曰天狗，其音如榴榴，或作猫猫。可以禦凶。

西 3-17

又西二百里，曰符惕之山。音陽。其上多椶柟，下多金玉。神江疑居之。是山也，多怪雨，風雲之所出也。

西 3-18

又西二百二十里，曰三危之山。今在燉〔註90〕煌郡。《尚書》云「竄三苗于三危」是也。沅曰：山在今甘肅肅州北塞外。古人言三危有三〔註91〕。鄭玄注《尚書》引《河圖及地說》云：三危山在鳥鼠西南，與岐山相連。「岐」當為「岷」。劉昭注《郡國志》「首陽」引《地道記》云：有三危，三苗所處。陸德明《莊子音義》曰：三峗今屬天水。一也。山當在今秦州西，俗失其名。《水經》云：江水又東過江陽縣南，洛水從三危山東過廣魏漢洛縣南。二也。山當在今四川省。《淮南子》云：三危在樂民西。《〈禹貢〉山水地澤所在》云：三危山在敦煌縣南。《括地志》云：三危山在沙州敦煌縣東南三十里。見《史記正義》。是此山也。又，《水

〔註87〕如字蔣本朱筆校曰：曰，如改。
〔註88〕靜字蔣本朱筆校曰：錚。
〔註89〕盧文弨：《釋文》：一作貾。
〔註90〕燉字蔣本朱筆校曰：敦。
〔註91〕據下文，此「三危有三」當作「三危有二」。

經注》云：《山海經》曰，三危在敦煌南，與崏山相接，山南帶黑水；又《山海經》不言洛水所道，經曰出三危山，所未詳。案：酈道元此說不知三危有二也。所引《山海經》，今書亦無。**三青鳥居之**〔註92〕。三青鳥，主為西王母取食者，別自棲息于此山也。《竹書》曰：穆王西征，至于青鳥所解也。〔註93〕沇曰：《大荒西經》云：赤首、黑目〔註94〕，一曰大鵹，一名少鵹，一名曰青鳥。是也。**是山也，廣員百里。**沇曰：《國語》云：廣運百里。韋昭曰：東西為廣，南北為運。「運」「員」音相近，下仿此。**其上有獸焉，其狀如牛，白身四角，其豪如披蓑，**蓑，避雨之〔註95〕衣也，音梭〔註96〕。沇曰：「蓑」當為「衰」，正字也，見《說文》。**其名曰㺎㺪，**傲噎兩音。沇曰：舊本譌作「傲㺪」，据《玉篇》有「㺎㺪」，當从犬。「㺪」字《說文》所無。**是食人。有鳥焉，一首而三身，其狀如鶒，其名曰鴟**〔註97〕。鶒，似鴟，黑文，赤頸，音洛。下句或云「扶獸〔註98〕則死，扶木則枯」，應在上「欽原」下，脫錯在此耳。

西 3-19

又西一百九十里，曰騩山。沇曰：《文選·琴賦》云：慕老童於騩隅。五臣作「隗」。其上多玉而無石。神耆童居之，耆童，老童，顓頊之子。其音常如鐘磬。其下多積蛇。

西 3-20

又西三百五十里，曰天山。沇曰：山在今甘肅張掖縣西南二百里。晉灼注《漢書》云：在西域，近蒲類國，去長安八千餘里。《括地志》云：祁連山在甘州張掖縣西南二百里。又云：天山，一名白山，今名折羅漫山，在伊吾縣北百二十里。皆見《史記正義》。《元和郡縣志》云：西州前庭縣，天山在縣北三十里。〔註99〕**多金玉，有青雄黃。英水出焉，而西南流注于湯谷。有神鳥**〔註100〕**，其狀如黃囊，赤如丹火，**體色黃而精光

〔註92〕蔣本墨筆：《音義》云：《春秋左傳》云：青鳥氏，司啟者也。杜預云：青鳥，鶬鴳也。《爾雅》云：雇，鴳。郭璞云：今鴳雀。三青鳥，言山所生有此三種。

〔註93〕盧文弨：注在下句。

〔註94〕「赤首、黑目」本誤作「赤黑首」。

〔註95〕之字盧本、蔣本（朱筆）校曰：草。

〔註96〕梭字蔣本朱筆校曰：催。

〔註97〕盧文弨：鶒與鴟應互易。

〔註98〕獸字盧文弨校曰：狩，藏本、吳本。

〔註99〕此段畢氏注解，蔣本朱筆全刪。

〔註100〕鳥字初刻本作焉，如通行之本。盧文弨曰：畢後改焉為鳥，不知何本。蔣本墨筆：神鳥，吳本是神焉，疑此誤也。

赤也。六足四翼，渾敦無面目，是識歌舞，實惟帝江也。夫形無全者則神自然靈照，精無見者則闇與理會，其帝江之謂乎？莊子所云「中央之帝混沌，為儵、忽所鑿七竅而死」者，蓋假此以寓言也。沇曰：「江」讀如「鴻」。《春秋傳》云：帝鴻氏有不才子，掩義隱賊，好行凶慝，天下謂之渾沌。此云帝江，猶言帝江氏子也。

西 3-21

又西二百九十里，曰泑山。泑音黝黑之黝。沇曰：李善注《文選》引此經作「濛山」。山當在今甘肅隴西境。《今文尚書》「宅西曰柳谷」，虞翻云：古篆「丣」字。案：「柳」「丣」「泑」三聲相近，疑即此山也。鄭玄注「宅西」亦云：西在隴西之西。**神蓐收居之。**亦金神也，人面，虎爪，白尾，執鉞，見《外傳》云。沇曰：《國語》云：虢公夢有神人面白毛虎爪執鉞，史嚚曰，蓐收也，天之刑神也。**其上多嬰短之玉，**未詳。沇曰：當為「嬰琅」，「琅」「短」聲相近，見上。**其陽多瑾瑜之玉，其陰多青雄黃。是山也，西望日之所入，其氣員，**日形員，故其氣象亦然也。沇曰：《虞書》云：寅餞納日。《淮南子》云：日至于蒙谷，是謂定昏；入于虞淵之汜。經「泑」字亦作「濛」也。**神紅光之所司也。**未聞其狀。

西 3-22

西水行百里，至于翼望之山。或作土翠山。**無草木，多金玉。有獸焉，其狀如狸，一目而三尾，名曰讙，**讙，音歡，或作原〔註101〕。**其音如奪**沇曰：即「奪」字。張有《復古編》曰：「奪」別作「棄」「奪」，並非。**百聲，**言其能作百種物聲也。或曰，「棄百」，物名，亦所未詳。**是可以禦凶，服之已癉。**黃癉病也，音旦。**有鳥焉，其狀如烏，三首六尾而善笑，名曰鵸鵨，**猗餘兩音。沇曰：《周書·王會》云：奇榦善芳，善芳者頭若雄雞，佩之令人不眛。孔晁曰：奇榦，亦北狄；善芳，鳥名。案：此鳥與此略同，疑奇榦即鵸鵨鳥，字或當為「奇榦」。《周書》云「善芳」，當為「善笑」，形相近，字之譌。孔說非也。又案：《說文》有雉度鳥，或當是鵸鵨正文。**服之使人不厭，**不厭夢也。《周書》曰：服者不眛〔註102〕。音莫禮反。或曰，眛，眛目也。沇曰：《倉頡篇》云：厭，眠內不祥也。俗作「魘」，非。高誘注《淮南子》曰：楚人謂厭為眛。則《周書》云「不眛」也。**又可以禦凶。**

西 3-0

凡西次三經之首，崇吾之山至于翼望之山，沇曰：此經之山皆在甘肅。凡

〔註101〕原字盧文弨校曰：獂，《贊》作獂。
〔註102〕「服者不眛」盧文弨校作「厭者不眛」。

二十三山，六千七百四十四里〔註103〕。其神狀皆羊身人面，其祠之禮，用一吉玉瘞，玉加采色者也。《尸子》曰：吉玉大龜。糈用稷米。沅曰：「糈」字當从示。

沅曰：右《西次三經》，古本為第六篇。

西4-1

西次四經之首，曰陰山。沅曰：山在今陝西甘泉縣南二十里。《漢書·地理志》謂之雕陰山。上多穀，無石，其草多茆茆，鳧葵也。〔註104〕沅曰：《說文》云：茆，鳧葵也。陸德明《毛詩音義》云：鄭小同云：「江南人名之蓴菜，生陂澤中。」又：徐音柳，韋昭萌藻反。蕃。蕃，青蕃，似莎而大。卯煩兩音。沅曰：青煩之字當為「蘋」，此假音。陰水出焉，沅曰：今陰山下無水，甘泉縣有水，出洛東清泉山，西流逕縣南入洛，俗稱清泉水，疑即陰水也。西流注于洛。沅曰：此渭洛之洛，出白於山也。

西4-2

北五十里，曰勞山。沅曰：疑即陝西保安縣西九吾山，在陰山之北，吃莫水經其西也。多茈草。一名茈莫，中染紫也。沅曰：《爾雅》云：藐，茈草。陸德明《音義》云：茈，沈、顧徂斯反，謝徂咨反。弱水出焉，沅曰：水即吃莫川也。《太平寰宇記》云：保安軍，吃莫河在軍北一十里，原出蕃部，吃莫川南流，在軍北四十里入洛河，不勝船筏。案其川流道里，又云不勝船筏，即此經弱水也。《晉書·苻堅載記》：堅遣安北將軍幽州刺史苻洛討代王涉翼犍，翼犍戰敗，遁于弱水，苻洛逐之，退還陰山。既與陰山近，當亦此水。水出今陝西靖邊縣，東南流，至保安縣西入洛也。而西流注于洛。沅曰：洛水南至保安縣西，又東南經金鼎山，吃莫川水西南注之，即弱水也。

西4-3

西五十里，曰罷父之山。沅曰：山當在今陝西安定、安塞二縣界。《玉篇》云：洱出罷谷山。「父」「谷」字形相近，當為「谷」。《元和郡縣志》云：貞觀十年置罷交縣，取城北罷交谷為名。疑即是。洱水出焉，音耳。沅曰：《隋書·地里志》云：洛原有洱水。即此。今甘肅慶陽府是。而西流注于洛，其中多茈碧。

西4-4

北百七十里，曰申山。沅曰：疑即陝西安塞縣北蘆關嶺，區水所出也。其上多

〔註103〕蔣本墨筆：止六千八百四十里。少一百零四。

〔註104〕盧文弨：注在下。又鳧字盧文弨校作鳧。蔣本亦朱筆校作鳧，曰：去艸。

穀柞，其下多杻橿。其陽多金玉。區水出焉，沅曰：《水經注》云：區水，世謂之清水，東流入上郡長城，遲老人山下，又東北流，至老人谷，旁水北出，極谿便得水原。《隋書・地理志》云：金明有清水。《元和郡縣志》云：膚施縣，清水俗名去斤水，北自金明縣界流入。《太平寰宇記》謂之濯斤川，《金史・地理志》謂之濯巾川，水出今陝西安塞縣北一百五十里蘆關嶺南，遲膚施、延長、宜川三縣入河也。而東流注于河。沅曰：區水在宜川縣東北入河。

西 4-5

北二百里，曰鳥山。沅曰：疑即陝西安定縣西南泰重嶺，辱水遲其北也。又縣南四十里有鴉鴿山，方志云山產鴉鴿，二鳥並居，亦鳥鼠同穴之類，或即古之鳥山與？其上多桑，其下多楮。其陰多鐵，其陽多玉。辱水出焉，沅曰：《穆天子傳》云：己酉，天子飲于溽水之上。疑即此水。《水經注》云：辱水，俗謂之秀延水。《元和郡縣志》謂之吐延川，云：延川縣，吐延水北自綏州綏德縣流入。今水出陝西安塞縣北王家掌，東北流入安定縣界，遲泰重嶺北，又東南遲綏德州清澗縣西，又南至延川縣入河。而東流注于河。沅曰：辱水在延川縣，東北至永寧關入河也。

西 4-6

又北百二十里，曰上申之山。沅曰：疑即陝西米脂縣北諸山，俗名曰雲山、馮家山，湯水所出也。上無草木而多硌石〔註105〕，硌，磊硌〔註106〕，大石貌也，音洛。沅曰：「硌」當為「落」，見《玉篇》。下多榛楛。榛子似栗而小，味美。楛木可以為箭。《詩》云：榛楛濟濟。臻怙兩音。獸多白鹿。其鳥多當扈，或作戶。其狀如雉，以其髯飛，髯，咽下須毛也。沅曰：「髯」當為「翼」。食之不眴目。音眩。湯水出焉，東流注于河。沅曰：《水經注》云：河水又南，諸次之水入焉，又南，湯水注之。今有水出綏德州米脂縣桃花峁，行數十里。其水落于厓下為深澮，有如墨色，至州南入河，志家以為湯水也，俗名黑水、坑水。

西 4-7

又北百八十里，曰諸次之山。沅曰：案《水經注》，山當在今陝西榆林府北塞外，俗失其名。諸次之水出焉，沅曰：《水經注》云：諸次水出上郡諸次山，其水東遲榆林塞

〔註105〕蔣本墨筆：《本草經》有絡石。《名醫》云：一名略石。《唐本》注云：以其包絡石木而生，故名絡石。《別錄》謂之石龍藤。疑即此。

〔註106〕磊硌二字初刻本脫，盧文弨校增，曰：畢後補刻。

外,世又謂之榆林,山即《漢書》所謂榆谿舊塞。今水出榆林府治東雙山保西北塞外。《元和郡縣志》謂之茹蘆水,云:真鄉縣,茹蘆水源出縣西北。**而東流**沅曰:水自榆林府治北入塞,東南流入葭州界。**注于河。**沅曰:今水逕葭州西,屈東逕州治南入于河也。**是山也,多木,無草,鳥獸莫居,是多眾蛇。**沅曰:《水經注》引經作「象蛇」,當為「眾」,其地無象。

西 4-8

又北百八十里,曰號山。沅曰:山當在今陝西葭州,未詳也。已上諸山俱見《水經注》,俗失其名,略依酈道元所述水原證定之也。**其木多漆棳,**漆樹似椿也。沅曰:當為「梂」。**其草多藥、虈、芎藭。**藥,白芷別名。虈,香草也。芎藭,一名江蘺。藥,音烏較反。**多泠石。**泠,或音金,未詳。沅曰:「泠」「涅」聲之緩急,疑涅石。**端水出焉,**沅曰:即寧河水也。「寧」「端」聲相近。《水經注》:圁水又東,逕圁陽縣南,東流注于河,河水又東,端水入焉。今水出葭州北八十里王元溝,俗稱寧河。**而東流注于河。**沅曰:其水南流,在葭州北入河也。

西 4-9

又北二百二十里,曰孟山。音于。盂或作明。沅曰:「盂」當為「孟」,與「明」聲相近。《水經注》云:奢延水出奢延縣西南赤沙阜。疑即孟山也。當在今陝西靖邊縣。傳云「孟或作明」,舊本脫之,今据《水經注》增。**其陰多鐵,其陽多銅。其獸多白狼、白虎,**《外傳》曰:周穆王伐犬戎,得四白狼、白虎。虎名魋魋〔註107〕。**其鳥多白雉、白翟。**或作「白翠」。**生水出焉,**沅曰:《水經注》謂之奢延水,云:出奢延縣西南赤沙阜,東北流,洛川在南,俗因縣土謂之奢延水,又謂朔水矣。《元和郡縣志》云:朔方縣,無定河一名朔水,一名奢延水,原出縣南百步。案:奢延故城在廢夏州西南,今陝西懷遠縣亦其地,有水出縣東酸茨溝,俗名滉忽都河,疑即生水之原。**而東流注于河。**沅曰:《水經注》云:河水又南,過〔註108〕離石縣西,奢延水注之。今生水東北逕榆林府懷遠縣北塞外,又東南至綏德州清澗縣入於河。

西 4-10

西二百五十里,曰白於之山。沅曰:山在今甘肅安化縣。《元和郡縣志》云:洛

〔註107〕此句盧文弨校作:白虎名魋,黑虎名麟。
〔註108〕過字本脫。

源縣，白於山一名女郎山，在縣北三十里。《太平寰宇記》云：洛蟠縣，白於山在縣北三十里。**上多松柏，下多櫟檀。** 櫟即柞。**其獸多柞牛、羬羊，其鳥多鸐。** 鸐，似鳩而青色。**洛水出于其陽，** 沅曰：《周禮》雍州浸有洛。《淮南子》云：洛出獵山。高誘注曰：獵山在北地西北夷中。《說文》云：洛水出左馮翊歸德北夷界中，東南入渭。晉灼曰：《水經》：「洛水出上郡雕陰泰冒山，過華陰入渭，即漆沮水。」見《史記正義》。《太平寰宇記》云：洛水原出白於山，經上郡雕陰秦望山。今水出慶陽府安化縣，一原出延安府定邊縣，東南流離廟石縫中。**而東流注于渭。** 沅曰：《夏書》曰：渭，又東過漆沮。《水經》云：渭水又東，過華陰縣北。注云：洛水入焉，闞駰以為漆沮之水也。案：洛水故入渭，今入河，在朝邑縣南。考阜昌《禹跡圖》石刻，已在同州南入河，則是宋、金時改流也。**夾水出于其陰，東流注于生水。** 沅曰：夾水未詳，疑即甘肅靖邊縣東莜麥河也，其水合紅柳河，逕塞外，又東至縣，入于奢延水，水即生水也。

西 4-11

西北三百里，曰申首之山。無草木，冬夏有雪。申水出于其上，潛于其下。是多白玉。沅曰：案其道里，當在陝西榆林府北塞外，今有海子山是與？

西 4-12

又西五十五里，曰淇谷之山。或無「之山」二字〔註109〕。沅曰：《水經注》云：渭水又東，過上邽縣。注有淇谷之山。山在今甘肅秦州東南。**淇水出焉，** 或以此為今淇水，未詳。沅曰：《水經注》云：渭水逕縣諸道東，又東南合淇谷水，水出西南淇谷之山，合橫水、軒轅谷、白城谷水。案：其水在今甘肅秦州東三十里，俗曰永川河。**東南流注于渭。** 沅曰：《水經注》云：淇谷水又東北，歷董亭下，東北流注于渭。經曰「東南」，蓋自南而北也。**是多白金、白玉。**

西 4-13

又西百二十里，曰剛山。多柒木。沅曰：當為「泰」。多㻌琈之玉。剛水出焉，北流注于渭。是多神魖，魖，亦魑魅之類也，音恥回反。或作䰡〔註110〕。沅曰：《說文》：䰡，屬鬼也。《玉篇》「䰡」，丑利切；亦作「殊」，義同。郭經作「魖」，非。**其狀人面獸身，一足一手，其音如欽。** 欽，亦吟字假音。

〔註109〕盧文弨：《水經注》十七有「之山」二字。
〔註110〕盧文弨：《贊》作魖。蔣本墨筆：魖：吳本字从矢。

西 4-14

又西二百里，至剛山之尾。洛水出焉，而北流注于河，<small>沅曰：此洛未詳</small><small>也。</small>其中多蠻蠻，其狀鼠身而鼈首，其音如吠犬。

西 4-15

又西三百五十里，曰英鞮之山。<small>沅曰：《玉篇》作「莫靴」。未詳。</small>上多漆〔註111〕木，下多金玉。鳥獸盡白。涴水出焉，<small>涴或作涴，音冤枉之冤。沅曰：</small><small>《玉篇》：涴，于袁切，水，出莫靴山。作「涴」。</small>而北〔註112〕注于陵羊之澤。是多冉遺之魚，魚身，蛇首，六足，其目如馬耳，食之使人不眯，可以禦凶。

西 4-16

又西三百里，曰中曲之山。<small>沅曰：山未詳也。已上三山，案其道里當在古雍梁之</small><small>境，今甘肅秦階二州之閒，而無經傳証之。</small>其陽多玉，其陰多雄黃、白玉及金。有獸焉，其狀如馬而白身，黑尾，<small>沅曰：《爾雅疏》引作「身黑，二尾」。</small>一角，虎牙爪，音如鼓〔註113〕，其名曰駮，<small>沅曰：《說苑》云：師曠曰：「豹食駮，駮食虎。</small><small>駮之狀有似駁馬。」</small>是食虎豹，<small>《爾雅》說駮，不道有角及虎爪。駮亦在《畏獸畫》中。</small>可以禦兵。<small>養之辟兵刃也。</small>有木焉，其狀如棠而員葉赤實，實大如木瓜，<small>木瓜</small><small>如小瓜。</small>名曰櫰木，<small>音懷。</small>食之多力。<small>《尸子》曰：木食之人，多為仁者，名為若木。</small><small>此之類。</small>

西 4-17

又西二百六十里，曰邽山。<small>音圭。沅曰：山在今甘肅秦州西北三十里。秦有邽戎，</small><small>漢有上邽縣，其為字從邑，山以邑名也。邽戎其在上古乎？《水經》云：渭水東過上邽縣。注</small><small>云：渭水東歷縣北邽山之陰。《太平寰宇記》云：廢伏羌縣，邽山在縣東南。</small>其上有獸焉，其狀如牛，蝟毛，名曰窮奇，音如獋狗，是食人。<small>或云似虎，蝟毛，有翼。《銘》</small><small>曰：窮奇之獸，厥形甚醜；馳逐妖邪，莫不犇走；是以一名，號曰神狗。</small>濛水出焉，<small>音蒙。</small><small>沅曰：《水經注》云：濛水出縣西北邽山，翼帶眾流，積以成谿，東流南屈，逕上邽縣故城西，</small><small>側城南出。《隋書·地里志》云：上邽有濛水。水在今秦州西南，俗曰來谷水。</small>南流注于洋水，<small>《水經注》云：渭水出橋亭西，又南得藉水口，水出西山，藉水即洋水也，水北有濛水注</small>

〔註111〕蔣本墨筆：漆疑當作桼，或作柒。（此條筆迹與他條不同。）
〔註112〕北字下盧文弨校增流字，曰：流各本無。
〔註113〕鼓字下盧文弨校增音字。蔣本亦墨筆校增音字，又曰：吳本鼓下尚有一音字。

焉。《通典》云：上邽藉水一名洋水，一名嶂水。案：水出今秦州南門外。**其中多黃貝**、貝，甲蟲，肉如科斗，但有頭尾耳。**蠃魚**，音螺。**魚身而鳥翼，音如鴛鴦，見則其邑大水。**

西4-18

又西二百二十里，曰鳥鼠同穴之山。今在隴西首陽縣西南，山有鳥鼠同穴，鳥名曰鵸，鼠名曰鼵〔註114〕，鼵如人家鼠而短尾，鵸似鵄而黃色，穿地入三四〔註115〕尺，鼠在內鳥在外而共處。孔氏《尚書傳》曰：共為雌雄。張氏《地理記》云：不為牝牡也。沅曰：二山，在今甘肅渭源縣西二十里。《地里志》云：隴西首陽，《禹貢》鳥鼠同穴山在西南。《水經注》云：《地說》曰，鳥鼠山，同穴之枝榦也，渭水出其中，東北過同穴枝間。《括地志》云：渭水原出渭源縣西七十六里鳥鼠山，今名青雀山。見《史記正義》。沅又案：舊本傳文云「鼠名曰鼷」，云「鵸似燕」，云「穿地入數尺」，此据《史記正義》改正。《正義》有音云鼵扶廢反，鵸丁刮反，故知當是正字。〔註116〕**其上多白虎、白玉。渭水出焉，**沅曰：《周禮》雍州浸有渭。《水經》云：渭水出隴西首陽縣渭谷亭南鳥鼠山。《括地志》云：渭有三原，並出鳥鼠山。見《史記正義》。今水出甘肅渭源縣西二十五里南谷山，山去鳥鼠山五里。**而東流注于河，**出山東，至弘農華陰縣入河。沅曰：《地里志》云：渭水東至船司空入河。案：在今陝西華陰縣東北潼關廳界。**其中多鰠魚，**音騷。**其狀如鱣魚，**鱣魚，大魚也，口在頷下，體有連甲也。或作鮎鯉。**動則其邑有大兵。**或脫，無從「動則」以下語者。**濫水出于其西，**音檻。沅曰：《博物志》「濫」作「溫」，云：水出鳥鼠山下，注漢水。《水經注》云：洮水又北，經降狄道故城西，在城西北下，又北隴水注之，即《山海經》所謂濫水也，水出鳥鼠山高城嶺，西經底，又西北歷白石山下，又西北逕降狄道故城東，又西北流注于洮水。與《博物志》異。《隋書·地里志》云：河津有濫水。**西流注于漢水，**沅曰：《博物志》亦云入漢。《水經注》以為入洮之濫，未詳也。**多㻳魳之魚，**如玭〔註117〕兩音。沅曰：《夏書》有「蠙珠」。《說文》云：宋弘云，玭，珠之有聲。即此魚也。「魳」俗字，「玭」正字。《南越志》曰：水海中有文魳，魚頭尾，鳴似磬而生玉。見《初學記》。宋薛士龍說《夏書》亦以此。「文魳」舊本作「㻳魳」，据李善注《文選》引此作「文魳」，今从之〔註118〕。**其狀如覆銚，**

〔註114〕鼵字盧文弨校曰：《玉篇》作鼷，徒忽切。
〔註115〕「三四」二字盧文弨校作「數」字，曰：各本俱「穿地入數尺」。
〔註116〕蔣本墨筆：吳本諸字亦同舊本。
〔註117〕初刻本經作「文魳之魚」，郭注脫之。盧文弨校增，曰：畢後改㻳，並添註，但「如玭」誤「如玭」。又曰：《玉篇》魳兩見。
〔註118〕蔣本已如盧文弨所見後改本，朱筆改此文作：「㻳魳」當改作「文魳」，据李善注《文選》引此作「文魳」，今从舊。

鳥首而魚翼魚尾，音如磬石之聲，是生珠玉。_{亦珠母蚌類，而能生出之。}

西 4-19

西南三百六十里，曰崦嵫之山。_{日沒所入山也，見《離騷》，奄茲兩音。沇曰：字當為「弇茲」，山在今甘肅秦州西五十里。《穆天子傳》曰：天子升于弇山。郭曰弇茲山，當即此也。王逸注《楚詞》云：崦嵫山下有濛水，水中有虞淵。今秦州有來谷水，亦濛水也。《虞書》：分命和仲，宅西，曰昧谷，寅餞納日。鄭君注曰：西，在隴西之西。亦以為在此。寅餞納日，即日入崦嵫之說與？}其上多丹木，_{沇曰：即松柏屬。}其葉如穀，其實大如瓜，赤符_{沇曰：借為「拊」也。}而黑理，食之已癉，可以禦火。其陽多龜，其陰多玉。苕_{或作若。}水出焉，而西流注于海。_{《禹大傳》曰：洧盤之水，出崦嵫山。}其中多砥礪。_{磨石也，精為砥，麤為礪也。}有獸焉，其狀馬身而鳥翼，人面，蛇尾，是好舉人，_{喜抱舉人。沇曰：言其攫人。「攫」「舉」音相近。}名曰孰湖。有鳥焉，其狀如鴞而人面，蜼身犬尾，_{蜼，獼猴屬也，音贈遺之遺，一音誄，見《中山經》。「尾」又作「眥」〔註119〕。}其名自號也，_{或作「設」，「設」亦呼耳。疑此脫誤。}見則其邑大旱。

西 4-0

凡西次四經，自陰山以下至于崦嵫之山，_{沇曰：此經之山，自陝西榆林府延安西南至甘肅秦州也。}凡十九山，三千六百八十里〔註120〕。其神祠〔註121〕禮，皆用一白雞祈，_{沇曰：「祈」當為「彝」。}糈_{沇曰：「糈」當為「褐」。}以稻米，白菅為席。

_{沇曰：右《西次四經》，古本為弟七篇。}

西 4-0-0

右西經之山，凡七十七山，一萬七千五百一十七里。〔註122〕

山海經弟二　終
總校姚烺，分校沈琮寶、孫璞校

〔註119〕眥字盧文弨校曰：背，藏。
〔註120〕蔣本墨筆：此數獨符。
〔註121〕「神祠」二字盧文弨校作「祠祀」，注曰：藏。又曰：疑祠之。（意謂祠下又當有之字。）
〔註122〕盧文弨：癸卯五月二日閱。六月九日再校。癸丑十二月廿六日，以傳錄宋本校。

山海經第三

晉記室參軍郭璞傳

　　兵部侍郎兼都察院右副都御史巡撫陝西西安等處地方贊理軍務兼理糧餉欽賜一品頂帶畢沅新校正

北山經

北 1-1

　　北山經之首，曰單狐之山。多机木，机木似榆，可燒以糞稻田，出蜀中，音飢。沅曰：藏經本作「音几」。其上多華草。漨水出焉，音逢。而西流注于泑水，沅曰：《說文》云：泑澤在昆侖下。《漢書·西域傳》云：鹽澤。其中多芘石、文石。

北 1-2

　　又北二百五十里，曰求如之山。其上多銅，其下多玉。無草木。滑水作滑水。沅曰：舊本脫注三字，今从藏經本增入。〔註1〕出焉，而西流注于諸毗之水，水出諸毗山也。沅曰：此與《南山經》諸毗是二山也。其中多滑魚，作鰷魚。沅曰：《說文》：鰷，魚名。則前作「鰷」是也。舊本脫注三字，今从藏經本增。其狀如鱓，赤背，鱓魚似蛇，音善。其音如梧，如人相枝梧聲，音「吾子」之「吾」。食之已疣。疣，贅也。其中多水馬，其狀如馬，文臂，沅曰：「文」當讀若「班」。牛尾，臂，前腳也。《周禮》曰：馬黑脊而斑臂，膢。漢武元狩四年，燉〔註2〕煌渥洼水出馬，以為靈瑞者，即此

〔註1〕蔣本墨筆：吳本亦脫去。
〔註2〕燉字初刻本作敦。

類也。**其音如呼。**如人叫呼。

北 1-3

又北三百里，曰帶山。其上多玉，其下多青碧。有獸焉，其狀如馬，一角有錯，言角有甲錯也，或作厝。**其名曰䑏疏，**音歡。**可以辟火。有鳥焉，其狀如烏，五采而赤文，名曰鵸鵌，**上已有此鳥，疑同名。沅曰：陸德明《莊子音義》引此作「奇類」，以釋「類自為雌雄」，則當為「奇類」也。詳郭義，又是「鵸鵌」。**是自為牝牡，食之不疽。**無癰疽病也。**彭水出焉，而西流注于芘湖之水，其中多儵魚，**音由。沅曰：依義當為「鯈」，「儵」借音字。〔註 3〕**其狀如雞而赤毛、三尾、六足、四首，其音如鵲，食之可以已憂。**

北 1-4

又北四百里，曰譙明之山。譙水出焉，西流注于河，其中多何羅之魚，一首而十身，其音如吠犬，食之已癰。有獸焉，其狀如貆而赤豪，貆，豪豬也，音丸。沅曰：《爾雅》云：貈子貆。《說文》云：貆，貉之類。**其音如榴榴，名曰孟槐，可以禦凶。**辟凶邪氣也，亦在《畏獸畫》中也。**是山也，無草木，多青雄黃。**一作多青碧。

北 1-5

又北三百五十里，曰涿光之山。嚻水出焉，而西流注于河，其中多鰼鰼之魚，音袴褶之褶。沅曰：《爾雅》有「鰼，鰌」，郭云「今泥秋」，非此也。**其狀如鵲而十翼，鱗皆在羽端，其音如鵲，可以禦火，食之不癉。**沅曰：《說文》云：癉，勞病也。**其上多松柏，其下多椶橿。其獸多麢羊，其鳥多蕃。**未詳。或云即鴞。音煩。

北 1-6

又北三百八十里，曰虢山。沅曰：《初學記》引此作「號山」。邢昺《爾雅疏》引此作「虢山」。**其上多漆，**沅曰：「漆」當為「桼」。**其下多桐、椐。**桐，梧桐也。椐，樻〔註 4〕木，腫節中杖；椐音袪。**其陽多玉，其陰多鐵。伊水出焉，西流注于**

〔註 3〕蔣本墨筆：《音義》云：《廣雅》云：鯈，儵也。《爾雅》云：鮂黑，鰦。郭璞云：即白儵魚，江東呼為鮂。鮂黑二字疑一儵字之誤。

〔註 4〕蔣本墨筆：樻木：吳本作樻木。朱筆：樻。

河，其獸多橐駝。有肉鞍，善行流沙中，日行三百里，其負千斤，知水泉所在也。沅曰：《史記》「橐駝」字作「橐佗」，古借「馳」字為之，「馳」即「駝」，字當為「馳」。其鳥多寓，沅曰：《爾雅》所謂寓屬也。〔註5〕狀如鼠而鳥翼，其音如羊，可以禦兵。

北 1-7

又北四百里，至于虢山之尾。其上多玉而無石。魚水出焉，西流注于河，其中多文貝〔註6〕。

北 1-8

又北二百里，曰丹熏之山。其上多樗柏，其草多韭、韰，皆山菜，《爾雅》有其名。沅曰：俗本作「薤」，省文。多丹雘。熏水出焉，而西流注于棠水。有獸焉，其狀如鼠而兔首麋身，沅曰：《初學記·鼠弟十四〔註7〕》作「麋耳」。其音如獋犬，沅曰：《初學記》引此「獋」作「嗥」。以其尾飛，或作髯飛。獋音豪。名曰耳鼠，食之不脒，脒，大腹也，見《禪倉》，音采。又可以禦百毒。

北 1-9

又北二百八十里，曰石者之山。沅曰：「石者」或當為「根耆」。其上無草木，多瑤碧。泚水出焉，沅曰：《史記正義》云：《山海經》：「紫淵水出根耆之山，西流注河。」今經無此山，疑「石者」，「者」字與「耆」字相近，「紫淵」即「泚水」，當即是也。《地理志》云：穀羅，紫澤在北。西流注于河。有獸焉，其狀如豹而文題白身，題，額也。名曰孟極，是善伏，其鳴自呼。

北 1-10

又北百一十里，曰邊春之山。或作春山。多蔥、沅曰：疑此即蔥嶺，亦《穆天子傳》所謂春山也。《水經注》曰：河水一源出于闐，北流與蔥嶺所出河合，又東注蒲昌海。今經云山多蔥，又杠水注泑澤，又郭云「或作春山」。考泑澤即蒲昌海，則杠水或即蔥嶺所出河也。《水經注》又云：《西河舊事》曰，蔥嶺在敦煌西八千里，其山高大，生蔥，故曰蔥嶺也。葵、韭、山蔥名茖，大葉。桃、李。山桃，橵桃，子小，不解核也。杠水出焉，而西

〔註5〕蔣本墨筆：《爾雅》云：鼯鼠，夷由也。

〔註6〕蔣本墨筆：《音義》曰：《太平御覽》引作大貝。（此條筆迹與他條不同，又是夾批。）

〔註7〕「四」字本作「引」，蔣本朱筆校正。

流注于泑澤。有獸焉，其狀如禺而文身，善笑，見人則臥，言佯眠也。名曰幽鴳，或作嬳𪃾。鴳音遏。其鳴自呼。

北 1-11

又北二百里，曰蔓聯之山。萬連二音。其上無草木。有獸焉，其狀如禺而有鬣，牛尾，文臂，馬蹄，沅曰：此字「蹄」字省文，或必欲寫作「踶」者非。見人則呼，名曰足訾，其鳴自呼。有鳥焉，羣居而朋飛，朋，猶輩也。沅曰：朋，《說文》云：古文鳳，鳳飛羣鳥從以萬數。是也。其毛如雌雉，名曰䴅〔註8〕，交音。或作渴也。沅曰：舊本無「白」字。《玉篇》「䴅」云：白䴅，鳥，羣飛，尾如雌雞。則當有「白」字。其鳴自呼，食之已風。

北 1-12

又北百八十里，曰單張之山。其上無草木。有獸焉，其狀如豹而長尾，人首而牛耳，一目，名曰諸犍，音如犍牛之犍。沅曰：舊本作「犍」，古無此字，當為「㹍」。「㹍牛」字古亦只用「犗」。善吒，行則銜其尾，居則蟠其尾。有鳥焉，其狀如雉而文首，白翼，黃足，名曰白鵺，音夜。沅曰：此即《爾雅》「鷣雉」，郭云：今白鷢也，江東呼白鷢亦名白雉。是也。《北次二經》謂之白鵺，「鷣」「鵺」音同，古無此字，皆後人以聲合之。食之已嗌痛，嗌，咽也。《穀梁傳》曰：嗌不容粒。今吳人呼咽為嗌。音隘。可以已瘣。瘣，癡病也。櫟水出焉，而南流注于杠水。

北 1-13

又北三百二十里，曰灌題之山。其上多樗柘，其下多流沙，多砥。沅曰：《說文》云：厎〔註9〕，柔〔註10〕石也，或作砥。有獸焉，其狀如牛而白尾，其音如訆，如人呼喚。訆音叫。名曰那父。有鳥焉，其狀如雌雉而人面，見人則躍，躍，跳。名曰竦斯，其鳴自呼也。匠韓之水出焉，而西流注于泑澤，其中多磁〔註11〕石。可以取鐵。《管子》曰：山上有磁石者，下必有銅。音慈。

〔註8〕蔣本墨筆：《一切經音義》云：「䴅鶤，一名䴅鸕。此鳥出蔓聯山，羣飛如雌雞，似鳧高足，江淮畜之，可以厭火。」

〔註9〕厎字本誤作底，蔣本（朱筆）校正。

〔註10〕柔字本脫。

〔註11〕蔣本墨筆：磁當為慈。《管子·地數》云：山上有慈石者，其下有銅金。只作慈。

北 1-14

又北二百里，曰潘侯之山。其上多松柏，其下多榛楛。其陽多玉，其陰多鐵。有獸焉，其狀如牛而四節生毛，名曰旄牛。今旄牛背膝及胡尾皆有長毛。沅曰：「犛牛」字當為「犛」，作「旄」者假音。邊水出焉，沅曰：「邊」《廣韻》作「邉」，非。而南流注于櫟澤。

北 1-15

又北二百三十里，曰小咸之山。無草木。冬夏有雪。

北 1-16

北二百八十里，曰大咸之山。沅曰：《藝文類聚》引此作「大同之山」。無草木，其下多玉。是山也四方，不可以上。有蛇，名曰長蛇，其毛如彘豪，說者云長百尋。今蝮蛇色似艾綬文，文間有毛如豬鬐，此其類也。常山亦有長蛇，與此形不同。其音如鼓柝。如人行夜敲木柝聲，音託。

北 1-17

又北三百二十里，曰敦薨之山。沅曰：《水經注》云：在匈奴之西，烏孫之東。其上多樱枏，其下多茈草。敦薨之水出焉，而西流注于泑澤，沅曰：《水經注》云：大河右會敦薨之水，其水出焉耆之北敦薨之山，自西海逕尉犁國，又屈而南逕渠犁國西，《史記》曰西有大河，即斯水也，又南流注于河，《山海經》云西流注于泑澤，蓋亂河流自西南注也。出于昆侖沅曰：舊本作「崑崙」，非。之東北隅，實惟河原，即河水，出昆侖之墟。沅曰：此經云河原在西北，非如漢于闐河及唐宋之所謂星宿海也。其中多赤鮭。今名鯸鮐為鮭魚。音圭。沅曰：「鮭」非古字，本當為「鮐」字。《廣雅》譌為「鮏」，或又譌為「鮭」，皆聲相近之誤。其獸多兕、旄牛，或作犦牛。犦牛見《離騷·天問》，所未詳。其鳥多尸鳩。沅曰：舊本「尸」作「鳲」。今据《毛詩》改正。〔註12〕

北 1-18

又北二百里，曰少咸之山。沅曰：此山當在漢代郡東南，今代州。無草木，多青碧。有獸焉，其狀如牛而赤身，人面，馬足，名曰窫窳，《爾雅》云：窫窳似貙，虎爪。與此錯。軋愈二音。沅曰：《海內南經》曰：窫窳龍首，居弱水中。《海內西經》云：窫窳者蛇身人面。又與此及《爾雅》不同。「窫」《爾雅》作「㺄」，陸德明《音義》云：

〔註12〕此段畢氏注解，蔣本朱筆全刪，又曰：去注。

字亦作「獥」，或作「窫」。「獥」「窫」二字，《說文》所無，疑當為「窫」也。郭音「軋愈」。又案：《釋文》云：獥，韋昭烏繼反，服虔音翳，晉灼音內言餉。又云：貐字林弋父反，韋昭餘彼反。不同者，聲之緩急。**其音如嬰兒，是食人。敦水出焉，東流注于鴈門之水，**水出鴈門山閒。沅曰：《水經注》云：雁門水東南流逕高柳縣故城北，舊代郡治，在平城東南六七十里，于代為西北，又東南流屈逕一故城，又東南流屈而東北，積而為潭，敦水注之，敦水導源西北少咸之山南麓，東流注參合縣故城南，東又崞水注之，北合敦水，亂流東北注雁門水。**其中多鮅鮅之魚，**音沛，未詳，或作鮪。沅曰：即鮪魚也，一名江豚。《說文》云：鮅，魚名，出樂浪潘國。鮪訓同，一曰鰒浮。今郭云「亦作鮪」，「鮪」古字為「鰒」，「鮅」「鰒」聲相轉也。《廣雅》又為「鱄」，云：鱄鮇，鮪也。《玉篇》云：鱄鮇，魚，一名江豚，欲風則踊。**食之殺人。**

北 1-19

又北二百里，曰嶽法之山。**灢澤之水出焉，**音懷。沅曰：《說文》云：灢，北方水也。出此。**而東北流注于泰澤。其中多鰈魚，**音藻。沅曰：此字《說文》《廣雅》無，見《玉篇》。**其狀如鯉而雞足，食之已疣。有獸焉，其狀如犬而人面，善投，**沅曰：「投」讀如「舉」，言善舉人。**見人則笑，其名山渾，**音暉。沅曰：《說文》：渾，獸名。劉淵林注《吳都賦》云：渾子，猿類，猿身人面，見人則笑。《異物志》云：廣陵大山之閒，山都似人，裸身，見人便走，有男女，可長四五尺，能叢明相喚，常在幽昧之中，似蝄魉鬼物。見《初學記》。**其行如風，**言疾。**見則天下大風。**

北 1-20

又北二百里，曰北嶽之山。沅曰：即恆山也，在今山西絳縣東。**多枳、棘、剛木。**檀柘之屬。**有獸焉，其狀如牛而四角，人目，彘耳，其名曰諸懷，其音如鳴鴈，是食人。諸懷之水出焉，而西流注于囂水。其中多鮨魚，**音詣。沅曰：即鯢魚也，亦曰人魚，亦曰鰶魚。「鯢」字亦作「兒」。《說文》云：鮨，鮪魚名。《說文》無「鯢」「鰶」字。「鮨」「兒」音同，「鮨」正字，「兒」借字也。**魚身而犬首，其音如嬰兒，**今海中有虎鹿魚及海狶，體皆如魚而頭似虎鹿豬，此其類也。**食之已狂。**沅曰：《北次三經》云：人魚，食之無癡疾。同也。

北 1-21

又北百八十里，曰渾夕之山。**無草木，多銅、玉。囂水出焉，而西北流注于海。有蛇，一首兩身，名曰肥遺，**沅曰：《廣韻》引此作「蟹蟸」字，

俗。郭云即《管子》之蟲。案《說文》，「蟲」即「逶」字。古文「逶蛇」即「肥遺」，以其長名之，故華山之蛇同有是名也。**見則其國大旱。**《管子》曰：涸水之精名曰蟲，一頭而兩身，其狀如蛇，長八尺，以其名呼之，可使取魚龜〔註13〕。亦此類。

北 1-22

又北五十里，曰北單之山。無草木，多蒽韭。

北 1-23

又北百里，曰羆差之山。無草木，多馬。野馬也，似馬而小。

北 1-24

又北百八十里，曰北鮮之山。是多馬。鮮水出焉，沅曰：《括地志》云：合黎水一名鮮水。見《史記正義》。**而西北流注于涂吾之水。**漢元狩二年，馬出涂吾水中也。沅曰：應劭曰：在朔方北。見《文選注》。徐廣注《史記》曰：「余」一作「斜」，音邪，其水在今陝西懷遠縣北河套外也。

北 1-25

又北百七十里，曰隄山。或作陡，古字耳。多馬。有獸焉，其狀如豹而文首，名曰狗。音幺。沅曰：《說文》無此字，見《玉篇》。隄水出焉，而東流注于泰澤，其中多龍龜。

北 1-0

凡北山經之首，自單狐之山至于隄山，沅曰：此經之山當是西域塞外，東至于山西，多不定其所在也。凡二十五山，五千四百九十里〔註14〕。**其神皆人面蛇身。**其祠之毛，用一雄雞、彘瘞，吉玉用一珪，瘞而不糈。言祭不用米，皆埋其所用牲玉。**其山北人，皆生食不火之物。**或作「皆生食而不火」。

沅曰：右《北山經》，古本為第八篇。

北 2-1

北次二經之首，在河之東，其首沅曰：《水經注》引此作「其東首」。枕汾，

〔註13〕龜字蔣本朱筆校曰：鼈。
〔註14〕蔣本墨筆：凡五千五百八十里。多九十里。

臨汾水上也。音墳。**其名曰管涔之山。**今在太原郡故汾陽縣北秀容山。涔音岑，管音姦。

沅曰：山在今山西靜樂縣北。《淮南子‧地形訓》云：汾出燕京。《水經》云：汾水出太原汾陽縣管涔山。注云：《十三州志》曰「出武州之燕京山」，亦管涔之異名也。《括地志》云：汾水原出嵐州靜樂縣北百三十里管涔山北。《太平寰宇記》云：土人云其山多菅，或以為名。又案：舊本脫「管音姦」三字，《太平寰宇記》引此有，今从之。**其上無木而多草，其下多玉。汾水出焉，**沅曰：《水經注》云：泉原導于南麓之下。**而西流注于河。**至汾陽縣北，西入河。沅曰：水在今山西河津縣南西入于河也。

北2-2

　　又西二百五十里，沅曰：少陽山在今管涔山東南可三百里，經云西，未詳也。**曰少陽之山。**沅曰：山在今山西交城縣西北。《元和郡縣志》云：交城縣，少陽山在縣西南九十五里，高百丈，周回二十里。**其上多玉，其下多赤銀。**銀之精者〔註15〕。**酸水出焉，而東流注于汾水，**沅曰：《水經注》云：汾水南逕秀容城，東南與酸水合，水原西出少陽之山，東南流注于汾水。**其中多美赭**〔註16〕。《管子》曰：山上有赭者，其下有鐵。

北2-3

　　又北五十里，沅曰：山在今少陽山東北。**曰縣雍之山。**今在晉陽縣西，名汲甕。雍音甕。沅曰：一名龍山，在今山西太原縣。《水經》作「縣甕山」。《淮南子‧地形訓》云：晉出龍山。高誘注云：龍山在晉陽之西北。《水經注》云：《晉書‧地道記》及《十三州志》並言晉水出龍山，名結絀山，在縣西北，非也；《山海經》曰「縣壅之山，晉水出焉」，今在縣之西南。《元和郡縣志》云：晉陽縣，縣甕山一名龍山，在縣西南十二里。又案：《括地志》引此，「雍」作「壅」，見《史記正義》。**其上多玉，其下多銅，其獸多閭、麋，**閭，即羭也，似驢而岐蹄，角如麢羊，一名山驢。《周書〔註17〕》曰：北唐以閭。亦見《鄉射禮》。**其鳥多白翟、白䳆。**即白鷳也，音于六反。沅曰：「䳆」字《說文》《廣雅》所無，《玉篇》云：白鷳也。案：即《說文》之卓雉，《爾雅》字作「鷼」。**晉水出焉，而東流注于汾水，**東過晉陽南，又東入汾。**其中多觜魚，其狀如儵**沅曰：「鰷」本字，「儵」借音。**而赤鱗，**小魚曰鰷。**其音如叱，食之不騷。**或作騷。騷，臭也。

〔註15〕者字蔣本墨筆：精者吳本作精也，疑彼誤。（此說非。）
〔註16〕蔣本墨筆：《本艸經》有代赭，云：一名須丸。交城地近代也。
〔註17〕蔣本墨筆：書，吳本作禮。

北 2-4

又北二百里，沅曰：山在今縣雍山西南，經云北，未詳。曰狐岐之山。沅曰：山在今山西孝義縣西八十里。《水經注》云：文湖逕中陽縣故城東，有勝水出西狐岐之山。無草木，多青碧。勝水出焉，沅曰：《水經注》云：勝水出西狐岐之山，東逕六壁城南，又東合陽泉水，又東逕中陽故城南，又東合夕水。《元和郡縣志》云：孝義縣，勝水在縣南一里。而東〔註18〕流注于汾水，沅曰：其水合文湖而入汾也，見《水經》。其中多蒼玉。

北 2-5

又北三百五十里，曰白沙山。廣員三百里，盡沙也。無草木鳥獸。鮪水出于其上，潛于其下。出山之頂，停其底也。沅曰：《呂氏春秋》云：武王至鮪水，殷使膠鬲俟周師。非此。是多白玉。

北 2-6

又北四百里，曰爾是之山。無草木，無水。

北 2-7

又北三百八十里，曰狂山。無草木。是山也，冬夏有雪。狂水出焉，而西流注于浮水，其中多美玉。

北 2-8

又北三百八十里，曰諸餘之山。其上多銅玉，其下多松柏。諸餘之水出焉，而東流注于旄水。沅曰：《玉篇》作「㴲」，云：水名。俗字。

北 2-9

又北三百五十里，曰敦頭之山。其上多金玉，無草木。旄水出焉，而東流注于邛澤，沅曰：邛澤疑即祁澤。其中多騂馬，音勃。沅曰：此字《說文》所無，見《玉篇》。又案：張駿《山海經圖畫讚》曰：敦山有獸，其名為教；麟形一角。「麟形」者以釋「牛尾」。案即此也。「騂」或古本作「教」，則即「勃」字異文也。牛尾而白身，一角，其音如呼。

〔註18〕東字下蔣本朱筆校增北字。

北 2-10

又北三百五十里，曰鉤吾之山。其上多玉，其下多銅。有獸焉，其狀如羊身，人面，其目在腋下，沅曰：「腋」字古只為「亦」，又作「掖」，見《說文》，從月者傳寫誤。虎齒，人爪，其音如嬰兒，名曰狍鴞，沅曰：「狍」字《說文》所無，見《玉篇》。是食人。為物貪婪，食人未盡，還害其身，象在夏鼎。《左傳》所謂饕餮是也。狍音咆。沅曰：此疑《圖讚》文，然案今所傳《狍鴞讚》又小有不同。

北 2-11

又北三百里，曰北嚻之山。沅曰：《說文》「穀」云：出蜀北嚻山。案其道里，不得在蜀，又是《北山經》之山，未知《說文》何謂也。無石。其陽多碧，其陰多玉。有獸焉，其狀如虎而白身，犬首，馬尾，彘鬣，名曰獨㺄。音谷。沅曰：《說文》云：北嚻山有獨㺄獸，如虎，白身，豕鬣，尾如馬。出此。又云：穀，似群羊，出蜀北嚻山中，犬首而馬尾。今經不載此獸，或古本有之。有鳥焉，其狀如烏，人面，名曰鸒鵑，般冒兩音，或作「夏」也。沅曰：此二字《說文》所無，見《玉篇》。宵飛而晝伏，鵂鶹之屬。食之已暍。中熱也，音謁。涔水出焉，沅曰：《說文》云：涔水出北嚻山，入邬澤，從水，舍聲。《廣韻》引《文字音義》同。舊本經字作「渻」，誤也，今改正。又案：《地理志》：榆次有涂水鄉。《地形志》：太原陽邑有八表山，涂水出。疑即北嚻山，水疑即涔水也，音皆相近，未敢定之。而東流注于卬澤。沅曰：《說文》「卬」作「邬」。

北 2-12

又北三百五十里，曰梁渠之山。沅曰：其山當在漢代郡且如縣北塞外。無草木，多金玉。脩水出焉，沅曰：《地理志》云：代郡且如，于延水出塞外，東至廣寧入治。《水經注》云：即修水也，水出塞外柔元鎮西長川城南小山，東南流逕且如縣故城南，又東南逕馬城縣故城北，《十三州志》曰俗謂是水為河頭，又東南于大甯郡北右注雁門水。而東流注于鴈門。水名。沅曰：雁門水即㶕水也，《地理志》亦云治水。《水經注》云：雁門水東逕大甯郡，有修水注之，《地理志》有于延水而無雁門、修水之名，《山海經》有雁門之目而無說于延河，自下亦通謂之于延水矣。其獸多居暨，其狀如彙沅曰：「彙」字當為「𧳨」，隸寫失之。而赤毛，彙似鼠，赤毛如刺蝟也。彙音渭。其音如豚。有鳥焉，其狀如夸父，或作舉父。沅曰：「夸」「舉」音相近，即玃父也。四翼，一目，犬尾，名曰囂，其音如鵲，食之已腹痛，可以止𧿒。治洞下也，音洞。沅曰：此字《說文》所無，見《玉篇》，云：下也。即郭義。

北 2-13

又北四百里，曰姑灌之山。無草木。是山也，冬夏有雪。

北 2-14

又北三百八十里，曰湖灌之山。其陽多玉，其陰多碧，多馬。湖灌之水出焉，而東流注于海，其中多鰡。<small>亦鱓魚字。沅曰：「鰡」，「鱓」省文。</small>有木焉，其葉如柳而赤理。

北 2-15

又北水行五百里，流沙三百里，至于洹山。<small>沅曰：「洹」疑當為「恆」。</small>其上多金玉。三桑生之，其樹皆無枝，其高百仞。百果樹生之。其下多怪蛇。

北 2-16

又北三百里，曰敦題之山。<small>沅曰：疑即雁門陰館累頭山，「敦題」「累頭」皆音之轉，敦讀如自也。</small>無草木，多金玉。是錞于北海。<small>沅曰：依義當為「自」，作「錞」者假音。</small>

北 2-0

凡北次二經之首，自管涔之山至于敦題之山，<small>沅曰：此經之山，自山西太原府東北至忻、代諸州也。</small>凡十七山，<small>沅曰：自管涔山至此才十六山，疑當有脫誤。</small>五千六百九十里〔註19〕。其神皆蛇身<small>沅曰：言身有鱗。</small>人面。其祠毛，用一雄雞、彘瘞，薶之。用一璧一珪，投而不糈。<small>擿玉於山中以禮神，不薶之也。沅曰：「糈」當為「褙」。言不陳列祭具。</small>

<small>沅曰：右《北次二經》，古本為第九篇。</small>

北 3-1

北次三經之首，曰太行之山，<small>今在河內野王縣西北。行，音戶剛反。沅曰：山今在今河南輝縣西北。《淮南子》云「五行山」。「太」「五」音相近。高誘注云：今太行山也，在今河內野王縣之北，上黨關也。</small>其首曰歸山。<small>沅曰：《爾雅》云：山小而眾，歸。是其義。俗本《爾雅》作「歸」。</small>其上有金玉，其下有碧。有獸焉，其狀如麢羊<small>沅曰：劉</small>

〔註19〕蔣本墨筆：止五千二百四十里。

昭注《郡國志》引此作「麋」。**而四角，馬尾而有距，其名曰騨，**沅曰：劉昭注《郡國志》引此作「驒」。又，《廣韻》曰：驒騱，野馬。攷《說文》作「驒騱」，亦「驒」之誤為「騨」。疑此亦當為「驒」也。「騨」字《說文》所無，見《玉篇》，云：獸名。**善還，**還，旋；旋，儛也。騨音暉。沅曰：《玉篇》音昆，與郭不同者，「暉」「昆」音相轉。**其鳴自訆。有鳥焉，其狀如鵲，白身，赤尾，六足，其名曰鵸，**音犇。沅曰：此字《說文》所無，見《玉篇》。**是善驚，其鳴自詨。**今吳人謂呼為詨，音呼交反。

北 3-2

又東北二百里，曰龍侯之山。無草木，多金玉。決決之水出焉，音訣。**而東流注于河，其中多人魚，其狀如鯑魚，**沅曰：「鯑」字當為「鯑」，《說文》云：鯑，大鮎也。《字林》則作「鯷」，云：青州人呼鮎鯷。見《經典釋文》。此云「今呼鮎為鯑」，然則，「鯷」「鯑」俗字，「鯑」正字。**四足，其音如嬰兒，**鯑見《中山經》。或曰，人魚即鯢也，似鮎而四足，聲如小兒啼。今亦呼鮎為鯑。音蹄。**食之無癡疾。**

北 3-3

又東北二百里，曰馬成之山。其上多文石，其陰多金玉。有獸焉，其狀如白犬而黑頭，見人則飛，言肉翅飛行自在。**其名曰天馬，其鳴自訆。有鳥焉，其狀如烏，首白而身青、足黃，是名曰鶌鶋，**屈居二音，或作鳴〔註20〕。沅曰：即鶌鳩也，亦曰秸鶲。「鶌」「鳩」「鶲」皆音相近也。**其鳴自詨，食之不飢，可以已寓。**未詳。或曰，寓，猶誤也。

北 3-4

又東北七十里，曰咸山。其上有玉，其下多銅。是多松柏，草多茈草。條菅之水出焉，菅音閒。**而西南流注于長澤，其中多器酸，三歲一成，**所未詳也。**食之已癘。**

北 3-5

又東北二百里，曰天池之山。沅曰：山在今山西靜樂縣東北。《水經注》云：桑乾水潛承太原汾陽縣北燕京山之天池，池在山原之上，世謂之天池。《隋書·地理志》云：靜樂有天池。**其上無草木，多文石。有獸焉，其狀如兔而鼠首，以其背飛，**用其背上毛飛，飛則仰也。**其名曰飛兔。**沅曰：舊本「兔」作「鼠」，据《初學記·兔第

〔註20〕蔣本墨筆：《音義》：「或作鳴」鳴字當為鳩。

十二〔註21〕》引此作「兔」。**澠水出焉，潛于其下，**停山底也。**其中多黃堊。**堊，
土也。

北 3-6

又東三百里，曰陽山。其上多玉，其下多金銅。有獸焉，其狀如牛
而赤尾，其頸䫁，沅曰：《廣雅》云：腎，堅也。郭云「肉腎」，猶云肉堅。其狀如句
瞿，言頸上有肉䫁。句瞿，斗也，音劬。其名曰領胡，其鳴自詨，食之已狂。有
鳥焉，其狀如雌雉而五彩以文，是自為牝牡，名曰象蛇，其名自詨。䔄
水出焉，而南流注于河，其中有鮯父之魚，音陷。沅曰：即杜父魚，見《本草》。
其狀如鮒魚，魚首而彘身，食之已嘔。

北 3-7

又東三百五十里，曰賁聞之山。其上多蒼玉，其下多黃堊，多涅石。

北 3-8

又北百里，曰王屋之山。今在河東垣縣北。《書》曰：至于王屋也。沅曰：山在今
山西垣曲縣。是多石。聯水出焉，聯音輦。沅曰：舊本作「灤」，《玉篇》亦有「灤」字，
云：力先切，水，出王屋山。俱非。《水經注》引此只作「聯」，「聯」即「沇」字假音也。《地
理志》：垣，有王屋山，在縣東北，沇水所出，東南至武德入河，軼出滎陽北地中，又東至琅槐
入海也。《元和郡縣志》云：王屋縣，王屋山在縣北十五里，周回一百三十里，高三十里。而
西〔註22〕流注於泰澤。《地理志》：王屋山，沇水所出。「聯」「沇」聲相近，殆一水耳。
沇即濟也。沅曰：泰澤當即滎澤。又，郭云「沇即濟也」，「濟」字當為「泲」。此濟是石濟水，
見《說文》。

北 3-9

又東北三百里，曰教山。沅曰：山在今山西垣縣北。《水經注》云：教水出垣縣北
教山。《太平寰宇記》云：絳縣，教山今名效山，亦名景山，在縣南八十五里。其上多玉而
無石。教水出焉，西流注于河，沅曰：《水經注》云：教水南逕輔山，疑即平山也，
其水南流，逕鍾鼓上峽，南流歷鍾鼓川，分為二澗，一澗西北出，一百六十許里，今聞喜縣東
北谷口猶有乾河里，一水歷冶官西，世人謂之鼓鍾城，城西阜下有大泉，西流注澗，與教水合，

〔註21〕「二」字本誤作「三」，蔣本朱筆校正。
〔註22〕西字下蔣本朱筆校增北字。

伏入石下，南至下峽，其水重源又發，南至西馬頭山東截坡下，又伏流南十餘里復出，南入于河。**是水冬乾而夏流，實惟乾河。**今河東聞喜縣東北有乾河口，因名乾河里，但有故溝處無復水，即是也。沅曰：《史記》云：白起取韓安邑以東，到乾河。徐廣曰：音干。**其中有兩山。是山也廣員二**〔註23〕**百步，其名曰發丸之山，其上有金玉。**

北 3-10

又南三百里，曰景山。《外傳》曰：景、霍以為城。沅曰：山在今山西聞喜縣南。《水經》云：涑水西過周陽邑南。注云：景水出景山。案：《山海經》不言有水，今有水焉，西北流注于涑水也。《隋書‧地理志》云：聞喜有景山。**南望鹽販之澤，**即解縣鹽池也，今在河東猗氏縣。或無販字。沅曰：舊本傳脫「解縣」二字，今從《水經注》所引增入。澤在今安邑。**北望少澤。其上草多諸藇，**根似羊蹄，可食，曙豫二音〔註24〕，今江南單呼為藷，音儲，語有輕重耳。沅曰：舊本作「多草」，非。**多秦椒**〔註25〕。子似椒而細葉，草也。沅曰：舊本上有「其草」二字，《太平寰宇記》引此無，今從之。《太平寰宇記》引「諸藇」作「諸蕪」「薯蕷」，則非也。**其陰多赭，其陽多玉。有鳥焉，其狀如蛇而四翼、六目、三足，名曰酸與，其鳴自詨，見則其邑有恐。**或曰食之不醉。

北 3-11

又東南三百二十里，沅曰：山在今景山之西，經云「東南」，或傳寫之誤。**曰孟門之山。**《尸子》曰：龍門未辟，呂梁未鑿，河出於孟門之上，大溢逆流，無有丘陵，高阜滅之，名曰洪水。《穆天子傳》曰：北升孟門九河之隥。沅曰：山在今山西吉州西。《水經注》云：孟門，龍門之上口也。**其上多蒼玉，多金，其下多黃堊，多涅石。**

北 3-12

又東南三百二十里，沅曰：山在孟門正東。**曰平山。**沅曰：山在今山西垣曲縣東北。《水經注》云：「教水南逕輔山，高三十許里，上有泉，不測其深，山頂周員五六里，少草木。」引此經云云。「又是王屋之次，疑即平山也。」《元和郡縣志》云：臨汾縣，本漢平陽縣，縣在平水之陽，故曰平陽，山一名壺口山，今名姑射山，在縣西八里，平水出焉。**平水**〔註26〕**出于其上，潛于其下。是多美玉。**

〔註23〕「二」字蔣本朱筆校作「三」。
〔註24〕蔣本墨筆：《御覽》引云：上諸署二音，下余預二音。
〔註25〕蔣本墨筆：《神農百草經》有秦椒。
〔註26〕蔣本墨筆：《水經注》：平水出平陽縣西壺口山，其水東逕狐谷亭北，又東，逕平陽城南，東入汾，俗以為晉水，非也。

北 3-13

又東二百里〔註27〕，曰京山。有美玉，多漆木，多竹。其陽有赤銅，其陰有玄礵〔註28〕。黑砥石〔註29〕也。《尸子》曰：加玄黃砥。明色非一也。礵，音竹篠之篠。沅曰：此字《說文》所無，見《玉篇》，同郭義。高水出焉，南流注于河。

北 3-14

又東二百里，曰虫尾之山。其上多金玉，其下多竹，多青碧。丹水出焉，南流注于河。薄水出焉，《淮南子》曰：薄水出鮮于山。沅曰：《淮南子·地形訓》云：鎬出鮮于。郭引作「薄」，未詳孰是。而東流注于黃澤。沅曰：疑即漢內黃黃澤。

北 3-15

又東三百里，曰彭毗之山。其上無草木，多金玉，其下多水。蚤林之水出焉，音早。東南流注于河。肥水出焉，而南流注于牀水，其中多肥遺之蛇。

北 3-16

又東百八十里，曰小侯之山。明漳之水出焉，南流注于黃澤。有鳥焉，其狀如烏而白文，名曰鴣鵲，姑習二音。沅曰：二字《說文》《廣雅》所無，見《玉篇》。食之不灂。不矉目也，或作矊，音醮。

北 3-17

又東三百七十里，曰泰頭之山。共水出焉，音恭。南注于虖池。呼佗二音。下同。其上多金玉，其下多竹箭。

北 3-18

又東北二百里，曰軒轅之山。其上多銅，其下多竹。有鳥焉，其狀如梟而白首，其名曰黃鳥，其鳴自詨，食之不妒。

〔註27〕此處「二百里」，吳琯本、郝懿行本同，宋本、道藏本、吳任臣本皆作「三百里」，是畢、郝之書底本來源為吳琯本之證。
〔註28〕蔣本墨筆：《本草經》有消石。
〔註29〕石字初刻本誤作名，蔣本朱筆校正。

北 3-19

又北二百里，曰謁戾之山。今在上黨郡涅縣。沅曰：山在今山西樂平縣。「謁」字亦作「楬」。《淮南子·地形訓》云：清漳出楬戾。高誘曰：楬戾山在上黨。《水經注》引誘曰在沾縣。《元和郡縣志》云：縣上縣，羊頭山一名謁戾山，在縣東北五里，沁水所出。《太平寰宇記》云：平遙縣，謁戾山在縣東南四十五里，一名麓臺山。其上多松柏，有金玉。沁水出焉，沅曰：《水經》云：沁水出上黨謁戾山。注云：即涅水也，或言出穀遠縣羊頭山。《元和郡縣志》云：縣上縣，沁水所出。南流注于河。至滎陽縣東北入河，或出穀遠〔註30〕縣羊頭山也。沅曰：今在河南濟源縣入河也。其東有林焉，名曰丹林，丹林之水出焉，沅曰：《水經注》云：水出上黨高都縣故城東北阜，俗謂之源源水——引此經云云——即此水矣，丹水自源東北流，又屈而東注，左合絕水，《地理志》云「高都縣，有莞谷，丹水所出，東南入絕水」是也。《元和郡縣志》云：晉城縣，丹水出縣北十二里司馬山。《新唐書》云：高平法水一曰丹水。南流注于河。沅曰：《地理志》云：丹水入泫水。《水經注》引作入絕水。《地理志》又云：泫氏楊谷，絕水所出，南至墼王入沁。《水經注》亦云沁水與丹水合。此云「入河」者，蓋丹水合絕水入沁，又入于河。又，《漢書注》應劭曰：泫氏，《山海經》泫水所出者也。今案：經文無泫水，未詳也。嬰侯之水出于其陰，沅曰：舊本作「出焉」。《水經注》引此云「出于其陰」。北流注于祀水。沅曰：舊本「祀」作「汜」，非。《水經》云：汾水過大陵縣東。注云：馮水又會嬰侯之水——引此經云云——祀水出祀山，其水殊源共合，注於嬰侯之水，亂流逕中都縣南，俗又謂之中都水，侯甲水注之。又曰：侯甲水逕祁縣故城南，西接鄔澤，是為祁藪也。据此，則經云祀水，「祀」亦「祁」字，聲形相近。

北 3-20

東三百里，曰沮洳〔註31〕之山。《詩》云：彼汾沮洳。沅曰：山在今河南輝縣。《元和郡縣志》云：共城縣，淇水源在縣西北沮洳山。《太平寰宇記》云：共城縣，沮洳山在縣西，淇水出此山。無草木，有金玉。淇水出焉，音其。沅曰：《淮南子·地形訓》云：淇水出大號。高誘注云：大號山河內鞏縣北，或曰在林慮西。《水經》云：淇水出河內隆慮縣西大號山。《說文》云：淇水出河內共北山，東入河，或曰出隆慮西山。《地理志》云：淇水出共。南流注于河。今淇水出汲郡隆慮縣大號山，東過河內縣南為白溝。

〔註30〕蔣本墨筆：穀遠縣：吳本作穀述縣。
〔註31〕洳字本誤作如，蔣本朱筆校正，又墨筆曰：如，吳本是洳。

北 3-21

又北三百里，曰神囷之山。音如倉囷之囷。沅曰：案《水經注》，此山當在漢隆
慮縣，今河南林縣也。**其上有文石，其下有白蛇，有飛蟲。黃水出焉，**沅曰：
《水經》云：洹水東過隆慮縣北。注云：縣有黃水，出于神囷之山黃華谷北崖，山高十七里，
水出木門帶，帶即山之第三級也，其水東流注谷口，潛入地下，東北一十里，復出，名柳渚，
渚周四五里，是黃水重源再發也，又東入于洹水。**而東流注于洹。**洹水出汲郡林慮縣，東
北至魏郡長樂入清水。洹音丸。沅曰：《說文》云：洹水在齊魯閒。《水經》云：出上黨泫氏縣，
東過內黃縣北，東入于白溝。注云：水出洹山，山在長子縣也。**滏水出焉，**沅曰：「滏」當
我「釜」。《淮南子・地形訓》云：釜出景。高誘注云：山在邯鄲西南，釜水所出，南流入漳，
其原浪沸涌正，勢如釜中湯，故曰釜，今謂之釜口。《太平寰宇記》云：滏陽縣，滏水源出縣西
北鼓山南岩。**而東流注于歐水。**滏水今出臨水縣西滏口山，經鄴西北至列人縣入于漳，其
水熱。沅曰：《太平御覽》引《水經注》云：滏水發源石鼓山南，東流注于漳。今本無此語，但
云漳水又對趙氏臨漳宮，又東北釜水入焉。据經云注于歐水，豈漳水有歐水之名與？

北 3-22

又北二百里，曰發鳩之山。今在上黨郡長子縣西。沅曰：山亦曰出發包山，在今
山西長子縣西。《淮南子・地形訓》云：濁漳出發包。高誘注云：發包山一名鹿谷山，亦在上黨
長子縣。案：「鳩」「包」聲相轉，或云「包」當為「勹」字也。《水經注》云：鹿谷與發鳩連麓
而在南。《元和郡縣志》云：長子縣，發鳩山在縣西南六十里。**其上多柘木。**沅曰：「柘」
當為「榹」。《說文》云：榹木出發鳩山。**有鳥焉，其狀如烏，文首，白喙，赤足，
名曰精衛，**沅曰：《述異記》云：俗呼帝女雀。**其鳴自詨；是炎帝之少女，名曰
女娃**〔註32〕，炎帝，神農也。娃，惡佳反，語誤或作「階」。**女娃遊于東海，溺而不
返，故為精衛，**沅曰：《列仙傳》云：赤松子服水玉以教神農，能入火自燒，炎帝之少女
追之，亦得仙俱去。《地形志》云：長子羊頭山下神農泉北有穀關，即神農得嘉穀處。据二書言，
則炎帝少女追神農〔註33〕而得仙，正于此也。**常銜西山之木石，以堙于東海。**堙，
塞也，音因。沅曰：「堙」當為「垔」，見《說文》，俗又加土。**漳水出焉，**濁漳。音章。沅
曰：「漳」當為「凍」，郭誤也。《說文》云：凍水出發鳩山，入于河，從水，東聲。今本《水經
注》云：漳水又東，陳水注之，水西出發鳩山，東逕余吾縣故城南，又東逕屯畱縣故城北，又
東流注于漳，故許慎曰「水出發鳩山，入關，從水，章聲」也。案：「陳水」皆「凍水」之誤，

〔註32〕蔣本墨筆：李善、劉逵注左思賦引此多不同。
〔註33〕神農當作赤松。

所引《說文》乃「涷」字之解，云「章聲」亦「東聲」之誤也。詳郭音，則是晉時已譌「涷」為「漳」。**東流注于河**。或曰，出長子縣鹿谷山，而東至鄴入清漳。

北 3-23

又東北百二十里，曰少山。今在樂平郡沾縣，沾縣故屬上黨。沅曰：山在今山西樂平縣。《水經》云：清漳水出上黨沾縣西北少山大要谷。《說文》云：出沾山大要谷。《元和郡縣志》云：樂平縣，少山一名河逢山，在縣西南三十里，清漳水出焉。《太平寰宇記》云：大谷縣大谷山。《晉地記》云：少山即大谷。**其上有金玉，其下有銅。清漳之水出焉，東流于濁漳之水**。清漳出少山大要谷〔註34〕，至武安縣南黍窖邑入於濁漳。或曰，東北至邑成〔註35〕入於大河也。沅曰：《說文》云：濁漳入清漳。經及《水經》云：清漳入濁漳。同也。「黍窖」俗本作「暴宮」〔註36〕。

北 3-24

又東北二百里，曰錫山。沅曰：山在今河南武安縣。《地理志》云：邯鄲堵山，牛首水所出。《太平寰宇記》云：磁州武安縣有錫山。引此經。**其上多玉，其下有砥。牛首之水出焉**，沅曰：《地理志》云：邯鄲堵山，牛首水所出。《水經注》云：水出邯鄲縣西堵山，漢景帝時攻趙圍邯鄲引牛首拘水灌城。《太平寰宇記》云：邯鄲縣，牛首水在縣西北三十里，又名曲河，源出縣前西南平地。**而東流注于釜水**。沅曰：舊本「釜」作「滏」，非。〔註37〕

北 3-25

又北二百里，曰景山。沅曰：高誘注《淮南子》云：景山在邯鄲西南。**有美玉。景水出焉，東南流注于海澤**。沅曰：《淮南子‧地形訓》云：西北方曰海澤。

北 3-26

又北百里，曰題首之山。有玉焉，多石，無水。

北 3-27

又北百里，曰繡山。其上有玉、青碧，其木多栒，木，中枚也，音筍。

〔註34〕蔣本墨筆：大要谷，吳本作大繩谷。
〔註35〕蔣本墨筆：邑成，吳本作邑城。
〔註36〕蔣本墨筆：吳亦作暴宮。
〔註37〕蔣本墨筆：吳亦作滏。

沅曰：郭說非也。《說文》云：椈，杶也。此省文。**其草多芍藥、芎藭。**芍藥，一名辛夷，亦香草屬。**洧水出焉，而東流注于河，其中有鱯、**鱯似鮎而大，白色也。**黽。**鼃黽，似蝦蟇，小而青。或曰「鱯黽」一物名耳。

北 3-28

又北百二十里，曰松山。沅曰：疑即今山西襄垣縣好松山。**陽水出焉，**沅曰：《地形志》云：上黨屯留有陽水，原出三想山，東流合平臺水，東南入絳水。**東北流注于河。**

北 3-29

又北百二十里，曰敦與之山。沅曰：山在今直隸臨城縣西南。《元和郡縣志》云：趙州臨城縣，敦與山在縣西南七十里，泜水所出。《太平寰宇記》引此作「敦輿山」。**其上無草木，有金玉。溹水出于其陽，**音悉各反。沅曰：「溹」字《說文》所無，見《玉篇》。**而東流注于泰陸之水。**大陸水，今鉅鹿北廣平澤即其水。**泜水出于其陰，**音抵肆也。沅曰：《說文》云：泜水在常山。《地理志》云：常山中丘，有逢山長谷，諸水所出，東至張邑入濁漳。案：諸水即泜水也。《元和郡縣志》云：臨城縣，泜水在縣南二十里，出白土，細滑如膏。**而東流注于彭水。**今泜水出中丘縣西窮泉谷，東注于堂陽縣，入于漳水。沅曰：《隋書．地理志》云：房子有彭水。**槐水出焉，而東流注于泜澤。**沅曰：槐水即濟水也，亦曰石濟，出今直隸贊皇縣。《說文》云：濟出常山房子贊皇山。《地理志》云：濟水東至廮陶入泜。《元和郡縣志》云：平棘縣，槐水一名白溝河，南去縣二十五里。《太平寰宇記》云：贊皇縣，槐水，《隋圖經》云「槐水出贊皇山」，一名渡水，一名濟水，去縣十里，此自別一濟，即《詩》云「出宿于濟」。

北 3-30

又北百七十里，曰柘山。其陽有金玉，其陰有鐵。歷聚之水出焉，而北流注于洧水。

北 3-31

又北三百里，曰維龍之山。其上有碧玉，其陽有金，其陰有鐵。肥水出焉，而東流注于皋澤，其中多礨石。未詳也。音雷。或作壘。磈壘，大石貌。或曰石名。沅曰：「礨」非古字，當為「壘」。**敞鐵之水出焉，而北流注于大澤。**

北 3-32

又北百八十里，曰白馬之山。沅曰：山在今山西盂縣北。《地形志》云：清廉有白馬山。《元和郡縣志》云：盂縣，白馬山在縣東北六十里。其陽多石玉，其陰多鐵，多赤銅。木馬之水出焉，沅曰：即牧馬水，在盂縣東北，至定襄入虖沱。而東北流注于虖沱。呼佗〔註38〕二音。

北 3-33

又北二百里，曰空桑之山。上已有此山，疑同名也。無草木，冬夏有雪。空桑之水出焉，東流注于虖池。

北 3-34

又北三百里，曰泰戲之山。沅曰：山在今山西繁畤縣西。《淮南子‧地形訓》云：虖沱出魯乎。《說文》云：㶟水起雁門葰人戍夫山。《元和郡縣志》云：繁畤縣，泰戲山一名武夫山，在縣東南九十里。《太平寰宇記》云：繁畤縣，泰戲山今曰㢈山。又云：虖沱河源出東南孤阜山。据此，則「戲」當讀如「呼」，《說文》本從「虘」聲，「泰戲」「魯乎」「戍夫」「武夫」「孤阜」，皆聲相近字之異也。無草木，多金玉。有獸焉，其狀如羊，一角，一目，目在耳後，其名曰辣辣，音屋棟之棟。沅曰：「辣」字《說文》所無，見《玉篇》。《廣韻》云：音東，又音陳。其鳴自詨。虖沱之水出焉，今虖沱水出鴈門鹵成縣南武夫山。沅曰：《周禮》作「呼沱」，《禮記》作「惡池」，「呼」「惡」「虖」三音同也。《地理志》云：勃海成平，虖沱或曰「徒駭河」。亦音相近也。水出今山西繁畤縣，又北逕直隸至滄縣入于海。而東流注于㢈水。音樓。沅曰：《地理志》云：代郡鹵城〔註39〕，虖池河東至參合入虖池別。疑㢈水即虖池別流矣。液女之水出于其陽，南流注于沁水。液，音悅懌之懌。沅曰：今泰戲山在繁畤，沁水在沁源，南北相去甚遠，無由有注沁之水。經所云未詳也。

北 3-35

又北三百里，曰石山。多藏金玉。沅曰：「藏」當為「臧」。濩濩之水出焉，濩，音尺蠖之蠖。而東流注于虖沱。鮮于之水出焉，而南流注于虖池。

北 3-36

又北二百里，曰童戎之山。皋涂之水出焉，而東流注于㢈液水。

〔註38〕佗本誤作沱，蔣本朱筆校正。
〔註39〕城字初刻本作成，蔣本朱筆校正。

北 3-37

又北三百里，曰高是之山。今在北地靈丘縣。沅曰：在縣西北。《水經》作「高氏」。滋水出焉，音慈。而南流注于虖沱。沅曰：《地理志》云：南行唐，牛飲山白陸谷，滋水所出，東至新市入虖沱。《元和郡縣志》云：靈丘縣，茲水出縣西枚回山。其木多椶，其草多條。滱水出焉，音寇。沅曰：《說文》云：滱水起北地靈丘，東入河。又曰：滱水即漚夷之水，并州浸也。《水經》云：滱水出代郡靈丘縣高氏山。注云：即溫夷之水也，出縣西北高氏山。東流注于河。過博陵縣南，又東北入於易水。沅曰：《地理志》云：靈丘，滱河東至文安入大河。《水經注》云：清、湛、漳、洹、滱、易、淶、濡、沽、虖池，同歸于海。

北 3-38

又北三百里，曰陸山。多美玉。𨻳水〔註40〕出焉，或作郯水。而東流注于河。

北 3-39

又北二百里，曰沂山。音祈。般水出焉，音盤。沅曰：此疑「九河之鉤盤」。《地形志》云：盤有故般河。而東流注于河。

北 3-40

北百二十里，曰燕山。沅曰：《隋書·地理志》云：無終有燕山。疑即此。多嬰石。言石似玉有符彩嬰帶，所謂燕石者。燕水出焉，東流注于河。

北 3-41

又北山行五百里，水行五百里，至于饒山。是無草木，多瑤碧。其獸多橐駝，其鳥多鶹。未詳。或曰，鶹，鵂鶹也。歷虢之水出焉，而東流注于河，其中有師魚，沅曰：「師魚」當為「沛魚」之譌，即上「鮨鮨之魚」，亦曰「溥浮魚」也。食之殺人。未詳。或作鯢。

北 3-42

又北四百里，曰乾山。無草木。其陽有金玉，其陰有鐵而無水。有獸焉，其狀如牛而三足，其名曰獂，音元。沅曰：「獂」俗從犬，非。《周書》云：獂有爪而不敢以撅。《說文》云：讀若桓。其鳴自詨。

〔註40〕水字局本譌作女，據初刻本改正。

北 3-43

又北五百里，曰倫山。倫水出焉，而東流注于河。有獸焉，其狀如麋，其川在尾上，川，竅也。沇曰：《爾雅》云：白州驠。郭云：州，竅。則「川」當為「州」。《廣雅》云：州，臀也。其名曰羆〔註41〕。

北 3-44

又北五百里，曰碣石之山。《水經》曰：碣石山今在遼西臨渝縣南水中。或曰在右北平驪城縣。海邊山。沇曰：山在今直隸撫寧、昌黎二縣界，即驪城山。繩水出焉，而東流注于河，其中多蒲夷之魚。未詳。沇曰：《說文》云：鮇鯷魚出東萊。疑即此。古音「蒲」如「扶」。其上有玉，其下多青碧。

北 3-45

又北水行五百里，至于鴈門之山。沇曰：山在今山西代州東北。無草木。鴈門山，即北陵西隃，鴈之所出，因以名云，在高柳北。

北 3-46

又北水行四百里，至于泰澤，其中有山焉，曰帝都之山。廣員百里，無草木，有金玉〔註42〕。

北 3-47

又北五百里，曰錞于毋逢之山。北望惟號之山，沇曰：舊本「惟」作「雞」，非。《說文》《玉篇》引作「惟」。其風如劦。劦，急風貌也，音戾。或云，飄風也。沇曰：舊本「劦」作「颭」，非。《說文》《玉篇》「劦」字解引此皆只作「劦」，今從之。西望幽都之山，浴水出焉。浴即黑水也。是有大蛇，赤首白身，其音如牛，見則其邑大旱。

北 3-0

凡北次三經之首，自太行之山以至于無逢之山，沇曰：此經之山自河南北至山西也。凡四十六山，萬二千三百五十里。其神，狀皆馬身而人面者廿

〔註41〕「羆」字下蔣本墨筆、朱筆皆校增「九」字。墨筆：吳本無九字。朱筆：增九字。

〔註42〕蔣本墨筆：金玉，吳本作玉金，彼疑誤。墨筆圈去此條，於正文乙之。（藏本作玉金。）

神，其祠之，皆用一藻茝瘞之。藻，聚藻。茝，香草，蘭之類，音昌代反。其十四神，狀皆彘身而載玉，其祠之，皆玉，不瘞。不薶所用玉也。其十神，狀皆彘身而八足、蛇尾，其祠之，皆用一璧瘞之。大凡四十四神，皆用稌糈米祠之。此皆不火食。

沅曰：右《北次三經》，古本為第十篇。

北 3-0-0

右北經之山志，凡八十七山，二萬三千二百三十里。

山海經第三　終
總校張預，分校汪學瀚、朱昌壽校

山海經第四

晉記室參軍郭璞傳

兵部侍郎兼都察院右副都御史巡撫陝西西安等處地方贊理軍務兼理糧餉欽賜一品頂帶畢沅新校正

東山經

東 1-1

東山經之首，曰樕䖞之山。速株二音。北臨乾昧，亦山名也。音妹。食水出焉，而東北流注于海，沅曰：以聲求之，疑食水即時水也，無以定之。其中多鱅鱅之魚，音容。沅曰：《史記·司馬相如賦》有「禺禺」，徐廣曰：禺禺，魚牛也。《漢書注》郭璞曰〔註1〕：禺禺，魚，皮有毛，黃地黑文。師古曰：禺音隅，又音顒。則「鱅鱅」即「禺禺」，字異音同也。又案：《詩正義》引陸機云：鱧似鮎而頭大，徐州人謂之鱧，或謂之鱅，幽州人謂之鴞鵁，或謂之胡鱅。則鱅鱅即鱧也。其狀如犁牛，牛似虎文者。其音如彘鳴。

東 1-2

又南三百里，曰藟山。音誄。其上有玉，其下有金。湖水出焉，沅曰：疑即《地理志》之巨淀湖水，無以定之。東流注于食水，其中多活師。科斗也。《爾雅》謂之活東。

〔註1〕曰字初刻本作云。

東 1-3

又南三百里，曰枸狀之山。沅曰：《廣韻》云：汎水出拘扶山。疑此當為「拘扶」。其上多金玉，其下多青碧石。有獸焉，其狀如犬，六足，其名曰從從，其鳴自詨。有鳥焉，其狀如雞而鼠毛，其名曰蚩鼠，音沓。沅曰：經云「鼠毛」當為「鼠尾」，「蚩」字當為「鸓」，皆傳寫誤。《說文》云：鸓，鼠，似雞，鼠尾。即此。見則其邑大旱。汎水出焉，音枳。沅曰：以聲求之，當即淄水。而北流注于湖水，沅曰：今案《水經注》：淄水注馬車瀆，馬車瀆首受鉅定湖。疑即是，而無以定之。其中多箴魚，其狀如儵，沅曰：依義當為「鯈」。其喙如箴，出東海，今江東水中亦有之。食之無疫疾。

東 1-4

又南三百里，曰勃壵沅曰：此即「齊」字異文。之山。無草木，無水。

東 1-5

又南三百里，曰番條之山。無草木，多沙。減水出焉，音同減損之減。北流注于海，其中多鱤魚。一名黃頰，音感。沅曰：「鱤」字《說文》所無，見《玉篇》，云：黃魚。案：《說文》有「顲」字，云：面黃。依義當用「顲」，俗寫从魚。

東 1-6

又南四百里，曰姑兒之山。其上多漆，其下多桑柘。姑兒之水出焉，北流注于海，其中多鱤魚。

東 1-7

又南四百里，曰高氏之山。其上多玉，其下多箴石。可以為砭針治癰腫者。沅曰：舊本作「可以為砥針」，《南史·王僧孺傳》引此作「可以為砭針」。諸繩之水出焉，沅曰：疑即濰水也。《水經注》云：濰水出營城東，西北入時水。東流注于澤，其中多金玉。

東 1-8

又南三百里，曰嶽山。沅曰：疑即泰山。其上多桑，其下多樗。濼水出焉，音樂〔註2〕。沅曰：《說文》云：濼，齊魯間水也。《水經注》云：濼水出歷城縣故城西

〔註2〕樂字蔣本朱筆校曰：櫟。又墨筆：杜注《左傳》云：濼水在濟南歷城縣，西北

泉源上，北入于濟，謂之濼口。**東流注于澤，其中多金玉。**

東 1-9

又南三百里，曰犲山。沅曰：《玉篇》「犲」音柴，云：犲狼。知「犲」即「豺」別字。其上無草木。其下多水，其中多堪孖之魚。未詳。音序。沅曰：「孖」字從子從予，見《玉篇》，俗本從二予字，非。又，《玉篇》有「䰽」字，云同「鱖」。疑「孖」即「鱖」異文。**有獸焉，其狀如夸父**沅曰：夸父即貜父也。**而彘毛，其音如呼，見則天下大水。**

東 1-10

又南三百里，曰獨山。其上多金玉，其下多美石。末塗之水出焉，而東南流注于沔，其中多䖝蟰，絛容二音。沅曰：二字《說文》所無，見郭璞《江賦》，「絛」亦見《玉篇》。**其狀如黃蛇，魚翼，出入有光，見則其邑大旱。**

東 1-11

又南三百里，曰泰山。即東嶽岱宗也。今在泰山奉高縣西北，從山下至頂百四十八里三百步。沅曰：山在今山東泰安縣北。傳云「百四十八里」，舊本脫「百」字，今据《史記正義》增入。**其上多玉，其下多金。有獸焉，其狀如豚而有珠，名曰狪狪，**音如吟恫之恫。沅曰：「狪」字《說文》所無，《玉篇》云：狪，獸，似豕，出泰山。又作「狪」，云：獸名。《廣韻》「狪」「狪」俱云：獸名，似豕，出泰山。則此字二作也。舊本作「狪」，從犬，無此字。**其名自訆。環水出焉，**沅曰：《水經注》云：汶水合門下谿水，其水逕龜陰之田，又合環水，水出泰山南谿，南流歷中下兩廟間，其水又屈而東流，入於汶水。引此云云。**東流注于江，**一作海。沅曰：《水經注》引此作「注于汶」，是。**其中多水玉。**

東 1-12

又南三百里，曰竹山。錞于江，一作涯。**無草木，多瑤碧。激水出焉，而東南流注于娶檀之水，其中多茈蠃。**沅曰：當為「蠃」。

東 1-0

凡東山經之首，自樕蟲之山以至于竹山，沅曰：其山多未詳，案其道里，當是今山東兗州東北抵于海也。**凡十二山，三千六百里。其神狀皆人身龍首。祠**

入濟。

毛，用一犬祈毗，沅曰：「祈」當為「蠻」。「毗」俗本作「聃」，非。**用魚。**以血塗祭為毗也。《公羊傳》云：蓋叩其鼻以毗社。音釣餌之餌。

沅曰：右《東山經》，古本為第十一篇。

東 2-1

東次二經之首，曰空桑之山。此山出琴瑟材，見《周禮》也。沅曰：高誘注《淮南子》云：空桑在魯。張衡《思玄賦》注云：少暤金天氏居窮桑，在魯北。《太平寰宇記》云：干寶云，徵在生孔子于空桑之地，今名孔竇，在魯南山之穴。**北臨食水，東望沮吳，南望沙陵，西望湣澤。**音旻。沅曰：水近空桑山，疑「湣」疑即「汶」，音同。**有獸焉，其狀如牛而虎文，其音如欽，**或作唅。**其名曰軨軨，**音靈。**其鳴自叫，見則天下大水。**

東 2-2

又南六百里，曰曹夕之山。其下多穀而無水，多鳥獸。

東 2-3

又西南四百里，曰嶧皋之山。音亦。**其上多金玉，其下多白堊。嶧皋之水出焉，東流注于激女之水。**沅曰：《玉篇》引此「女」作「汝」。**其中多蜃珧。**蜃，蚌也。珧，玉珧，亦蚌屬。腎遙兩音。

東 2-4

又南水行五百里，流沙三百里，至于葛山之尾。無草木，多砥礪。

東 2-5

又南三百八十里，〔註3〕**葛山之首。無草木。澧水出焉，**音禮。沅曰：高誘注《呂氏春秋》云：禮水在蒼梧，環九疑之山。案：經是《東山經》，非蒼梧之水也。**東流注于余澤，其中多珠蟞魚，**音鼈。沅曰：「珠蟞」當為「朱鼈」。郭璞《江賦》云「賴蟞」，則以賴代朱也。高誘注《呂氏春秋》云：有珠如蛟皮。《南越志》云：海中多朱鼈，狀如肺，有四眼六腳而吐珠。見《初學記》。**其狀如肺而有目，六足，有珠，其味酸甘，食之無癘。**無時氣病也。《呂氏春秋》曰：澧水之魚，名曰朱鼈，六足，有珠，魚之美也。

〔註3〕葛字上蔣本朱筆校增曰：曰。

東 2-6

又南三百八十里，曰餘峩之山。<small>沅曰：《廣韻》引此「峩」作「我」。</small>其上多梓枏，其下多荊芑。雜余之水出焉，東流注于黃水。有獸焉，其狀如兔而鳥喙，鴟目、蛇尾，見人則眠，<small>言佯死也。沅曰：舊本作「眠」，俗字。</small>名曰犰狳，<small>几餘二音。沅曰：舊本經文「犰」作「犰」，傳「几」作「仇」，非。《玉篇》有「犰」「狳」字，皆云：獸，似兔，犰音几。無「犰」字。《廣韻》有「犰」，云：獸名，如兔喙，蛇尾，見則有蝗災。又有「犰」字，蓋非。今从《玉篇》。</small>其鳴自訓，見則螽蝗為敗。<small>螽，蝗類也。言傷敗田苗。音終。</small>

東 2-7

又南三百里，曰杜父之山。無草木，多水。

東 2-8

又南三百里，曰耿山。無草木，多水碧，<small>亦水玉類。</small>多大蛇。有獸焉，其狀如狐而魚翼，其名曰朱獳，<small>音儒。沅曰：《廣韻》「朱」作「狣」，非。</small>其鳴自叫，見則其國有恐。

東 2-9

又南三百里，曰盧其〔註4〕之山。無草木，多沙石。沙水出焉，南流注于涔水，其中多鵹䴔〔註5〕，<small>音黎。沅曰：「黎」「鵹」聲相近也。「䴔」當為「胡」。《玉篇》云：又名陶河。皆音之轉。</small>其狀如鴛鴦而人足，其鳴自訓，見則其國多土功。<small>今鵜胡足頗有似人腳形狀也。</small>

東 2-10

又南三百八十里，曰姑射之山。<small>沅曰：《莊子》云：藐姑射之山，汾水之陽。《隋書·地理志》云：臨汾有姑射山。</small>無草木，多水。

東 2-11

又南水行三百里，流沙百里，曰北姑射之山。無草木，多石。

〔註4〕蔣本墨筆：《太平御覽》引作憲其。
〔註5〕蔣本墨筆：《太平御覽》引作鵜鵠。

東 2-12

又南三百里，曰南姑射之山。無草木，多水。

東 2-13

又南三百里，曰碧山。無草木，多大蛇，多碧水玉。

東 2-14

又南五百里，曰緱氏〔註6〕之山。沅曰：《隋書·地理志》云：緱氏有緱氏山。無草木，多金玉。原水出焉，東流注于沙澤。一曰俠氏之山。

東 2-15

又南三百里，曰姑逢之山。無草木，多金玉。有獸焉，其狀如狐而有翼，其音如鴻鴈，其名曰獙獙，音斃。沅曰：即「獘」字異文。《玉篇》云：獘，獸名。謂此。見則天下大旱。

東 2-16

又南五百里，曰鳧麗之山。其上多金玉，其下多箴石。有獸焉，其狀如狐而九尾、九首，虎爪，名曰蠪姪，龍蛭二音。其音如嬰兒，是食人。

東 2-17

又南五百里，曰磹山。音一真反。南臨磹水，東望湖澤。有獸焉，其狀如馬而羊目，四角，牛尾，其音如獋狗，其名曰峳峳，音攸。沅曰：「峳」字《說文》《玉篇》所無，此是宋已後俗本譌字，疑即「攸」字也。見則其國多狡客。狡，狡猾也。有鳥焉，其狀如鳧而鼠尾，善登木，其名曰絜鈎，見則其國多疫。

東 2-0

凡東次二經之首，自空桑之山至于磹山，沅曰：此經之山，疑自山東南至于山西、河南也。凡十七山，六千六百四十里。其神狀皆獸身，人面，戴觡。麋鹿屬角為觡，音格。其祠毛，用一雞祈，嬰用一璧瘞。

沅曰：右《東次二經》，古本為第十二篇。

〔註6〕蔣本墨筆：緱，吳本作維。

東 3-1

凡東次三經之首，曰尸胡之山。北望𦍌山。<small>音詳。沅曰：「𦍌」字《說文》所無，見《玉篇》，云：女鬼也。山則未詳。</small>其上多金玉，其下多棘。有獸焉，其狀如麋而魚目，名曰䝹胡，<small>音婉。沅曰：《玉篇》云：䝹同婉。則婉字省文。</small>其鳴自訓。

東 3-2

又南水行八百里，曰岐山。其木多桃、李，其獸多虎。

東 3-3

又南水行五百里，曰諸鉤之山。無草木，多沙石。是山也，廣員百里，多寐魚。<small>即鮛魚。音味。沅曰：《爾雅》有「鱴，刀魚」，即此。古字只用「寐」。《玉篇》作「鮇」，云：海中魚，似鮑。又云：鱴同。</small>

東 3-4

又南水行七百里，曰中父之山。無草木，多沙。

東 3-5

又東水行千里，曰胡射之山。無草木，多沙石。

東 3-6

又南水行七百里，曰孟于之山。<small>沅曰：俗本作「孟子」，今据藏經本。</small>其木多梓桐，多桃李，其草多菌蒲，<small>未詳。音咽晊〔註7〕之咽。</small>其獸多麋鹿。是山也，廣員百里。其上有水出焉，名曰碧陽，其中多鱣鮪。<small>鮪，即鱣也，似鱣而長鼻，體無鱗甲，別名鮥鱑，一名鮛也。</small>

東 3-7

又南水行五百里，曰流沙，行五百里，有山焉，曰跂踵之山。<small>跂音企。</small>廣員二百里。無草木，有大蛇。其上多玉。有水焉，廣員四十里，皆涌，<small>今河東汾陰縣有瀵水，源在地底，潰沸涌出，其深無限，即此類也。</small>其名曰深澤，其中多蠵龜。<small>蠵，觜蠵，大龜也，甲有文彩，似瑇瑁而薄。音遺知反。</small>有魚焉，其狀如鯉而

〔註7〕晊字蔣本朱筆校作晅。

六足，鳥尾，名曰鮯鮯之魚，_{音蛤。沅曰：《廣雅》云：東方有魚〔註8〕焉，如鯉，}
_{六足，鳥尾，其名曰鮯。}其鳴自訓。

東3-8

又南水行九百里，曰踇隅之山。_{音敏。沅曰：《玉篇》引此作「踇偶山」。}其上
多草木〔註9〕，多金玉，多赭。有獸焉，其狀如牛而馬尾，名曰精精，其
鳴自叫。

東3-9

又南水行五百里，流沙三百里，至于無皋之山。南望幼海，_{即少海也。}
_{《淮南子》曰：東方大渚曰少海。}東望榑木。_{扶桑二音。沅曰：經云「榑木」，傳云「扶桑}
_{二音」，疑「木」字誤也。}無草木，多風。是山也，廣員百里。

東3-0

凡東次三經之首，自尸胡之山至于無皋之山，凡九山，六千九百里。
其神狀皆人身而羊角。其祠，用一牡羊，米用黍。是神也，見則風雨水
為敗。

_{沅曰：右《東次三經》，古本為第十三篇。}

東4-1

又東次四經之首，曰北號之山。臨于北海。有木焉，其狀如楊，赤
華，其實如棗而無核，其味酸甘，食之不瘧。食水出焉，而東北流注于
海。有獸焉，其狀如狼，赤首，鼠目，其音如豚，名曰猲狙，_{葛且二音。}
_{沅曰：此即狙也。《說文》云：狙，玃屬。《釋文·莊子音義》云：司馬云「狙，一名獼猴，似}
_{猨而狗頭，喜與雌猨交也」。即此。「狙」「猚」音相轉，猶「駔」字兩音矣。《玉篇》《廣韻》作}
_{「獨狙」，云：丁旦切，獸名。蓋誤。}是食人。有鳥焉，其狀如雞而白首，鼠足而
虎爪，其名曰鬿雀。_{音祈。沅曰：「鬿」即「魁」字異文，未詳郭音何据。《玉篇》亦有「鬿」}
_{字，云：巨希切，星名。蓋亦「魁」也。}雀，亦食人。

〔註8〕魚字本誤作鳥，蔣本朱筆校正。
〔註9〕此處「多草木」，吳琯本、郝懿行本同。宋本、道藏本、吳任臣本作「有草
　　　木」。

東 4-2

又南三百里，曰旄山。無草木。蒼體之水出焉，而西流注于展水，其中多鱃魚，_{今蝦鱃字亦或作鱃，秋音。沅曰：《廣雅》云：鱃，鰌也。案：「鱃」非古字，後人以聲合之，其實當為「鰌」。}其狀如鯉而大首，食者不疣。

東 4-3

又南三百二十里，曰東始之山。上多蒼玉。有木焉，其狀如楊而赤理，其汁如血，不實，其名曰芑，_{音起。}可以服馬。_{以汁塗之，則馬調良。}泚水出焉，而東北流注于海，其中多美貝，多茈魚，其狀如鮒，一首而十身，其臭如蘪蕪，食之不糦。_{孚謂反。止失氣也。沅曰：《廣韻》云：糦同屁，氣下洩也，匹寐切。案：「糦」字《說文》所無，而有「茦」字，當是正文。}

東 4-4

又東南三百里，曰女烝之山。其上無草木。石膏水出焉，而西注于鬲水，其中多薄魚，其狀如鱣魚而一目，其音如歐，_{如人嘔吐聲也。}見則天下大旱。

東 4-5

又東南二百里，曰欽山。多金玉而無石。師水出焉，而北流注于皋澤，其中多鱃魚，多文貝。有獸焉，其狀如豚而有牙，其名曰當康，其鳴自叫，見則天下大穰。

東 4-6

又東南二百里，曰子桐之山。子桐之水出焉，而西流注于餘如之澤，其中多鰭魚，_{音滑。沅曰：「鰭」字《說文》所無，見郭璞《江賦》。《玉篇》云：鰭魚如鳥。}其狀如魚而鳥翼，出入有光，其音如鴛鴦，見則天下大旱。

東 4-7

又東北二百里，曰剡山。多金玉。有獸焉，其狀如彘而人面，黃身而赤尾，其名曰合窳，_{音庾。}其音如嬰兒，是獸也食人，亦食蟲蛇，見則天下大水。

東 4-8

又東二百里，曰太山。上多金、玉、楨木。女楨也，葉冬不凋。沅曰：《經史證類本草》引此「楨」作「貞」〔註10〕。有獸焉，其狀如牛而白首，一目而蛇尾，其名曰蜚，音如翡翠之翡。行水則竭，行草則死，見則天下大疫。言其體含災氣也。其《銘》曰：蜚之為名，體似無害；所經枯竭，甚於鴆厲；萬物斯懼，思爾遄逝。沅曰：此亦與今所傳《圖贊》異。鉤水出焉，而北流注于勞水，其中多鱯魚。

東 4-0

凡東次四經之首，自北號之山至于太山，凡八山，一千七百二十三。

沅曰：此下當脫「里」字。〔註11〕

沅曰：右《東次四經》，古本為第十四篇。

東 4-0-0

右東經之山志，凡四十六山，萬八千八百六十里。

山海經第四　　終

總校王詒壽，分校沈琮寶、蔡濟勤校

〔註10〕蔣本墨筆：《本草圖經》引作貞。
〔註11〕此處經文後蔣本朱筆校增里字，又曰：去注。

山海經第五

晉記室參軍郭璞傳

兵部侍郎兼都察院右副都御史巡撫陝西西安等處地方贊理軍務兼理糧餉欽賜一品頂帶畢沅新校正

中山經

中 1-1

中山經沅曰：《史記注》云：皇甫謐曰，禹都平陽，或在安邑，或在晉陽。故以山西薄山為中山，起薄山也。**薄山之首，**沅曰：山在今山西蒲州府南。《史記‧封禪書》云：薄山者，襄山也。徐廣曰：蒲坂縣有襄山。《水經注》引此作「蒲山」者，「蒲」「薄」音之緩急，通也。**曰甘棗之山。**沅曰：《水經注》引此作「甘棗」。《括地志》云：蒲州河東縣雷首山，一名中條山，亦名歷山，亦名首陽山，亦名蒲山，亦名襄山，亦名甘棗山，亦名豬山，亦名獨頭山，亦名吳山。此山西起雷首山，東至吳坂，凡十二名，隨州縣分之。見《史記正義》。又云：一名渠山，一名條山。又一作甘棘。**共水出焉，**音恭。沅曰：《水經注》云：蓼水出襄山蓼谷，西南注于河。又曰：今診蓼水川流所注，與共水相扶，今水當在山西芮城縣。**而西流注于河。其上多枏木。其下有草焉，葵本而杏葉，**或作楛葉。**黃華而莢實，名曰䔄，**他落反。**可以已瞢。**音盲。**有獸焉，其狀如獻鼠**沅曰：《玉篇》以「獻」為古文「獨」字。《廣韻》云：獻，徒各切，獸名，似鼠。俱與郭音異。疑當為「狀」字。**而文題，**獻鼠，所未詳，音虺，字亦或作虺。**其名曰㸲，**音那。或作熊也。沅曰：「㸲」字《說文》所無，見《玉篇》，云：獸，似鼠，食之明目。**食之已瘦。**

中 1-2

又東二十里，曰歷兒之山。沇曰：即歷山也，在今蒲州府南。《水經注》云：河東郡南有歷山，舜所耕處也。《括地志》云：蒲山亦名歷山。即此。經云「歷兒」者，語之緩。其上多橿，多櫔木，音厲。沇曰：「櫔」字《說文》所無，見《玉篇》，云：木名，實如栗。案：此云如楝，不同。是木也，方莖而員葉，黃華而毛，其實如楝〔註1〕，楝，木名，子如指頭，白而黏，可以浣衣也。音練。或作簡。食〔註2〕之不忘。

中 1-3

又東十五里，曰渠豬之山。沇曰：即渠山也。《括地志》云：雷首山亦名渠山。又云：薄山亦名豬山。經文說此去薄山方三十五里，蓋薄山之異名。其上多竹。渠豬之水出焉，而南流注于河，沇曰：《水經注》云：永樂澗水北出于薄山，南流逕河北縣故城西，又南入于河，余案《中山經》，即渠豬之水也。《元和郡縣志》云：永樂縣，永樂澗水源出條山，經縣東一里，又南入河。《太平寰宇記》云：永樂縣，渠豬水一名蓼水，今名百丈澗，原出縣北中條山。水在今山西永樂縣。其中是多豪魚，狀如鮪，鮪似鱣也。赤喙尾，赤羽，可以已白癬。

中 1-4

又東三十五里，曰蔥聾之山。其中多大谷。是多白堊、黑青黃堊。言有雜色堊也。

中 1-5

又東十五里，曰湊山。音倭。沇曰：「湊」字《說文》所無，見《玉篇》，云：山名也。其中〔註3〕多赤銅，其陰多鐵。

中 1-6

又東七十里，曰脫扈之山。沇曰：自此至吳林山，皆雷首之連麓。有草焉，其狀如葵葉而赤華，莢實，實如櫻莢，今棂木莢似皂莢也。名曰植楮，可以已癙，癙，瘻也。《淮南子》曰：貍頭已癙也。食之不眯。沇曰：「癙」當為「鼠」。傳「瘻也」今譌作「病」，据《太平御覽》改。

〔註1〕經注二楝字，蔣本朱筆校作棟。
〔註2〕蔣本墨筆：食，吳作服。
〔註3〕蔣本墨筆：其中，吳作其上。

中 1-7

又東二十里，曰金星之山。多天嬰，其狀如龍骨，可以已痤。癉，痤也。

中 1-8

又東七十里，曰泰威之山。其中有谷曰梟谷，其中多鐵。或無谷字。

中 1-9

又東十五里，曰橿谷之山。其中多赤銅。或作檀谷之山。

中 1-10

又東百二十里，曰吳林之山。沅曰：《括地志》云：雷首山一名吳山也。在今山西平陸縣。其中多蓳草。亦菅字。沅曰：《說文》云：蓳，草，出吳林山。即此。

中 1-11

又北三十里，曰牛首之山。今長安西南有牛首山，上有館，下有水，未知此是非。沅曰：《太平寰宇記》《長安志》直以此為雍州鄠縣之牛首山，非也。此是《中山經》，則山當在今山西浮山縣境霍太山之南，案其道里皆合，故知非鄠縣之山。《太平寰宇記》云：神山縣，黑山在縣東四十四里，一名牛首，今名烏嶺山。有草焉，名曰鬼草，沅曰：疑當為蒐草。其葉如葵而赤莖，其秀如禾，服之不憂。勞水出焉，沅曰：《太平寰宇記》《長安志》以此為鄠縣之澇水，非也，見下《水經注》。又，《太平寰宇記》云：臨汾縣，澇水源出烏嶺山，俗名長壽水。今水出山西浮山縣，經平陽府城西北入于汾是。而西流注于潏水，音如譎詐之譎。沅曰：《水經注》云：黑水出黑山，西逕楊城南，又西與巢山水會——引此經云云——疑是水也，潏水即巢山之水也，水源東南出巢山東谷，北逕浮山東，又西北流與澇水合，亂流西北逕高梁城北，西流入于汾水。《元和郡縣志》云：臨汾縣，潏水今名三交水，東自襄陵縣界流入；襄陵縣，潏水在縣北十五里。《太平寰宇記》云：洪洞縣，潏水源出縣東南，巢山在縣北十五里。今水出山西襄陵縣臥龍山也。是多飛魚，其狀如鮒魚，食之已痔衕。沅曰：「衕」字《說文》所無，見《玉篇》，云：下也。

中 1-12

又北四十里，曰霍山。今平陽永安縣、廬江潛縣、晉安羅江縣、河南鞏縣，皆有霍山，明山以霍為名者非一矣。案《爾雅》：大山繞小山為霍。沅曰：郭引三霍山，無以定之，

此是《中山經》，又在牛首山北，則永安之山是也。山在今山西霍州東南，《夏書》謂之太岳，《周禮》《爾雅》謂之霍山，《史記》謂之霍太山。《元和郡縣志》云：洪洞縣，霍山在縣東北三十里；霍邑縣，霍山在縣東三十里；沁源縣，霍山在縣西七十里。案：皆一山也。**其木多穀。有獸焉，其狀如貍而白尾，有鬣，名曰胐胐**，沅曰：此字从肉从月未詳，郭音以為从月也。**養之可以已憂。**謂畜養之也。普昧反。

中 1-13

又北五十二里，曰合谷之山。沅曰：《玉篇》引此作「金谷」。**是多薝棘。**未詳。音瞻。沅曰：「薝」字《說文》所無，見《玉篇》，云：丁敢〔註4〕切。

中 1-14

又北三十五里，曰陰山。亦曰險山。沅曰：案其道里及所出水，疑即縣山，山在山西祁縣、沁源二縣界。**多礪**沅曰：「礪」當為「厲」。**石、文石。**礪石，石中磨者。**少水出焉，**沅曰：《水經注》云：沁水又逕沁水縣故城北，《春秋》之少水也。又云：少水，今沁水。**其中多彫棠，其葉如榆葉而方，其實如赤菽，**菽，豆。沅曰：「菽」字當為「叔」。**食之已聾。**

中 1-15

又東北四百里，曰鼓鐙之山。沅曰：即鼓鍾山，在今山西垣曲縣。「鍾」「鐙」聲形皆相近。《水經注》云：平水南流，歷鼓鍾上峽，水廣一十許步，南流歷鼓鍾，分為二澗，一水歷冶官西，世人謂之鼓鍾城，城之左右猶有遺銅及銅錢也。即此山。而引《中次七經》鼓鍾山，蓋酈元之疏也。**多赤銅。**沅曰：詳《水經注》云有「冶官遺銅」，則知古者冶銅于此。經言「多赤銅」，信也。**有草焉，名曰榮草，其葉如柳，其本如雞卵，食之已風。**

中 1-0

凡薄山之首，自甘棗之山至于鼓鐙之山。沅曰：此自山西蒲州西北至平陽太原府也，其山多可考。**凡十五山，六千六百七十里。歷兒，冢也，其祠禮毛，太牢之具，縣以吉玉。**縣，祭山之名也，見《爾雅》。**其餘十三山者毛，用一羊，縣嬰用桑封，瘞而不糈。**

〔註 4〕敢字本誤作敵。

桑封者，桑主也。方其下而銳其上，而中穿之加金。言作神主而祭，以金銀飾之也。
《公羊傳》曰：虞主用桑。「主」或作「玉」。沅曰：此條疑周秦人釋語，舊本亂入經文，今別行。

沅曰：右《中山經》，古本為第十五篇。

中 2-1

中次二經濟山之首，曰煇諸之山。其上多桑。其獸多閭麋，其鳥多鶡。似雉而大，青色，有毛，勇健，鬪死乃止，音遏，出上黨也。

中 2-2

又西南二百里，曰發視之山。其上多金玉，其下多砥礪。沅曰：當為「厲」。即魚之水出焉，而西流注于伊水。

中 2-3

又西三百里，曰豪山。其上多金玉，而無草木。

中 2-4

又西三百里，曰鮮山。沅曰：《爾雅》云：小山別大山，鮮。是其義。《水經》云：伊水東北過郭落山。注云：有鮮水出鮮山。山當在今河南嵩縣。多金玉，無草木。鮮水出焉，而北流注于伊水。沅曰：《水經注》云：陽水入伊水，伊水又東北，鮮水入焉，水出鮮山，北流注于伊水。水當在今河南嵩縣界。其中多鳴蛇，其狀如蛇而四翼，其音如磬，見則其邑大旱。

中 2-5

又西三百里，沅曰：此「三百里」當為「三十里」。曰陽山。沅曰：《水經》：伊水又東北過郭落山。注有陽山，云世人謂之太陽谷。《隋書·地理志》云：陸渾有陽山。當在今河南嵩縣。多石，無草木。陽水出焉，而北流注于伊水。沅曰：《水經注》云：陽水出陽山陽谿，世人謂之太陽谷，水亦取名焉，東流入伊水。水在今河南嵩縣。其中多化蛇，沅曰：《廣雅》云：中央有蛇焉，人面，豺身，鳥翼，蛇行，名曰化蛇。出此。其狀如人面而豺身，鳥翼而蛇行，其音如叱呼，見則其邑大水。

中 2-6

又西二百里，曰昆吾之山。其上多赤銅，此山出名銅，色赤如火，以之作刀，

切玉如割泥也。周穆王時，西戎獻之。《尸子》所謂「昆吾之劍」也。《越絕書》曰：赤堇之
山破而出錫，若邪之谷涸而出銅，歐冶子因以為純鈎之劍。汲郡冢中得銅劍一枝，長三尺五
寸，乃今所名為干將劍，汲郡亦皆非鐵也，明古者通以錫雜銅為兵器也。**有獸焉，其狀
如彘而有角，其音如號，**_{如人號哭。}**名曰蠪蚳，**_{上已有此獸，疑同名。}**食之不
眯。**

中 2-7

又西百二十里，曰葌山。_{音閒。沅曰：《水經注》云：鸞川亭北有葌水，出葌山。}
_{山當在今河南盧氏縣西南。}**葌水出焉，而北流注于伊水。**_{沅曰：《水經注》云：伊水}
_{自熊耳山，東北逕鸞川亭北，葌水出葌山，北流際其城東而北入伊水，世人謂伊水為鸞水，葌}
_{水為交水，故名斯川為鸞川也。}**其上多金玉，其下多青雄黃。有木焉，其狀如棠
而赤葉，名曰芒草，**_{音忘。}**可以毒魚。**〔註 5〕

中 2-8

又西一百五十里，曰獨蘇之山。無草木而多水。

中 2-9

又西二百里，曰蔓渠之山。_{沅曰：即悶頓山，在今河南盧氏縣東南百六十里。《水}
_{經》云：伊水出南陽魯陽縣西蔓渠山。}**其上多金玉，其下多竹箭。伊水出焉，**_{沅曰：}
_{水出今河南盧氏縣蔓渠山，山在熊耳山西。郭云「出上洛盧氏縣熊耳山」者，本《地理志》。《水}
_{經注》云：《淮南子》曰伊水出上魏山，《地理志》曰出熊耳山，即麓大同，陵巒互別是也。}**而
東流注于洛。**_{今伊水出上洛盧氏縣熊耳山，東北至河南洛陽縣入洛。}**有獸焉，其名曰
馬腹，其狀如人面，虎身，其音如嬰兒，是食人。**

中 2-0

凡濟山經之首，自輝諸之山至于蔓渠之山，_{沅曰：此經之山在河南府東南。}
凡九山，一千六百七十里。其神皆人面而鳥身。祠用毛，_{擇用毛色。}用一
吉玉，投而不糈。

_{沅曰：右《中次二經》，古本為第十六篇。}

〔註 5〕蔣本墨筆：星衍《音義》曰：《神農本草經》有莽草，云：主殺蟲魚。《周禮》
　　　　翦氏：掌除蠹物，以莽草熏之。《爾雅》云：葞，春草。郭璞云：一名芒草，
　　　　《本草》云。《范子計然》云：莽草，出三輔者善。

中 3-1

中次三經萯山之首〔註6〕，沅曰：《國語》云：主芣隗而食溱洧。隗即新安縣隗山，「芣」「萯」古音通，疑此山也。曰敖岸之山〔註7〕。或作獻。萯音倍。沅曰：《春秋傳》云：敖鄗之閒。疑即此山，音相近。其陽多㻬琈之玉，其陰多赭、黃金。神熏池居之。是常出美玉。或作石。北望河林，其狀如蒨如舉。說者云，蒨、舉皆木名也。未詳。蒨音倩。有獸焉，其狀如白鹿而四角，名曰夫諸，見則其邑大水。

中 3-2

又東十里，曰青要之山。沅曰：山在今河南新安縣西北二十里。《水經注》云：新安縣青要山，今謂之彊山。〔註8〕實惟帝之密都。天帝曲密之邑。沅曰：《爾雅》云：山如堂者密。北望河曲，河千里一〔註9〕曲一直也。沅曰：河至函谷一小曲也。是多駕鳥；未詳也。或曰，駕宜為駕；駕，鵝也，音加。南望㙙渚〔註10〕，水中小洲名渚。㙙音填，一音暖。沅曰：《水經注》云：㙙渚水上承陸渾縣東㙙渚，渚在〔註11〕原上，陂方十里，佳饒魚葦——即引此經云云——鯀化羽淵而復在此，世謂此澤為慎望陂，陂水南流注于涓陽水。渚在今河南嵩縣。又案：舊本傳文脫「一音暖」三字，今据《水經注》增入。禹父之所化，鯀化於羽淵為黃熊，今復云在此，然則一已有變怪之性者，亦無往而不化也。是多僕纍、蒲盧。僕纍，蝸牛也。〔註12〕《爾雅》曰：蒲盧者，蜾蠃也。沅曰：郭說非也。蒲盧者蜃是。魖武羅司之，武羅，神名。魖即神字。沅曰：此神偶與商臣同名耳。高誘注《淮南子》云：天神曰神，人神曰鬼。疑魖从鬼，人神字；神从示，鬼神字。其狀人面而豹文，小要沅曰：舊本作「腰」字，非。而白齒，或作首。而穿耳以鐻，鐻，金銀器之名，未詳也，音渠。〔註13〕沅曰：「鐻」，《說文》「虡」或字也，借為穿耳之鐻。《說文新附》引此作「璩」，非。其鳴如鳴玉。如人鳴玉佩聲。是山也宜女子。畛水出焉，音軫。沅曰：《水經注》云：河水與教水合，又與畛水合，水出新安縣青要山，其水北流入河——引此經云云——

〔註6〕 蔣本朱筆：《隋‧地理志》：鞏有東首陽山。

〔註7〕 蔣本朱筆：《新安縣志》：荊紫山在縣西北一百一十里，即敖岸山。

〔註8〕 蔣本朱筆：《隋‧地理志》：新安有強山。

〔註9〕 「一」字本脫，蔣本墨筆：吳本「千里」下有「一」字。

〔註10〕 蔣本朱筆：《河南府志》：陸渾縣古城南今有田湖。疑即㙙渚。

〔註11〕 在字初刻本作左。

〔註12〕 蔣本墨筆：《吳普本艸》云：麥門冬一名僕壘。

〔註13〕 《音義》云：《眾經音義》云：「《埤蒼》云：渠，耳渠也。西國王等多用金銀作之，著耳匡中，用以裝飾。」鐻、渠通。

即是水也。水在今河南新安縣。**而北流注于河。其中有鳥焉，名曰鴢，**音如窈窕之窈。沅曰：《爾雅》云：鴢，頭鳩。郭注云：似鳧，腳近尾，略不能行，江東謂之魚鵁。**其狀如鳧，青身而朱目，赤尾，食之宜子。**朱，淺赤也。**有草焉，其狀如蓍**菅似茅也。**而方莖，黃華赤實，其本如藁本，**根似藁本，亦香草。**名曰荀草，**或云苞草。沅曰：《說文》無「荀」字，當為「苞」。**服之美人色。**令人更美艷。

中 3-3

又東十里，曰騩山〔註14〕。音巍。沅曰：山當在今河南新安縣西北，即青要山東阜。《水經注》：騩山，彊山東阜也。《國語》「主芣隗」，即此。**其上有美棗，其陰有琈琈之玉。正回之水出焉，**沅曰：《水經注》云：河水與畛水合，又東正回之水入焉，水出騩山，東流，俗謂之彊川水，與石瓜疇川合，又東逕彊冶鐵官東，東北流注于河水。水當在今河南新安縣。〔註15〕**而北流注于河，其中多飛魚，其狀如豚而赤文，服之不畏雷，可以禦兵。**

中 3-4

又東四十里，曰宜蘇之山〔註16〕。沅曰：山在今河南河南孟津縣界。《水經注》云：庸庸水出河南垣縣宜蘇山。案：「垣」當為「東垣」。《太平寰宇記》云：河清縣，宋東垣縣，在縣西南二十五里，今為孟津縣也。**其上多金玉，其下多蔓居之木。**未詳。**庸庸**〔註17〕**之水出焉，**音容。**而北流注于河，**沅曰：《水經注》云：河水東，正回之水入焉，又東合庸庸之水，水出河南垣縣宜蘇山，俗謂之長泉水，伊洛門也，其水北流分為二水，一水北入河，一水又東北流注于河。《太平寰宇記》云：河清縣，潏潏水在縣西南六十里。**是多黃貝。**

中 3-5

又東二十里，曰和山〔註18〕。沅曰：山當在今河南孟津縣界。《水經注》云：「河水東逕平縣故城北，有孟津之目，又東潗水入焉。」引此經云云。「《呂氏春秋》曰：夏后氏孔甲田於東陽萯山。皇甫謐《帝王世紀》以為即東首陽山也，蓋是山之殊目矣。今於首陽東山無

〔註14〕蔣本朱筆：《隋·地理志》：新安有魏山。
〔註15〕《孟津志》：橫水出洛陽新安，雨源，各流三里，至孟津韓良堡合而西流，又北流十里，注於河。即正回水。
〔註16〕蔣本朱筆：《孟津志》：蘇山在縣西七十里河清堡。
〔註17〕蔣本墨筆：庸庸，吳本作潏潏。朱筆：潏潏。又朱筆：潏潏水，今之河清水也。
〔註18〕蔣本朱筆：和山在縣西柿林堡。

水以應之，當是古今世殊，川域改狀矣。」**其上無草木而多瑤碧。實惟河之九都。**九水所潛，故曰九都。**是山也五曲，**曲回五重。**九水出焉，合而北流注于河，其中多蒼玉。**沅曰：《水經注》引此作「陽玉」。**吉神泰逢司之，**吉猶善也。沅曰：《玉篇》有𩲸字，云：神名。《廣韻》云：𩲸，大黃萯山神，能動天地氣，昔孔甲遇之。皆「泰逢」別字。**其狀如人而虎尾，**或作雀尾。**是好居于萯山之陽，出入有光。**

泰逢神動天地氣也。言其有靈爽，能興雲雨也。夏后孔甲田於萯山之下，天大風晦冥，孔甲迷惑，入於民室，見《呂氏春秋》也。沅曰：此疑周秦人釋語，舊本亂入經文，今別行。

中 3-0

凡萯山之首，自敖岸之山至于和山，沅曰：其山當在今河南河南、新安、孟津三縣界。**凡五山，四百四十里。其祠，泰逢、熏池、武羅，皆一牡羊副，**副，謂破羊骨磔之以祭也。見《周禮》。音悃幅之幅〔註 19〕。沅曰：「副」，《周禮》「大疈辜」作「疈」。本字當作「㔗」，見《說文》，云：以火乾肉。**嬰用吉玉。其二神，用一雄雞瘞之，糈用稌。**

沅曰：右《中次三經》，古本為第十七篇。

中 4-1

中次四經釐山之首，音狸。**曰鹿蹄之山**〔註 20〕。沅曰：山在今河南宜陽縣東南，一名非山。《水經注》云：山在河南陸渾縣故城西北，俗謂之修山。又云：世謂之非山。其山陰峻絕百仞，陽則原阜隆平。《太平寰宇記》：恆農縣有鹿蹄山。《九州要記》云：山中石上有自然鹿跡，非人功所為。又云：玉城縣，鹿蹄山在縣西南二里。**其上多玉，其下多金。甘水**〔註 21〕**出焉，而北流注于洛，**沅曰：《水經》云：甘水出弘農宜陽縣鹿蹏山。注云：水之所導，發于山曲之中，世人目之為甘棠，東北流，北屈逕故城東，在非山上，又與非山水會，又于河南城西北入洛，故京相璠曰：「今河南縣西南有甘水，北入洛。」**其中多泠石。**泠石，未聞也。泠或作涂。沅曰：泠石即涅石也，「泠」「涅」聲相近。舊本作「冷」，非。

中 4-2

西五十里，曰扶豬之山。沅曰：山在今河南宜陽縣鹿蹄山北。《水經注》云：南

〔註 19〕蔣本朱筆：愊，二同。
〔註 20〕蔣本朱筆：《隋・地理志》：與泰有鹿蹄山。
〔註 21〕蔣本朱筆：《洛陽志》：甘水在縣西南三十里入洛，源出宜陽。

則鹿蹏之山也。經云「西」者，蓋在西北。又案：《玉篇》引此作「狀睹之山」，非。**其上多礝石。**音耎。今鴈門〔註22〕中出礝石，白者如水〔註23〕半有赤色者。沇曰：「礝」當為「硬」。《說文》云：硬，石次玉者。《玉篇》引此又作「瑌」，非。傳「半有赤色」舊本作「水中有赤色」，今据《玉篇》改正。**有獸焉，其狀如貉而人目，**「貉」或作「貜」，古字。沇曰：《玉篇》云：貜同貉。是郭義也。經云「人目」，《玉篇》引作「八目」，非。**其名曰麐。**音銀。或作㹯。沇曰：《說文》無此字，見《玉篇》，引此。**虢水出焉，而北流注于洛**〔註24〕，沇曰：《水經注》云：洛水枝瀆逕河南縣王城西，又東出關，惠水右注之，又與虢水會，水出扶豬之山，北流注于洛水。**其中多瓀石。**言亦出水中。沇曰：「瓀」亦當為「硬」。

中 4-3

又西一百二十里，曰釐山。沇曰：山在今河南嵩縣西。〔註25〕**其陽多玉，其陰多蒐。**音搜。茅蒐，今之蒨草也。**有獸焉，其狀如牛，蒼身，其音如嬰兒，是食人，其名曰犀渠。滽滽之水出焉，而南流注于伊水。**沇曰：《水經》云：伊水又東北過陸渾縣南。注引此經云云。「今水出陸渾縣之西南王母澗，澗北山上有王母祠，故世因以名谿，東流注于伊水，即滽滽之水也。」又案：「滽」字《說文》所無，見《玉篇》。**有獸焉，名曰頡，**音蒼頡之頡。沇曰：即「獺」也。《文選·郭璞賦》有「賓獺」，李善注引此，字亦作「獺」。案：「頡」字《說文》《玉篇》所無，當只作「頡」或作「獺」。**其狀如獳犬**沇曰：李善注《文選》引此作「鱬」，無「犬」字，云：鱬，如珠切。今案：經文作「獳」是也。《說文》云：獳，怒犬皃，讀若耨。**而有鱗，其毛如彘鬣。**生鱗閒也。

中 4-4

又西二百里，曰箕尾之山。沇曰：疑即箕山，《史記》所云「有許由冢」者，在今河南登封縣東南，則在釐山之東二百里，經云西二百里，未敢定之。**多穀，多涂石，**沇曰：上鹿蹏山云多汵石，傳云「或作涂」，此云「多涂石」。案：《說文》云：淦或作汵。則「淦」「汵」一字，疑「涂」當為「淦」，亦涅石也。**其上多㻬珸之玉。**沇曰：「㻬」未詳何字之別，或當為「瑜」。「珸」當只作「珸」，珸尹是也。

〔註22〕蔣本墨筆：吳本鴈門下有山字。
〔註23〕水字蔣本朱筆校曰：冰。
〔註24〕蔣本朱筆：《河南府志》：虢水北入洛，在宜陽東十里。
〔註25〕蔣本朱筆：《嵩縣志》：在縣西二百里。

中 4-5

又西二百五十里，曰柄山。其上多玉，其下多銅。滔雕之水出焉，而北流注于洛，沅曰：此山、此水及下白邊山，案其道里只在宜陽、永寧、盧氏之境。徧考經傳，無著聞焉，或恐方俗尚有其名，以俟知者。**其中多羬羊。**沅曰：「羬」字當為「羬」。**有木焉，其狀如樗，其葉如桐而莢實，其名曰茇，可以毒魚。**茇一作艾。

中 4-6

又西二百里，曰白邊之山。其上多金玉，其下多青、雄黃。沅曰：青及雄黃二物也。

中 4-7

又西二百里，曰熊耳之山。今在上洛縣南。沅曰：郭說是也。山在今陝西洛南縣東南，河南盧氏縣西南，洛所經也。故經不云洛出。山在洛水南。《地里志》云：上洛，熊耳、獲輿山在東北。《水經》云：洛水東北過盧氏縣南。注云：鵤渠水出南陽渠山，即荀渠山也。荀渠蓋熊耳之殊稱也。又云：均水發源弘農郡之盧氏縣熊耳山，山南即脩陽、葛陽二縣界也。齊桓公召陵之會，西望熊耳，即此山也。《括地志》云：熊耳山在虢州，洛所經。見《史記正義》。又云：在虢州盧氏縣南五十里。此皆經文所稱之熊耳山也。又有熊耳山在河南宜陽縣西，山在洛水之北。《地里志》云：盧氏，熊耳山在東。鄭注《尚書》同。孔傳云：在宜陽之西。《水經》云：洛水東北過宜陽縣南。注云：洛水之北有熊耳山。此自別山，不與《禹貢》「導洛自熊耳」同。昔漢光武破赤眉，樊崇積甲仗與熊耳平，即是山也。考盧氏東即宜陽西，班、孔所說只一山。《水經注》云：在洛北也。又有熊耳山在商州西，則是誤會《禹貢》導洛之文而以讙舉為之。《淮南子》：洛出熊耳。高誘注云：熊耳山在京兆上洛縣西北。此又一山，與班、孔不合也。又，《荊州記》云：順陽、益陽二縣東北有熊耳山，東西各一峯如熊耳狀，因以為名，齊桓公、太史公登之。或云弘農熊耳，非也。見《史記索隱》。顏師古注《漢書》云：熊耳山在順陽縣北益陽縣東，非《禹貢》所云「導洛自熊耳」者也，其山兩峯狀若熊耳，因以為名也。案此二說似又有一熊耳。然考《水經注》云：盧氏熊耳山即齊桓公所登，山南即脩陽、葛陽二縣界。恐與盧氏之山為一也。經云熊耳在讙舉東六百五十里，又有浮豪之水出，故案之《水經注》定以為是盧氏、洛南二縣界洛水南之山也。**其上多漆，其下多椶。浮豪之水出焉，**沅曰：「豪」舊本作「濠」，非。今据《水經注》及劉昭注《郡國志》改正。《水經注》云：洛水經鵤渠關北，鵤渠水出南陽渠山，其水一源兩分，川流半解，一水西北流屈而東北入於洛——引此經云云——疑即是水也。今案：河南盧氏縣北有鐵嶺，是陽渠山，浮豪水當在此。**而西流**

注于洛，其中多水玉，<small>沅曰：劉昭注《郡國志》引此作「美玉」。</small>多人魚。有草焉，其狀如蘇而赤華，名曰葶藶，<small>亭寧、耵聹二音。沅曰：二字《說文》所無，見《玉篇》，云：細草。案：《爾雅・釋草》云：胊，芎藭。郭云：未詳。《說文》云：芎藭，胊也。疑即此。「葶藶」「芎藭」音同也。</small>可以毒魚。

中 4-8

又西三百里，曰牡山。<small>沅曰：《爾雅疏》引此作「牝山」，藏經本作「壯山」。</small>其上多文石，其下多竹箭、竹䈙，<small>沅曰：當為「媚」，見《水經注》。</small>其獸多㸲牛、羬羊，<small>沅曰：「羬」當為「麖」。</small>鳥多赤鷩。<small>音閉，即鷩雉也。</small>

中 4-9

又西三百五十里，曰讙<small>沅曰：劉昭注《郡國志》引此作「護」。</small>舉之山。<small>沅曰：山在今陝西雒南縣西北。《海內東經》云：洛水出上洛西山。《水經》云：洛水出京兆上洛縣讙舉山。《地里志》云：上雒，《禹貢》雒水出冢領山。今方志云：冢領即讙舉山也。山在今商州西北一百二十里，入雒南縣界。或云山即《地里志》「獲輿」，字形相似。劉昭引經又作「護」。沅案：《水經注》又云：洛水出讙舉山之東，歷清池山，自合門水、要水，又東與獲水合，水南出獲輿山。是為二山。《地里志》亦云：獲輿山在上雒東北。漢上雒郡，今雒南是，而洛水所出讙舉山則在縣西北，其不得為一山，明矣。</small>洛水出焉，<small>沅曰：舊本作「雒」，當是漢人改經字也。今從水。洛水出今陝西洛南縣西北冢領山，自渭南縣界流五里入縣境，俗名洛水泉。《爾雅》：水原曰泉。是其源也。</small>而東北流注于玄扈之水，<small>沅曰：《水經注》云：洛水會於龍餘之水，又東至楊虛山合玄扈之水，其水逕於楊虛之下。案：玄扈之水俗稱黑潭也，在今陝西雒南縣西八十里，東流逕楊虛之山南入于洛。</small>其中多馬腸之物。此二山者，洛閒也。<small>洛水今出上洛縣冢領山。《河圖》曰「玄扈洛汭」，謂此閒也。沅曰：玄扈山與讙舉山為二也。</small>

中 4-0

凡釐山之首，自鹿蹄之山至于玄扈之山，<small>沅曰：此經之山，自河南河南府西至陝西商州也。</small>凡九山，<small>沅曰：《水經注》云：玄扈亦山名也，而通與讙舉為九山之次焉，是知玄扈之水出於玄扈之山，蓋山水兼受其目矣。</small>千六百七十里。其神狀皆人面獸身。其祠之毛，用一白雞，祈而不糈，<small>言直祈禱。沅曰：當為「蘥而不禚」。</small>以采衣之。<small>以彩飾雞。沅曰：舊本「采」作「彩」，俗字，今改正。</small>

<small>沅曰：右《中次四經》，古本為第十八篇。</small>

中 5-1

中次五經薄山之首，沅曰：此薄山即山西蒲州山。《中次五經》之山與《中山經》同起薄山為次也。**曰苟牀之山。**或作苟林山。**無草木，多怪石。**怪石似玉也。《書》曰：鉛松怪石也。

中 5-2

東三百里，曰首山。沅曰：疑即蒲州首山。《水經注》云：黃帝採首山之銅，鑄鼎于荊山之下，荊山在馮翊，首山在蒲坂，與湖縣相連。**其陰多穀柞，草多茮芫。**茮，山薊也。芫，華中藥。**其陽多㻬琈之玉，木多槐。其陰有谷，曰机谷，多䳋**〔註 26〕**鳥，**音如鉗釱之釱。沅曰：「䳋」字《說文》所無，見《玉篇》。**其狀如梟而三目，有耳，其音如錄，**沅曰：《玉篇》引此作「如豕」。**食之已墊。**未聞。沅曰：《玉篇》引此作「亡熱」，然郭云未聞，則古本竟作「墊」也。又案：《九經字樣》云：𩅿，音店，寒也，傳曰「𩅿隘」。今經典相承作「墊」，則「墊」又「痁」字假音，當讀如「齊侯疥遂痁」之「痁」。

中 5-3

又東三百里，曰縣斸〔註 27〕**之山。**音如斤斸之斸。**無草木，多文石。**

中 5-4

又東三百里，曰蔥聾之山。無草木，多摩石。未詳。沅曰：「摩」當為「玤」。《說文》云：石之次玉。

中 5-5

東北五百里，曰條谷之山。其木多槐桐，其草多芍藥、虋冬。《本草經》曰：虋冬，一名滿冬。今作門，俗作耳。沅曰：「虋」當為「蘴」省文也。

中 5-6

又北十里，曰超山。其陰多蒼玉。其陽有井，冬有水而夏竭。

中 5-7

又東五百里，曰成侯之山。其上多櫄木，似樗樹，材中車轅。吳人呼櫄音輴

〔註 26〕䳋字蔣本墨筆：吳本䳋皆从犬。

〔註 27〕斸字蔣本墨筆：吳本斸皆从斤。

車，或曰輺車。沅曰：《說文》云：杶或作櫄。則即「杶」也。**其草多芁。**沅曰：《說文》云：芁，草盛也。

中 5-8

又東五百里，曰朝歌之山。沅曰：山疑在今河南淇縣，古朝歌地也。朝歌或當讀如淖渮，以地多水名之，非始自紂。經云「東」則當為「東南」也。**谷多美堊。**

中 5-9

又東五百里，曰槐〔註28〕山。沅曰：此云東，當是薄山之東，五百里亦太遠也。「槐」當為「穊」，即「稷」字古文，見《說文》，形相近字之誤也。稷山在今山西稷山縣。杜預注《左傳》云：河南聞喜有稷山。《元和郡縣志》云：稷山縣，稷山在縣南五十里。《太平寰宇記》云：安邑縣，稷山在縣東北六十七里，舊名玉山，后稷播時百穀于此，遂以名山，東自陝府夏縣界經縣十二里。引此經云云。亦作「稷」。**谷多金錫。**

中 5-10

又東十里，曰歷山。沅曰：即蒲州府南歷山。**其木多槐。其陽多玉。**

中 5-11

又東十里，曰尸山。沅曰：此云東十里，當錯簡也。山當在今陝西洛南縣北。《水經注》云：洛水與丹水合，又東尸水注之，水北發尸山，南流入洛。「尸」作「戶」，與此異。**多蒼玉，其獸多麖。**似鹿而小，黑色。沅曰：郭說非也。《爾雅》：麖，大鹿。《說文》云：牛尾一角，或從京。〔註29〕則此是大鹿，凡云「京」皆大也，郭義失之。**尸水出焉，南流注〔註30〕于洛水，**沅曰：《水經注》作「戶水」，水當在今洛南縣界。疑即今縣西北階谷川也。**其中多美玉。**

中 5-12

又東十里，曰良餘之山。沅曰：山在今陝西華陰縣西南二十里。《太平寰宇記》云：華陰縣，餘糧山在縣西南三十里。作「餘糧」，同。**其上多穀柞，無石。餘水出於其陰，而北流注于河。**沅曰：《水經》云：渭水又東過鄭縣北。注云：渭水又東，餘水

〔註28〕槐字蔣本墨筆：吳本作槐。
〔註29〕此句蔣本墨筆校作：《爾雅》云：麖，大鹿，牛尾一角。《說文》或從京。
〔註30〕流注二字，原作注流，倒誤，據初刻本、集解本、集成本改。

注之，水南出良餘山之陰，北流入於渭河，俗謂之宣水也。經云「注河」者，蓋合渭而入河。**乳水出于其陽，而東南流注于洛。**沅曰：《水經注》云：戶水入洛，洛水又東得乳水，水北出良餘山南，南流注于洛。今山在華陰、洛南二縣界，有水名搆谷川，南流至洛南縣保安邨入洛，楚人言「搆」「乳」音相近，疑即乳水也。志家以良餘山為秦望山，在商州南，乳水為楚水，則大誤也。

中 5-13

又東南十里，曰蟲尾之山。沅曰：山亦見《水經注》，作「蟲尾」，當在今陝西洛南縣南，俗失其名。**多礪石、**沅曰：同「厲」。**赤銅。龍餘之水出焉，而東南流注于洛。**沅曰：《水經注》云：洛水得乳水，又東會于龍餘之水，水出蟲尾之山，東流入洛。今不詳此水何名也。

中 5-14

又東北二十里，曰升山。沅曰：山當在今陝西華陰縣西南，即《太平寰宇記》之車箱谷。**其木多穀、柞、棘，其草多藷藇、蕙，**蕙，香草也。**多寇脫。**寇脫草生南方，高丈許，似荷葉而莖中有瓤正白，零桂人植而日灌之以為樹也。**黃酸之水出焉，而北流注于河，**沅曰：《水經注》云：渭水東合黃酸之水，世名之為千渠水，水南出升山，北流注于渭。今水在華陰縣西南車箱谷北，水出而北流，逕長城鋪，右合仙谷水，北入于渭。經云入河，亦合渭而入河也。**其中多璇玉。**石次玉者也。荀卿曰：璇玉瑤珠不知佩。璇音旋。沅曰：當為「琁」，見《說文》。

中 5-15

又東十二里，曰陽虛之山。沅曰：山在今陝西洛南縣。《水經注》云：洛水東至楊虛山，合玄扈之水。又曰：玄扈之水逕於楊虛之下。《隋書・地理志》：洛南有楊靈山。「靈」當為「虛」。山在升山西南，經云又東，未詳也。**多金。臨于玄扈之水。**〔註31〕《河圖》曰：蒼頡為帝，南巡狩，登陽虛之山，臨於玄扈洛汭，靈龜負書，丹甲青文，以授之。出此水中也。沅曰：《水經注》引此本有「是為洛汭」四字，今本無之。玄扈山在今陝西雒南縣西北。《隋書・地理志》云：雒南有玄扈山。《太平寰宇記》云：雒南縣，玄扈山在縣西北一百里。

〔註31〕蔣本朱筆：《河南通志》：永寧西五十里有陽虛山。又云：元滬水在永寧西五十里，出陽虛山，北流入洛。

中 5-0

凡薄山之首，自苟林之山至于陽虛之山，沇曰：此經之山，自山西蒲州府西南至于陝西商州也。凡十六山，二千九百八十二里。升山，冢也，其祠禮，太牢，嬰用吉玉。首山，魅也，其祠，用稌、黑犧、太牢之具、糵釀，以糵作醴酒也。干儛，干儛，萬儛。干，楯也。沇曰：當為「舞」，此俗字。置鼓，擊之以儛。嬰用一璧。尸水，合天也；天，神之所馮也。肥牲祠之，用一黑犬于上，用一雌雞于下，刉一牝羊，獻血，以血祭也。刉，猶刲也。《周禮》曰：刉珥奉犬牲。嬰用吉玉，采之，又加以繒彩之飾也。沇曰：舊本作「彩」字，俗。饗之。勸強之也。《特牲饋食禮》曰「執奠，祝饗」是也。

　　沇曰：右《中次五經》，古本為第十九篇。

中 6-1

中次六經縞羝山之首，曰平逢之山。沇曰：山即北邙山，在今河南河南府西南。《太平寰宇記》云：河南縣，芒山在縣地北〔註32〕十里，一名平逢山。亦郊山之別名。《水經注》引作「蓬」。南望伊洛，東望穀城之山。在濟北穀城縣西，黃石公石在此山下，張良取以合葬耳。沇曰：郭云在濟北，非也。山在河南洛陽縣西北。《左傳》：單子伐穀城。杜預曰：在縣西。至漢為縣，或俱以山得名與？無草木，無水，多沙石。有神焉，其狀如人而二首，名曰驕蟲〔註33〕，是為螫蟲，為螫蟲之長。實惟蜂蜜沇曰：「蜂」當為「蠭」，此省文；「蜜」本字為「䖵」，此或作字，見《說文》也。之廬。言臺蜂之所舍集。蜜，赤〔註34〕蜂名。其祠之，用一雄雞，禳而勿殺。禳，亦祭名，謂禳卻惡氣也。

中 6-2

西十里，曰縞羝之山。無草木，多金玉。

中 6-3

又西十里，曰廆山。音如瓊瑋之瓊。沇曰：「廆」即「瘣」字省文。山當在今河南河南縣西。《隋·地理志》：新安有魏山，有孝水。「魏」「廆」音同也。新安與河南接境。其陰多琈珧沇曰：「珧」當為「孚」。之玉。其西有谷焉，名曰雚谷。其木多柳楮。其中有鳥焉，狀如山雞而長尾，赤如丹火而青喙，名曰鴒鵌，鈴要二音。

〔註32〕北字本脫。
〔註33〕蔣本朱筆：《說文》云：螹，蟲也。《玉篇》云：螹，毒蟲也，同驕。
〔註34〕赤字蔣本朱筆校曰：亦。

沅曰：即脊令也。《詩傳》云：飛則鳴，行則搖。「搖」「鶺」聲相近，俗寫為此字。《詩》「脊令」字亦不从鳥。其鳴自呼，服之不眯。交觸之水出于其陽，沅曰：舊本作「交觴」。《水經注》引此作「交觸」，云：洛水東出關，惠水右注之，惠水又東南，謝水東南流，又有交觸之水北出虒山，南流俱合惠水，惠水又南流，逕關城北二十里。案：此水名交觸者，以水入惠水之處，適當謝水之交也。而南流注于洛。沅曰：《水經注》云合惠水而入洛，經云入洛者質詞。俞隨之水出于其陰〔註35〕，沅曰：《水經注》云：少水注於穀，穀水又東，俞隨之水注之——引此經云云——世謂之孝水也。潘岳《西征賦》：藻孝水以濯纓，美嘉名之在茲。是水在河南城西十餘里。又，《字林》曰：孝水在河南郡。見李善《文選注》。水今在河南新安縣東一十二里東入澗。而北流注于穀水。沅曰：《水經注》云：孝水，戴延之言在函谷關西，劉澂之又云出檀山，檀山在宜陽縣西，在穀水南，無南入之理，考尋茲說，當承緣生《述征》謬誌耳。

中 6-4

又西三十里，曰瞻諸之山〔註36〕。沅曰：山當在今河南河南縣西，見《水經注》。《玉篇》引此作「瞻渚」。其陽多金，其陰多文石。謝水出焉，音謝。沅曰：「謝」，《水經注》引此作「謝」，以郭音言之，當是晉時已有「謝」字也。「謝」字《說文》所無，見《玉篇》。《水經注》云：洛水自枝瀆出關，惠水右注之，惠水又東南，謝水北出瞻諸之山，東南流。而東南流注于洛。沅曰：按《水經注》，謝水會交觸之水，南流俱合惠水，逕關城北二十里，又南流入於洛水。經逕言入洛，質也。少水出其陰，沅曰：《水經注》云：波水注于穀，穀水又東，少水注之——引此經云云——控引眾谿，積以成川，東流注于穀，世謂之慈澗也。又云：今孝水東十里有水，世謂之慈澗，又謂之澗水，桉《山海經》則少水也，而非澗水，蓋習俗之誤耳。而東流注于穀水。世謂之〔註37〕慈澗。沅曰：此傳疑後人以《水經注》附入。

中 6-5

又西三十里，曰婁涿之山〔註38〕。沅曰：山當在今河南永寧縣。無草木，多金玉。瞻水出于其陽，沅曰：《水經注》云：惠水出白石山之陽，東南流與瞻水合，水

〔註35〕 蔣本朱筆：《河南通志》：孝水在今洛陽西二十五里。
〔註36〕 蔣本朱筆：《新安志》：瞻諸山在縣東南二十里。
〔註37〕 之字本脫，蔣本朱筆校增，又墨筆：吳本世謂下有之字，据下文世謂之百荅水句，則之字應有。
〔註38〕 蔣本朱筆：《新安志》：鏤腳山在縣東南二十里。即此。

東出婁涿之山而南流入惠水。**而東流注于洛。**沅曰：蓋入惠而入洛也。**波水出于其陰，**世謂之百苔水。沅曰：「波」舊本作「陂」，今据《水經注》改正。傳所云云，非郭語也。《水經注》云：澗水注于穀，穀水又東，波水注之，世謂之百苔水，北流注于穀。**而北流注于穀水，其中多茈石、文石。**

中 6-6

又西四十里，曰白石之山〔註 39〕。沅曰：山在今河南澠池縣東北二十三里。《水經》云：澗水出新安縣南白石山。注云：世謂是山曰廣陽山。《太平寰宇記》云：澠池縣，廣陽山在縣東北二十里，亦名河池山。**惠水出于其陽，**沅曰：《水經注》云：洛水自枝瀆又東出關，惠水右注之，世謂之八關水，戴延之《西征記》謂之八關澤，出白石山之陽，東南流與瞻水合，又東南，謝水東南流，又有交觸之水南流，俱合惠水，惠水又南流逕關城北，二十里者也，其城西阻塞垣，東枕惠水，其水又南流入於洛水。桉：其水在今河南新安縣東北也。**東南流注于洛，**沅曰：舊本「東」作「而」，据《水經注》改正。**其中多水玉。澗水出于其陰，**《書》曰：伊洛瀍澗。沅曰：《說文》云：澗水出弘農新安，東南入洛。《水經》云：澗水出新安縣南白石山。《水經注》云：世謂是水曰赤岸水，亦曰石澗。又云：廣陽川水出廣陽北山。《括地志》云：澗水原出洛州新安縣東白石山，東北與穀水合流。見《史記正義》。**西北流注于穀水，**沅曰：《說文》《水經》云入洛。《水經注》引此無「西」字，云：穀水東經缺門山，自門而東，廣陽川水注之。則是合穀而入洛，云入穀是也。**其中多糜石、櫨丹。**皆未聞。沅曰：《說文》云：宅櫨木出弘農山。疑謂此也。

中 6-7

又西五十里，曰穀山。沅曰：山在今河南澠池縣南，見《水經注》。《太平寰宇記》云：澠池縣，穀山在縣南八十里。**其上多穀，其下多桑。爽水出焉**〔註 40〕，世謂之紵麻澗。沅曰：此非郭傳也。《水經注》云：穀水東北逕函谷關城東，右合爽水——引此經云云——世謂之紵麻澗，北流注於穀。**而西北流注于穀水，其中多碧綠。**

中 6-8

又西七十二里，曰密山〔註 41〕。今滎陽密縣亦有密山，疑非也。沅曰：水山在

〔註 39〕 蔣本朱筆：《河南通志》：白石山在新安縣城，瀍河南。又云：惠水在延秋鎮西，宜陽境內。

〔註 40〕 蔣本朱筆：《河南通志》：穀水屈逕函谷關東，又東北，爽水北流注之，即八陡山西溪水。

〔註 41〕 蔣本朱筆：《新安志》：密山在縣南十五里，豪水出焉，即鐵里溝水。

今河南新安縣。《水經注》云：洛水東逕九曲南，豪水出新安縣密山。**其陽多玉，其陰多鐵。豪水出焉，而南流注于洛。**沅曰：《水經注》云：洛水東逕九曲南，又東與豪水會，南流歷九曲東，而南流入于洛。今宜陽縣東三十里有九曲城也。**其中多旋龜，其狀鳥首而鼈尾，其音如判木。無草木。**

中 6-9

又西百里，曰長石之山。沅曰：山在今河南新安縣。《新唐書‧地理志》云：西南有長石山。《太平寰宇記》云：容州陸川縣鳴石山。引此云即是，非也。**無草木，多金玉。其西有谷焉，名曰共谷，多竹。共水出焉**〔註42〕，**西南流注于洛，**沅曰：洛水東逕宜陽故城南，又東共水入焉，共水南流，得尹谿口，其水在西南與左澗水會，又南與李谷水合，其水世謂石頭泉，而西流注于洛。**其中多鳴石。**晉永康元年，襄陽郡上鳴石，似玉，色青，撞之聲聞七八里。今零陵泉陵縣永正鄉有鳴石二所，其一狀如鼓，俗因名為石鼓。即此類也。沅曰：郭說非也。言可以為磬。

中 6-10

又西一百四十里，曰傅山。沅曰：山在今河南宜陽縣西。《水經注》云：洛水東逕宜陽縣故城南，又東厭梁之水出縣北傅山大陂。**無草木，多瑤碧。厭梁**沅曰：舊本作「染」，据《水經注》引此作「梁」。**之水出于其陽，而南流注于洛，**沅曰：洛水東與厭梁之水合，其水自陂北流，屈而東注，世謂之五延水，又東南流逕宜陽縣故城東，東南流注于洛。〔註43〕**其中多人魚。其西有林焉，名曰墦冢。**音番。沅曰：《水經》云：穀水出弘農澠池縣南墦冢林穀陽谷口。注云：今穀水出于崤東馬頭山穀陽谷。《元和郡縣志》云：永寧縣，穀陽山在縣北五十里。**穀水出焉，而東流注于洛，**今穀水出穀陽谷，東北至穀城縣入洛河。沅曰：《元和郡縣志》云：新安縣，穀水在縣南二里。水今在河南永寧縣北七十里。**其中多珚玉。**未聞也。珚音堙。沅曰：《廣雅》云：珛，珚玉。曹憲音渠慜。《玉篇》云：珚，齊玉，奇殞切。《太平御覽》引此正作「珚」，是與《廣雅》合也。然《說文》無「珚」字。《水經注》引此又作「珉」。

中 6-11

又西五十里，曰橐山。沅曰：山在今河南陝州東五十里。《水經》云：河水又北，

〔註42〕蔣本朱筆：《河南通志》：共水即今柳泉鎮水，在宜陽西二十五里。
〔註43〕蔣本朱筆：《河南通志》：汪澤水在宜陽西四十里，自澠池流經宜陽，入洛。即厭染水。

過陝縣北。注云：有囊水出囊山。**其木多樗，**沅曰：「樗」當為「枰」。《說文》云：枰，木，出囊山。謂此。**多楠木。**今蜀中有楠木，七八月中吐穗，穗成如有鹽粉著狀，可以酢羹。音備。沅曰：郭說非也。《管子‧地員篇》云：高陵土山命曰縣泉，其地不乾，其木乃楠。是其義。「楠」字《說文》所無，見《玉篇》。又案：《說文》：糒，乾也。此蓋乾木，疑當借「糒」為之。又，《太平御覽》引此作「橘」，云：音謢。**其陽多金玉，其陰多鐵，多蕭。**蕭，蒿，見《爾雅》。**囊水出焉，而北流注于河，**沅曰：《水經注》云：囊水出囊山，西北流出谷，謂之漫澗，西逕陝縣故城南，又西北逕陝城西，西北入于河。水今在河南陝州城南，一名永定澗，亦曰漫澗，以其流遲。**其中多脩辟之魚，狀如黽**黽，蛙屬也。**而白喙，其音如鷗，食之已白癬。**

中 6-12

又西九十里，曰常烝之山。沅曰：山當在今河南陝州。《水經注》云：常烝之山俗謂之干山，山在陝城南八十里。**無草木，多堊。湅水出焉，**音譙。沅曰：亦焦水也。《水經注》云：河水東合湅水，水導源常烝之山，其川二源雙導，同注一壑，而西北流注于河。《括地志》云：焦城在陝城內，東北百步，因焦水為名，周同姓所封。見《史記正義》。案：經字亦作「譙」云。**而東北流注于河，其中多蒼玉。菑水出焉，**沅曰：亦曹水也。《水經注》云：會水西北流入于河，河水又東，菑水注之，水出常烝之山，西北逕曲沃城南，又屈逕其城西，西北入河。又云：潘岳《西征賦》曰「憩於曹陽之墟」，以《山海經》求之，「菑」「曹」字相類，是或有「曹陽」之名。顏師古注《漢書》云：曹水出陝縣西南峴頭山，而北流入河，今謂之好陽澗。**而北流注于河。**

中 6-13

又西九十里，曰夸父之山。沅曰：山一名秦山，在今河南靈寶縣東南。《水經注》云：槃澗水出湖縣夸父山。《元和郡縣志》云：湖城縣，夸父山在縣南三十五里。**其木多椶柟，多竹箭，其獸多牸牛、羬羊，其鳥多鷩。其陽多玉，其陰多鐵。其北有林焉，名曰桃林，**沅曰：今在河南閿鄉縣舊閿鄉。《春秋傳》有桃林之塞。高誘注《呂氏春秋》云：桃林蓋在華陰西長城是。《水經注》云：《三秦記》曰，桃林塞在長安東四百里。晉灼云在弘農南閿鄉中，應劭《十三州記》云弘農有桃丘聚，古桃林。見《史記索隱》。《括地志》云，桃林在陝州桃林縣，西至潼關皆為桃林塞地也。見《史記正義》。**是廣員三百里，其中多馬。**桃林，今弘農湖縣閿鄉南谷中是也，饒野馬、山羊、山牛也。沅曰：案《史記》云：造父取桃林盜驪、綠耳，獻之穆王也。**湖水出焉，而北流注于河，**沅曰：《水經注》

云：湖水出桃林塞之夸父山，又北逕湖縣東，而北流入于河。《史記》云：黃帝鑄鼎于荊山下，鼎既成，有龍垂胡髯〔註44〕下迎黃帝，百姓仰望，黃帝既上，乃抱其弓與龍胡髯，故後世因名其地曰鼎胡。《括地志》曰：湖水原出虢州湖城縣南二十五里夸父山，北流入河，即鼎湖也。見《史記正義》。案此知湖縣之名以此水，此水之名又以黃帝也。水在今閿鄉縣西。**其中多瑉玉。**沅曰：「瑉」字《說文》《玉篇》所無，疑當為「瑉」，《廣雅》有之。

中 6-14

又西九十里，曰陽華之山。沅曰：今名陽華藪，在陝西華陰縣東南至潼關是也。《呂氏春秋》「九藪」云：秦之楊華。高誘注云：或曰〔註45〕在華陰西。又云：桃林，西長城是也。《秦地道記》云潼關是也。案《爾雅》云：秦有楊陓。《海內北經》云：陽汙之山。《淮南子》云：禹治水，以身解於陽盱之河。皆即此。**其陽多金玉，其陰多青雄黃。其草多諸藇。多苦辛，其狀如楸，**即楸字也。**其實如瓜，其味酸甘，食之已瘧。楊水出焉，而西南流注于洛，**沅曰：《水經注》云：門水東北歷鴻關，又東北歷邑川，二水注之，左水出於陽華之陽，東北流逕盛牆亭東，東北流與右水會。案：經云注洛，蓋合絔姑之水入門水，又注〔註46〕于洛也。**其中多人魚。門水出焉，而東北流注于河，**沅曰：《水經注》云：河水東合柏谷水，又東右合門水，門水又北逕弘農縣故城東，其水側城北流而注於河。**其中多玄礵。**黑砥石，生水中。**絔姑之水出于其陰，**絔音藉。**而東北**沅曰：舊本無「北」字，今据《水經注》有。**流注于門水，**沅曰：《水經注》云：左水出於陽華之陽，東北流與右水合，右水出陽華之陰，東北流逕盛牆亭東，東北與左水合，即《山海經》所謂「絔姑之水出於陽華之陰，東北流注於門水」者也；又東北爥水注之，爥水又北入門水，水之左右即函谷山也。**其上多銅。門水出于河，七百九十里入洛水。**沅曰：《水經注》云：洛水合武里水，又東門水出焉，《爾雅》所謂洛別為波也。又云：門水即洛水之支流者也，洛水自上洛縣東北於拒陽城之西北分為二水，枝渠東北出為洛水也，門水又東北歷陽華之山，又東北歷峽謂之鴻關；余案，上洛有鴻關圍池，故謂斯川為鴻臚澗。《太平寰宇記》云：恆農縣，鴻臚川一名門水，在縣西一里，西南自朱陽縣界入，又東北歷峽，謂之鴻關，東有城，即關亭也。又案：舊本「洛」作「雒」，漢改亂之。

中 6-0

凡縞羝山之首，自平逢之山至于陽華之山，沅曰：此經之山，自河南西至

〔註44〕髯字初刻本字从須不从髟。
〔註45〕曰字本脫。
〔註46〕注字初刻本作于。

陝州，又西至陝西華陰也。**凡十四山，七百九十里。嶽在其中，**沉曰：《爾雅》云：
華山為西嶽。**以六月祭之，**六月亦歲之中。**如諸嶽之祠法，則天下安寧。**

　　沉曰：右《中次六經》，古本為第二十篇。

中 7-1

　　中次七經苦山之首，曰休與之山。與或作輿，下同。沉曰：山在今河南靈寶縣。
劉昭注《郡國志》「桃林」云：《博物志》曰在湖縣休與之山。**其上有石焉，名曰帝臺之
棋，**帝臺，神人名。棋，謂博棋也。沉曰：言基址。**五色而文，其狀如鶉卵。帝臺
之石，所以禱百神者也，**禱祀百神則用此石。**服之不蠱。有草焉，其狀如蓍，
赤葉而本叢生，名曰夙條，可以為簳。**中箭笥也。沉曰：當只作「榦」。

中 7-2

　　東三百里，曰鼓鍾之山〔註47〕。沉曰：山名鍾山，在今河南陸渾縣西南三十里。
別有鼓鍾峽，在山西垣曲縣。《水經注》引此經以為即山西鼓鍾山，案其道里，非也。見《中山
經》「鼓鐙山」注。**帝臺之所以觴百神也。**舉觴燕會則於此山，因名為鼓鍾也。今案其
山在伊闕西南。沉曰：已上九字舊本脫文。《初學記》引郭注有。**有草焉，方莖而黃華，
員葉而三成，**葉三重也。**其名曰焉**〔註48〕**酸，可以為毒。**為，治。**其上多礪，**
沉曰：當為「厲」。**其下多砥。**

中 7-3

　　又東二百里，曰姑媱之山〔註49〕。音遙。或無「之山」字。沉曰：《文選注》
引此作「瑤」，《博物志》作「古瞀山」，俗本《博物志》譌「古瞀」為「右詹」。又案《穆天子
傳》：天子至于重壁之臺乃休，天子乃周姑繇之水，以環喪車。疑即此。**帝女死焉，其名
曰女尸，**沉曰：李善注《文選》云：宋玉《高唐賦》曰：「我，帝之季女，名曰瑤姬，未行而
亡，封于巫山之臺，精神為草，實曰靈芝。」又云：《襄陽耆舊傳》云：「赤帝女曰姚姬，未行
而卒，葬于巫山之陽。」**化為䔄草，**沉曰：《博物志》作「化為䔄草」，是，今本又譌「䔄」
為「詹」。**其葉胥成，**言葉相重也。瑤與䔄並音遙。沉曰：舊本云「亦音遙」，今据《文選注》
引云「瑤與䔄並音遙」。**其華黃，其實如兔丘，**兔丘，菟絲也，見《爾雅》。沉曰：《博
物志》云：實如豆。**服之媚于人。**為人所愛也。《傳》曰：人服媚之如是。一名荒夫草。

〔註47〕蔣本朱筆：《隋·地里志》：與泰有鍾山。
〔註48〕焉字蔣本朱筆校曰：烏。
〔註49〕蔣本朱筆：《河南通志》：女几山俗呼化姑山。即此。在宜陽西九十里。

中 7-4

又東二十里，曰苦山〔註50〕。有獸焉，名曰山膏，沅曰：即山都也。其狀如逐，即「豚」字。沅曰：借「遯」字為之，「逐」又「遯」省文。赤若丹火，善詈。好罵人。其上有木焉，名曰黃棘，黃華而員葉，其實如蘭，服之不字。字，生也。《易》曰：女子貞，不字。有草焉，員葉而無莖，赤華而不實，名曰無條，服之不癭。

中 7-5

又東二十七里，曰堵山。神天愚居之。是多怪風雨。其上有木焉，名曰天楄，音鞭。沅曰：楄，《說文》云：楄部，方木也。以其方莖故名之。方莖而葵狀，服者不哽。食不噎也。

中 7-6

又東五十二里，曰放皋之山〔註51〕。放或作效，又作牧。沅曰：山在今河南魯山縣北。《水經注》：明水出梁縣西狼皋山——引此云云——汝水自狼皋東出峽，謂之汝阨也。《太平寰宇記》云：伊陽縣，鳴皋山在縣南三十里。又，《元和郡縣志》云：陸渾縣，明皋山在縣東北十五里。疑非。明水〔註52〕出焉，南流注于伊水，沅曰：《水經》云：伊水又東北過新城縣南。注云：明水出梁縣西狼皋山，俗謂之石澗水，西北流逕楊亮壘南，西北合康水，亦出狼皋山，東北流逕范塢北與明水合，又西南流入于伊。其中多蒼玉。有木焉，其葉如槐，黃華而不實，其名曰蒙木，服之不惑。有獸焉，其狀如蜂，枝尾而反舌，善呼，好呼喚也。其名曰文文。

中 7-7

又東五十七里，曰大苦之山。沅曰：山在今河南登封縣北，「東」者當是「東北」，五十七里亦太近。「大苦」舊本譌作「大罟」，唐宋字書無此字，據《水經注》《爾雅注》《初學記》《太平寰宇記》引此皆作「大苦」，今從之。《水經注》云：狂水出陽城縣之大苦山。《太平寰宇記》云：潁陽縣有大苦山。多㻬琈之玉，多麋玉。未詳。沅曰：「麋」當為「𤩈」，即珚玉。古字少，借「麋」為之。作「㻬」非。有草焉，其狀〔註53〕如楡，方

〔註50〕蔣本朱筆：《河南通志》：太山一名岳頂山，在宜陽。
〔註51〕蔣本朱筆：《河南通志》：鳴皋山即九皋山，在嵩縣東北五十里。
〔註52〕蔣本朱筆：《河南通志》：明水，俗呼發㴪河。
〔註53〕蔣本墨筆：吳本其狀下有葉字。

莖而蒼傷，其名曰牛傷，猶言牛棘。其根蒼文，服者不厥，厥，逆氣病。沅曰：依義當為「欨」。厥，發石，字見《說文》。可以禦兵。其陽狂水出焉，西南流注于伊水，沅曰：《水經注》云：狂水出陽城縣之大苦山，又西逕綸氏故城南，左與倚薄山水合，又東八〔註54〕風谿水注之，又西得三交水口，又西逕缶曹山北，西南與滭水合，又西經滭陽城南，又西逕當階城南，而西流注于伊。其中多三足龜，今吳興陽羨縣有君山，山上有池，水中有三足六眼龜。鼈黽〔註55〕三足者名賁，出《爾雅》。食者無大疾，可以已腫。

中 7-8

又東七十里，曰半石之山〔註56〕。沅曰：山在今河南偃師縣東南。《水經注》云：伊水又北逕高都城東，來儒之水出於半石之山。《太平寰宇記》云：緱氏縣，半石山在縣南十五里。案：緱氏，今偃師西南境也。其上有草焉，生而秀，其高丈餘，赤葉赤華，華而不實，初生先作穗，卻著葉，花生穗間。其名曰嘉榮，服之者不霆。不畏雷霆霹靂也。音廷搏之廷。來需之水出于其陽，而西流注于伊水，沅曰：《水經注》引此作「儒」，云：出於半石之山，西南流逕斌輪城北，西歷其澗，以其水西流，又謂之小狂水也，其水又西逕大石嶺南，山在洛陽南，又西南逕赤眉城南，又西至高都城東，西入伊水，謂之曲水也。案：其地當在今河南洛陽、伊陽之界。其中多鮦魚，音倫。黑文，其狀如鮒，食者不睡。合水出于其陰，而北流注于洛。〔註57〕沅曰：《水經》云：洛水東過洛陽縣南。注云：合水南出半石之山，北逕合水隖，而東北流注於公路澗，合水北與劉水合，水出半石東山，合水又北流注於洛也。案：其水在今河南洛陽縣東南。多螣魚，音螣。沅曰：此字《說文》所無，見《玉篇》云：魚，似鮐。李善注《文選》引此又作「鰠」。狀如鱖，居逵，鱖〔註58〕，魚，大口，大目，細鱗，有斑彩。逵，水中之穴道交通者。鱖音劇。蒼文赤尾，食者不癰，可以為瘻。瘻，癭屬也，水中有蟲〔註59〕。《淮南子》曰：雞頭已瘻。音漏。

〔註54〕八字初刻本作入。
〔註55〕黽字蔣本朱筆校曰：龜。墨筆曰：黽，吳本亦寫為龜。
〔註56〕蔣本朱筆：《河南府志》：即萬安山，一名石林山。馬融《廣成苑賦》：金門石林殷起乎其中。
〔註57〕蔣本朱筆：《河南府志》：伊水東北入偃師，合水北流注之，水今出青蘿山，有二源，至姬家村合流，是為合水。
〔註58〕鱖本誤作厥。
〔註59〕蔣本墨筆：注水中有蟲：吳本作中多有蟲。琮按：此說瘻中有蟲也，水容器誤。（最後四字不知所謂，或辨字不準。）

中 7-9

又東五十里，<small>沅曰：又東者，東南也。</small>曰少室之山。<small>今在河南陽城西，俗名泰室。沅曰：山在今河南登封縣西。《淮南子‧墬形訓》云：少室、大室在冀州。高誘注曰：少室、大室在陽城，嵩高下之別名。戴延之《西征記》云：東謂大室，西謂少室，相去十五里，「嵩山」其總名也。見《初學記》。《括地志》曰：嵩高山一名太室山，一名外方山，在洛州陽城縣北二十三里也。見《史記正義》。</small>百草木成囷。<small>未詳。</small>其上有木焉，其名曰帝休，葉狀如楊，其枝五衢，<small>言樹枝交錯，相重五出，有象衢路也。《離騷》曰：靡萍九衢。</small>黃華黑實，服者不怒。<small>沅曰：楊炯《少室山少姨廟碑》云：驗於《山海經》，黃花不落。案此無「不落」文，惟云「服者不怒」，疑炯之誤。</small>其上多玉，<small>此山巔亦有白玉膏，得服之即得仙道，世人不能上也，《詩含神霧》云。</small>其下多鐵。休水出焉，而北流注于洛，<small>沅曰：《水經注》云：洛水直偃師故縣南，與緱氏分水，又東，休水自南注之，其水導源少室山，西流經穴山南，又西南北屈，潛流地下，其故瀆北屈出峽，謂之大穴口，北歷覆釜堆東，又東屈零星塢，水流潛通，重源又發，側緱氏原，又逕延壽城南，緱氏縣治，又西轉北屈，逕其城西，又北流注于洛水。案：在今河南偃師縣東南界。</small>其中多𩶉魚，<small>沅曰：即兒魚，字亦作「鯷」，此作「𩶉」俗字也。</small>狀如盩蜼<small>未詳。盩音俯。沅曰：「盩」字从攴从血。舊本作「盭」，誤，《漢書》亦有之，今改正。</small>而長距，足白而對，<small>未詳。</small>食者不蠱，可以禦兵。

中 7-10

又東三十里，曰泰室之山。<small>即中嶽嵩高山也，今在陽城縣西。沅曰：今在河南登封縣北也。</small>其上有木焉，葉狀如梨而赤理，其名曰栯木，<small>音郁。沅曰：此字《說文》所無，見《玉篇》，云：於六、於九二切。引此。</small>服者不妒。有草焉，其狀如荒，<small>荒似薊也。</small>白華黑實，澤如蘡薁，<small>言子滑澤。沅曰：「蘡」當為「嬰」。《說文》云：薁，嬰薁也。《玉篇》有「蘡」字，非。又，《廣雅》云：燕薁，蘡舌也。</small>其名曰蓇草，服之不昧。上多美石。<small>次玉者也。啟母化為石而生啟在此山，見《淮南子》。</small>

中 7-11

又北三十里，曰講山〔註60〕。其上多玉，多柘，多柏。有木焉，名曰帝屋，葉狀如椒，反傷，赤實，<small>反傷，刺下勾也。</small>可以禦凶。

〔註60〕蔣本朱筆：《河南府志》：講山西接俗呼瓦屋川北，下有洞，俗呼百葉洞。

中 7-12

又北三十里，曰嬰梁之山〔註61〕。上多蒼玉，錞于玄石。言蒼玉依黑石而生也。或曰，錞于，樂器名，形似椎頭。

中 7-13

又東三十里，曰浮戲之山〔註62〕。沅曰：山當在今河南汜水縣東。《水經》云：河水又東，逕成皋縣北。注云：汜水南出浮戲山，世謂之方山。《元和郡縣志》云：汜水縣，汜水出縣東三十二里浮戲山。有木焉，葉狀如樗而赤實，名曰亢木，食之不蠱。汜水出焉，而北流注于河。沅曰：《郡國志》云：成皋有汜水。《水經注》云：汜水南出浮戲之山，北流合東關水，又北右合石城水，又北合鄤水，又北逕虎牢城東，又北流合於河。案：此汜字從戊己之己，讀如似，與定陶汜水異，彼讀如泛。其東有谷，因名曰蛇谷。言此中出蛇，故以名之。上多少辛。〔註63〕細辛也。

中 7-14

又東四十里，曰少陘之山。沅曰：山在今河南滎陽縣東南。《水經注》云：濟水右受黃水，黃水北至故市縣，重泉水注之，水〔註64〕出京城西南少陘山。《新唐書·地理志》云：許州長葛有小陘山。《太平寰宇記》云：滎陽縣，嵩渚山一名小陘山，俗名周山，在縣南三十五里。有草焉，名曰蒝草，音剛。沅曰：「蒝」字《說文》所無，見《玉篇》。葉狀如葵而赤莖白華，實如蘡薁，食之不愚。言益人智。器難之水出焉，或作罍。沅曰：《水經注》云：索水出京城西南嵩渚山，即古旃然水也，其水東北流，器難之水注之，其水北流逕金亭，又北逕京縣故城西，入於旃然之水。而北流注于役水。一作侵。沅曰：《水經注》云作「侵」，又云：器難之水入於旃然之水，亦謂之鴻溝水。今水〔註65〕經云注侵水，疑侵水即索水，亦兼旃然、鴻溝之稱也。

中 7-15

又東南十里，曰太山。別有東小太山，今在朱虛縣，汶水所出，疑此非也。有草焉，名曰梨，其葉狀如荻荻亦蒿也，音狄。沅曰：此字《說文》所無，當為「萩」，《說

〔註61〕蔣本朱筆：《河南府志》：嬰梁在講山北，牛山東，夾羅水，水出暎處謂之羅。

〔註62〕蔣本朱筆：《河南府志》：浮戲山即軍縣南五至山，在河南開封界。

〔註63〕蔣本墨筆：《本草經》云：細辛一名小辛。《廣雅》云：細條、少辛，細辛也。（此條眉批前隔兩行空題「音義曰」三字，疑當連於此。）

〔註64〕注之水三字本脫。

〔註65〕此水字疑衍。

文》：蕭也。《貨殖傳》：河濟之閒千畝萩。亦如此。**而赤華，可以已疽。太水出于其陽**，沅曰：《水經注》云：承水東北流，太水注之，水出太山東平地，世謂之澧水也。**而東南流注于役水。**世謂之禮水。沅曰：《水經注》云：太水東北逕武陵城西，東流注於承水。又案：郭傳云云，疑後人以《水經注》附入。**承水出于其陰，**沅曰：《水經注》云：司馬彪云「中牟有清口水」，白溝水注之，水有二源，北水出密之梅山東南，而東逕靖城南與南水合，南水出太山，西北流至靖城南，左注北水，即承水也，世亦謂之靖澗水。**而東北流注于役。**世謂之靖澗水。沅曰：《水經注》云：承水東北入黃瓮澗，北逕中陽城西，東北流為白溝，又東北逕伯禽城北，屈而南流，東注於清口水。今案：此經太水、承水皆云注于役，與《水經注》不同者，案《水經注》太水注承水，承水注清水，清水注渠水，渠水又東逕陽武縣故城南與役水合也。今案其城在河南中牟縣界也。

中 7-16

又東二十里，曰沫山。沅曰：山在今河南中牟縣。舊本作「未」，《水經注》引此經云云，作「沫」，今从之，云「沫山，沫水所出」。今是水出中牟城西南。**上多赤金。沫水出焉，北流注于役。**沅曰：《水經注》云：役水東逕曹公壘南，與沫水合，東北流逕中牟縣故城西，又東北注于役水，役水又東北逕中牟縣澤。又案：舊本有傳云「《水經》作沫」四字，後人附入，今去之。

中 7-17

又東二十五里，曰役山。沅曰：沫山、役山當即今河南中牟縣北牟山也，見《水經注》。**上多白金，多鐵。役水出焉，**沅曰：《水經注》云：渠水東逕陽武縣故城南，東為官渡水，渡在中牟，又東役水注之，水出苑陵縣西隙侯亭東中平陂，世名之泥泉也，即古役水矣。**北流注于河。**沅曰：《水經注》云：役水東北流，逕宛陵縣故城北，又東北逕中牟澤，其水東北流，屈注渠，渠水又東南而注大梁也。經云北入河，今渠下流則南入淮矣。

中 7-18

又東三十五里，曰敏山。沅曰：案此山在大騩山西三十五里，則是今河南鄭州梅山矣。《郡國志》云：密有大騩山，有梅山。于文「敏」「梅」皆以每諧聲也。**上有木焉，其狀如荊，白華而赤實，名曰薊**音計。沅曰：此「薊」字之壞，《玉篇》亦〔註66〕云：薊，俗薊字。**柏，服者不寒。**令人耐寒。**其陽多㻬琈之玉。**

〔註66〕亦字本誤作云，蔣本朱筆校正。

中 7-19

又東三十里，沅曰：此山在役山之西南。曰大騩之山〔註67〕。今榮陽密縣有大騩山。騩固〔註68〕，溝水所出。音歸。沅曰：《說文》作「大隗」。山在今河南新鄭縣西南四十里。《莊子》云：黃帝將見大隗于具茨之山。陸德明《音義》云：司馬云，在榮陽密縣東，今名泰隗山。《地理志》云：密，有大騩山。《水經注》云：大騩即具茨山也，黃帝登具茨之山，升于洪隄上，受《神芝圖》于華蓋童子，即是山也。《元和郡縣志》云：密縣，大騩山在縣〔註69〕東南五十里。《新唐書》云：許州陽翟有具茨山。其陰多鐵、美玉、青堊。有草焉，其狀如蓍而毛，青華而白實，其名曰猿〔註70〕，音狼戾。沅曰：當為「狼」。《廣雅》云：狼，毒也。「猿」字《說文》所無，見《玉篇》，云：猿，毒草。服之不夭，言盡壽也。或作芙。可以為腹病。為，治也，一作「已」。

中 7-0

凡苦山之首，自休與之山至于大騩之山，沅曰：此經之山，自河南閿鄉東至河南開封府也。凡十有九山，千一百八十四里。其十六神者，皆豕身而人面；其祠毛，牷用一羊羞，言以羊為薦羞。嬰用一藻玉瘞。藻玉，玉有五彩者也。或曰，所以盛玉。藻，藉也。苦山、少室、太室，皆冢也，其祠之，太牢之具，嬰以吉玉，其神狀皆人面而三首。其餘屬皆豕身人面也。

沅曰：右《中次七經》，古本為第二十一篇。

中 8-1

中次八經荊山之首，曰景山。今在南郡界中。沅曰：山在今湖北房縣西南二百里，俗名馬塞山。《荊州記》云：沮縣西北半里有雁浮山，是《山海經》所謂「景山，沮水之所出」也，高三十餘里，鴈南翔北歸，徧經其上，土人由茲改名焉。見《初學記》。其上多金玉，其木多杼檀。杼，音橡柱之柱。沅曰：《說文》作「柔」，云：栩也，讀若杼。作「杼」者，機杼字。今《爾雅》「栩，杼」及經俱作「杼」，非。睢水出焉，睢，音癱疽之疽。沅曰：《春秋傳》云：江漢沮漳。字亦作「沮」。《水經》云：沮水出漢中房陵縣。注云：沮水出東汶

〔註67〕蔣本朱筆：《隋·地里志》：新鄭有大騩山。
〔註68〕蔣本墨筆：騩固，吳本作騩因，疑此誤也。
〔註69〕縣下本衍西字。
〔註70〕蔣本朱筆：《本草經》有狼毒，主破積聚、蠱毒。猿當為蒗。《廣韻·二十很》有蒗，似蓍，花青白。

陽郡沮陽縣西北景山。即荊山首也，故《淮南子》云「沮出荊山」，高誘注云「荊山在左馮翊懷德縣」，斯謬證耳。杜預云「水出新城郡之西南發阿山」，蓋山異名也。**東南流注于江，**今睢水出新城魏昌縣東南發阿山，東南至南郡枝江縣入江也。沇曰：李善注《文選》引此作「沔江」。《水經》云：過枝江縣，東南入于江。注云：謂之沮口也。今睢水東北流，至湖北穀城縣東入于沔，俗名之南河。**其中多丹粟，多文魚。**有斑彩也。

中 8-2

東北百里，曰荊山。今在新城犹〔註71〕鄉縣南。沇曰：山在今湖北南漳縣西北。《地理志》云：南郡臨沮，《禹貢》南條荊山在東北。《荊州記》云：臨沮西北三十里有青谿，谿北即荊山，首曰景山，即卞〔註72〕和抱璞之處。見劉昭注《郡國志》。《水經注》云：荊山在景山東一百餘里新城犹鄉縣界。《括地志》云：荊山在襄州荊山縣西八十一里。見《史記正義》。**其陰多鐵，其陽多赤金。其中多犛牛，**旄牛屬也，黑色，出西南徼外也。音貍，一音來。沇曰：「犛」，「旄牛」正字，而郭云「旄牛屬也」，別音貍，不達甚矣。**多豹虎。其木多松柏，其草多竹，多橘櫾。**櫾，似橘而大也，皮厚，味酸。沇曰：《說文》「橘柚」字從由，此「櫾」字云：出昆侖河隅之長木也。古或假借為之，非本字矣。**漳水出焉，**沇曰：李善注《文選》引此作「彰」，非。**而東南流注于睢，**出荊山，至南郡當陽縣入沮水。沇曰：《地理志》云：臨沮，漳水所出，東至房陵入陽水，陽水入沔，行六百里。《水經》云：漳水出臨沮縣東荊山，南至枝江縣北烏扶邑入于江。注云：《地理志》云云，非也，今漳水於當陽縣之東南百餘里而右會沮水也。今二水會于湖北保康縣西。**其中多黃金，多鮫魚。**鮫，鮒魚類也，皮有珠文而堅，尾長三四尺，末有毒螫人，皮可飾刀劍口，錯治材角，今臨海郡亦有之。音交。**其獸多閭、麋。**似鹿而大也。

中 8-3

又東北百五十里，曰驕山。沇曰：李善注《文選》云：景山之西曰驕山。案：經云在東北，疑李善注誤。**其上多玉，其下多青雘**〔註73〕，雘，音瓠，黝屬。沇曰：此傳舊本所無，今據李善注《文選》增入。**其木多松柏，多桃枝、鈎端。神矗**沇曰：此字《說文》所無，見《玉篇》，義與此同。**圍處之，**矗音鼍魚之鼉。**其狀如人面，羊角，虎爪，恆遊於睢漳之淵，**淵，水之府奧也。**出入有光。**

〔註71〕蔣本墨筆：犹，吳本作沐。
〔註72〕蔣本墨筆：卞寫弁，未知是否。
〔註73〕蔣本墨筆：雘，吳本旁从青，下同。

中 8-4

又東北百二十里，曰女几之山。沅曰：山在今河南宜陽縣西。《水經注》亦作「女机山」，云：七谷水西出女机山，東南流注于伊水。又云：蚤谷水出女几山，東流入于伊水。《隋書‧地理志》云：宜陽有女机山。《元和郡縣志》云：福昌縣，女机山在縣西南三十四里。其上多玉，其下多黃金，其獸多豹虎，多閭麋麢麚，麚，似獐而大，㮾毛，豹腳，音幾〔註74〕。其鳥多白鷮，鷮，似雉而長尾，走且鳴。音驕。多翟，多鴆。鴆，大如鵰，紫綠色，長頸，赤喙，食蝮蛇頭，雄名運日，雌名陰諧也。

中 8-5

又東北二百里，曰宜諸之山。沅曰：山當在今湖北青〔註75〕陽縣境。《地理志》云：高成㶟山，㶟水所出。疑即㶟山。其上多金玉，其下多青雘。㶟水出焉，音詭。而南流注于漳，今㶟水出南郡東㶟山，至華容縣入江也。沅曰：《說文》云：㶟水出南郡高成，東入繇。《地理志》文同，又云：繇水南至華容入江，過郡二，行五百里。《水經注》云：漳水又南，逕當陽縣，又南㶟水注之。引此經云云。其中多白玉。

中 8-6

又東北三百五十里，曰綸山。音倫。其木多梓、柟，多桃枝，多柤栗橘櫾，柤，似梨〔註76〕而酢瀋。其獸多閭麈麢㚟。㚟，似菟而鹿腳，青色。音綽。沅曰：「㚟」字當為「㲋」，見《說文》。俗加犬，非。

中 8-7

又東北二百里，曰陸郹之山。音如跪告之跪。其上多㻬琈之玉，其下多堊，堊似土，白色也。堊音惡。沅曰：舊本無此傳，今據李善注《文選》增入。其木多杻橿。

中 8-8

又東百三十里，曰光山。其上多碧，其下多木。神計蒙處之，其狀人身而龍首，恆遊於漳淵，出入必有飄風暴雨。

〔註74〕幾字蔣本朱筆校曰：几。
〔註75〕青字蔣本朱筆校曰：淯。
〔註76〕梨字本誤作栗，蔣本朱筆校正。

中 8-9

又東百五十里，曰岐山。其陽多赤金，其陰多白珉。石似玉者。音旻。其上多金玉，其下多青雘，其木多樗。神涉蠱處之，徒河切。一作疊，笑遊切。其狀人身而方面，三足。

中 8-10

又東百三十里，曰銅山。其上多金銀鐵，其木多榖柞柤栗橘櫞，其獸多豹。

中 8-11

又東北一百里，曰美山。其獸多兕牛，多閭麈，多豕鹿。其上多金，其下多青雘。沅曰：舊本作「護」，非。〔註77〕

中 8-12

又東北百里，曰大堯之山。其木多松柏，多梓桑，多机，其草多竹，其獸多豹虎羬臭。

中 8-13

又東北三百里，曰靈山。其上多金玉，其下多青雘。其木多桃李梅杏。梅，似杏而酢也。

中 8-14

又東北七十里，曰龍山。上多寓木，寄生也，一名宛童，見《爾雅》。其上多碧，其下多赤錫，其草多桃枝、鉤端。

中 8-15

又東南五十里，曰衡山。上多寓木、榖、柞，多黃堊、白堊。

中 8-16

又東南七十里，曰石山。其上多金，其下多青雘，多寓木。

〔註77〕蔣本朱筆校曰：去注。

中 8-17

又南百二十里，曰若山。其上多琈珧之玉，多赭，_{赤土。}多邽石，_未
_{詳。沅曰：疑即封石也，正字當為「玤」。《說文》云：玤，石之次玉者，以為系璧。經亦多為}
_{「封」，「玤」「封」形相近。}多寓木，多柘。_{「若」或作「前」。}

中 8-18

又東南一百二十里，曰彘山。多美石，多柘。

中 8-19

又東南一百五十里，曰玉山。其上多金玉，其下多碧鐵，其木多柏。
_{一作栖。}

中 8-20

又東南七十里，曰讙山。其上多檀，多邽石，_{沅曰：疑即玤石。}多白錫。
_{今白鑞也。}郁水出于其上，潛于其下，其中多砥礪。

中 8-21

又東北百五十里，曰仁舉之山。其木多穀柞。其陽多赤金，其陰多
赭。

中 8-22

又東五十里，曰師每之山。其陽多砥礪，_{沅曰：當為「厲」。}其陰多青雘，
_{沅曰：舊本作「護」，非。}其木多柏，多檀，多柘，其草多竹。

中 8-23

又東南二百里，曰琴鼓之山。其木多穀柞椒柘。_{椒，為樹小而叢生，下有}
_{草木則蠹死。}其上多白珉，其下多洗石。其獸多豕鹿，多白犀，其鳥多鴆。

中 8-0

凡荊山之首，自景山至琴鼓之山，_{沅曰：此經之山，自湖北襄陽府至河南府。}
_{其後十餘山多不詳也。}凡二十三山，二千八百九十里。其神狀皆鳥身而人面。
其祠，用一雄雞祈，瘞_{禱請已埋之也。}用一藻圭，糈用稌。驕山，冢也，其
祠，用羞酒、少牢祈，瘞嬰毛一璧。

沅曰：右《中次八經》，古本為第二十二〔註78〕篇。

中9-1

中次九經岷山之首，曰女几〔註79〕之山。沅曰：山在今四川雙流縣。《淮南子·天文訓》云：日回于女紀，是謂大遷。《隋書·地理志》云：蜀郡雙流有女伎山。「紀」「伎」「几」三音同也。其上多石涅，其木多杻橿，其草多菊、沅曰：菊是「大菊，瞿麥」，郭注《爾雅》云：一名麥句薑也。茪。洛水出焉，沅曰：《地理志》云：廣漢郡雒，章〔註80〕山，雒水所出，南至新都〔註81〕谷入湔。《水經》云：江水又東過江陽縣南，洛水從三危山東過廣魏洛陽南，東南注之。注云：洛水出洛縣漳山，亦言出梓潼縣柏山，《山海經》「三危山在敦煌南，與嵋山接，山南帶黑水」，又《山海經》不言洛水所道，經曰出三危山，所未詳。案：《水經注》此說泥敦煌之三危，又不考《山海經》女几之有洛水耳。《水經》所言三危是四川省別有三危，洛水所經，非敦煌之山也，故鄭注《尚書》亦云與岷山相連也。洛水今出四川什邡縣西北章山，亦曰雒通山，東南流逕縣南，俗名鴨子河。又案：左思《蜀都賦》云：浸以綿洛。謂此洛水。劉淵林注云：雒水在上雒桐柏山。蓋謬甚矣。經凡有三「洛水」，一出白於山，今甘肅安化至陝西同州入河之洛，雍州浸也；一出讙舉山，今陝西商州至河南入河之洛，豫州浸也；一即此洛，在四川入江，李冰之所導也。東注于江，其中多雄黃，雄黃亦出水中。其獸多虎豹。

中9-2

又東北三百里，曰岷山。沅曰：山在今四川茂州東南。《說文》《地理志》俱作「崏」，正字，云：山在蜀湔西徼外。《水經注》云：岷山即瀆山也，又謂之汶阜山，在徼外。案：今俗以岷山為在四川松潘衛邊外者，非。《山海經》言岷山，云首曰女几山，又去女几三百里，女几山即《隋志》所言雙流縣女伎山。今茂州在雙流之北，故知當是此岷山也。漢人所言徼外，亦止茂州，不得甚遠，地理家俱誤會之。江水出焉，岷山，今在汶山郡廣陽縣西，大江所出。東北流注于海，至廣陽〔註82〕縣入海。其中多良龜，良，善。多鼉。似蜥蜴，大者長二丈，有鱗彩，皮可以冒鼓。其上多金玉，其下多白珉，其木多梅棠，其獸多犀象，多夔牛，今蜀山中有大牛重數千斤，名為夔牛。晉太興元年，此牛出上庸郡，人

〔註78〕「二十二」初刻本作「二十一」。

〔註79〕蔣本墨筆：几，《太平御覽》作薊，是也。

〔註80〕章字本誤作音。

〔註81〕都字本脫。

〔註82〕蔣本朱筆：陽改陵。墨筆：岷山為江水所出，既曰在廣陽縣西，而又曰至廣陽縣入海，疑有一誤。

弩射殺，得三十八擔肉，即《爾雅》所謂麢。沅曰：今本《爾雅注》引此經文作「懷」，非。傳云「即《爾雅》所謂麢」，今本《爾雅》亦加牛，非。**其鳥多翰鷩。**白翰、赤鷩。

中 9-3

又東北沅曰：山在岷山西南。經云東北，未詳。**一百四十里，曰來山。**沅曰：舊本作「崍」，俗字。山在今雅州榮經縣西。《地理志》云：嚴道邛來山，邛水所出。《華陽國志》云：雅州邛郲山，本名邛筰山。《水經注》云：崍山，邛來山也，在漢嘉嚴道縣，一曰新道南山。《元和郡縣志》：榮經縣，邛來山在縣西五十里。**江水出焉，**邛來山，今在漢嘉嚴道縣，南江水所自出也。山有九折坂，出猰，猰似熊而黑白駮，亦食銅鐵也。沅曰：傳云「南江水所出也」，李善注《文選》引作「中江」，非。《海內東經》云：南江出高山，高山在成都西，入海在長州南。《地理志》云：邛來山，邛水所出，東入青衣。《水經注》云：邛水東至蜀郡臨邛縣東入青衣水。案郭云「邛來山，南江水所自出」，是郭以邛水為南江水。邛水即今榮經縣北至雅州合青衣水者也。**東流注于大江。**沅曰：《水經》云：青衣水至犍為南安縣入於江。案：今邛水自合青衣水，東南流又與若水會，至犍為縣北入于大江者也。**其陽多黃金，其陰多㻬、璫，其木多檀、柘，其草多薤、**沅曰：舊本作「蕹」，非。**韭，多藥、**即鰡。沅曰：此字《說文》所無，見《玉篇》。**空奪。**即虵皮脫也。

中 9-4

又東一百五十里，曰崍山。音居。沅曰：「崍」字《說文》所無，見郭璞賦及《玉篇》。案其道理，疑即四川名山縣西蒙山也。**江水出焉，**北江。沅曰：《海內東經》云：北江出曼山。今四川名山縣西有蒙山，「曼」「蒙」音相近，疑是也。沫水經此，或即郭所云北江與？《水經》云：沫水出廣柔徼外，東南過旄牛縣北，又東至越巂靈道縣，出蒙山南，東北與青衣水合，又東入于江。是也。**東流注于大江，其中多怪蛇，**今永昌郡有鈎蛇，長數丈，尾岐，在水中鈎取岸上人牛馬啖之，又呼馬絆蛇，謂此類也。**多鰲魚。**音贄。未聞。沅曰：此字《說文》所無，見《玉篇》。**其木多楢杻，**楢〔註83〕，剛木也，中車材，音秋。**多梅梓，其獸多夔牛麢臭**沅曰：當為「兔」。**犀兕。有鳥焉，狀如鴞而赤身，白首，其名曰竊脂，**今呼小青雀曲觜肉食者為竊脂，疑此非也。沅曰：此即是也。**可以禦火。**

中 9-5

又東三百里，曰高梁之山。沅曰：山在今四川劍州北。《太平寰宇記》云：劍門

〔註83〕楢字本誤作猶。

縣，大劍山亦曰梁山，《山海經》高梁之山，西接岷、崍，東引荊、衡。**其上多堊，其下多砥礪。其木多桃枝、鉤端。有草焉，狀如葵而赤華，莢實，白柎，可以走馬。**

中 9-6

又東四百里，曰蛇山。其上多黃金，其下多堊，其木多枸，<small>沅曰：即「櫢」字省文。</small>**多豫章，其草多嘉榮、少辛。有獸焉，其狀如狐而白尾，長耳，名虵狼，**<small>音巳。沅曰：「音巳」舊本譌作「音巴」。「虵」字《說文》所無，見《玉篇》，云：時爾切。義同此。</small>**見則國內有兵。**<small>一作國〔註84〕有亂。沅曰：「兵」與「狼」為韻，作「亂」者非。</small>

中 9-7

又東五百里，曰鬲山。其陽多金，其陰多白珉。蒲鸏<small>音麋。沅曰：《說文》《玉篇》俱無此字。</small>**之水出焉，而東流注于江，其中多白玉，其獸多犀象熊羆，多蝯**<small>沅曰：舊本作「猿」，非。</small>**蜼。**<small>蜼，似獼猴，鼻露上向，尾四五尺，頭有岐，蒼黃色，雨則自縣樹，以尾塞鼻孔，或以兩指塞之。</small>

中 9-8

又東北三百里，曰隅陽之山。其上多金玉，其下多青雘，其木多梓桑，其草多茈。徐之水出焉，東流注於江，其中多丹粟。

中 9-9

又東二百五十里，曰岐山。<small>今在扶風美陽縣西。沅曰：郭說非也。山當在四川，俗失其名。</small>**其上多白金，其下多鐵，其木多梅梓，**<small>梅或作薇。</small>**多杻楢。減水出焉，**<small>沅曰：疑即黚水也，《說文》又作「黔」，「減」「黚」「黔」音皆相近。《地理志》云：犍為符，黚水南至鼈入江。《水經注》云：闞駰謂之闞水。</small>**東南流注于江。**

中 9-10

又東三百里，曰勾檷之山。<small>音絡椐之椐〔註85〕。</small>**其上多玉，其下多黃金，其木多櫟柘，其草多芍藥。**

〔註84〕國字下蔣本朱筆校增曰：內。
〔註85〕二「椐」字蔣本朱筆校作「杦」。

－131－

中 9-11

又東一百五十里，曰風雨之山。其上多白金，其下多石涅，其木多椒、樿，椒，木，未詳也。樿，木，白理，中櫛。驃善二音。沅曰：《說文》云：椒，木薪也。多楊。宣余之水出焉，東流注于江。其中多蛇。其獸多閭麋，多麈豹虎，其鳥多白鷮。

中 9-12

又東北二百里，曰玉山。其陽多銅，其陰多赤金，其木多豫樟楢杻，其獸多豕鹿麢臭，沅曰：當為「兔」。其鳥多鴆。

中 9-13

又東一百五十里，曰熊山。有穴焉，熊之穴，恆出神人，夏啟而冬閉，是穴也冬啟乃必有兵。今鄴西北有鼓山，下有石鼓象，懸著山旁，鳴則有軍事，與此穴殊象而同應。其上多白玉，其下多白金。其木多樗柳，其草多寇脫。

中 9-14

又東一百四十里，曰騩山。其陽多美玉、赤金，其陰多鐵，其木多桃枝、荊、芭。沅曰：此即「苞」字省文。戴凱之《竹譜》有「笆竹」，注云：筍味，落入鬢髮。《玉篇》云：芭竹有刺。《廣韻》云：芭，竹名，出蜀。古字少，此蓋借「苞」省字為之。

中 9-15

又東二百里，曰葛山。其上多赤金，其下多瑊石，瑊石，勁石，似玉也。音緘。沅曰：「瑊」當為「玪」，《說文》云：玪，玪𪐡，石之次玉者。《玉篇》云：玪同瑊。《史記·子虛賦》有「瑊玏」，亦作「瑊」。「咸」「今」音相似之譌也。其木多柤栗橘櫾沅曰：當為「柚」。楢杻，其獸多麢臭，沅曰：當為「兔」。其草多嘉榮。

中 9-16

又東一百七十里，曰賈超之山。其陽多黃堊，其陰多美赭，其木多柤栗橘櫾，沅曰：當為「柚」。其中多龍脩。龍須也，似莞而細，生山石穴中，莖倒垂，可以為席。沅曰：「脩」「須」音相近。

中 9-0

凡岷山之首，自女几山至于賈超之山，凡十六山，沅曰：此經之山，自四川成都府東至忠州也。三千五百里。其神狀皆馬身而龍首。其祠毛，用一雄雞瘞，糈用稌。文山、勾欄、風雨、騩之山，是皆冢也，其祠之，羞酒，先進酒以酹神。少牢具，嬰毛一吉玉。熊山，席也，席者，神之所憑止也。其祠，羞酒，太牢具，嬰毛一璧。干儛，沅曰：當為「舞」。用兵以禳，禳，祓除之祭名。儛者持盾武儛也。祈沅曰：當為「刉」。當與上為句，郭下屬，非。璆，冕舞。祈，求福祥也。祭用玉。儛者冕服也。美玉曰璆，己求反。

沅曰：右《中次九經》，古本為第二十三〔註86〕篇。

中 10-1

中次十經之首，曰首陽之山〔註87〕。其上多金玉，無草木。

中 10-2

又西五十里，曰虎尾之山。其木多椒㮆，多封石。其陽多赤金，其陰多鐵。

中 10-3

又西南五十里，曰繁績音潰。之山。其木多楢枏，其草多枝勾。今山中有此草。

中 10-4

又西南二十里，曰勇石之山。無草木，多白金，多水。

中 10-5

又西二十里，曰復州之山。其木多檀。其陽多黃金。有鳥焉，其狀如鴞而一足，彘尾，其名曰跂踵，音企〔註88〕。見則其國大疫。《銘》曰：跂踵為鳥，一足似夔；不為樂興，反以來悲。沅曰：亦與今所傳《圖讚》文不同。

〔註86〕二十三初刻本作二十二。
〔註87〕蔣本朱筆：《隋‧地里志》：偃師有首陽山。
〔註88〕此條郭注本脫。

中 10-6

又西三十里，曰楮山。多寓木，多椒㭨，多柘，多堊。一作渚州之山。

中 10-7

又西二十里，曰又原之山。其陽多青䨼，其陰多鐵。其鳥多鸜鵒。

鸜鵒也。《傳》曰：鸜鵒來巢。音瞿。

中 10-8

又西五十里，曰涿山。沅曰：疑即蜀山。「涿」「濁」古字通。《太平寰宇記》云：南陽縣，蜀山在縣西三十里。其木多穀柞杻，其陽多㻬琈之玉。

中 10-9

又西七十里，曰丙山。其木多梓檀，多㸳杻。㸳，義所未詳。

中 10-0

凡首陽山之首，自首山至于丙山，沅曰：此經之山，經傳不著也。凡九山，二百六十七里。其神狀皆龍身而人面。其祠之毛，用一雄雞瘞，糈沅曰：當為「褅」。用五種之糈。沅曰：此字是，當从米，與上「褅」字別。《說文》云：糈，糧也。堵山，冢也，其祠之，少牢具，羞酒祠，嬰毛一璧瘞。騩山，帝也，其祠，羞酒，太牢，其合巫祝二人儛，嬰一璧。

沅曰：右《中次十經》，古本為第二十四篇。

中 11-1

中次一十一山經荊山之首，曰翼望之山。沅曰：山在今河南內鄉縣。《水經注》云：淯水出弘農界翼望山。《元和郡縣志》云：臨湍縣，翼望山在縣西北二十里。案：臨湍治在今浙川西北，則山當在內鄉也，內鄉與盧氏接界，故《水經注》云在弘農界。湍水出焉，鹿搏反。沅曰：《水經》云：湍水出酈縣北芬山。注云：湍水出弘農界翼望山。案：今水出內鄉縣西北。俗云出熊耳山，非也。東流注于淯。今湍水逕南陽穰縣而入淯水。沅曰：舊本譌作「濟」，李善注《文選》引此作「淯」，今从之。傳云「入淯水」，舊本作「入清水」，亦非也。《水經》云：湍水又南過冠軍縣東，又東過白牛邑南，又東南至新野縣東入於淯。今水在河南新野縣西入淯。《說文》云「入沔」者，蓋合淯而入沔也。眈水出焉，音況。沅曰：未詳眈

水何水也。詳入洒之水,但有洱水,豈即是與?東〔註89〕流注于漢,其中多蛟。似蛇而四腳,小頭,細頸,頸〔註90〕有白瘿,大者十數圍,卵如一二石甕,能吞人。其上多松柏,其下多漆梓。其陽多赤金,其陰多珉。

中 11-2

又東北一百五十里,曰朝歌之山。沅曰:山在今泌陽縣西北,俗稱十八盤山。《水經》云:潕水出潕陰縣西北扶予山。注云:《山海經》曰朝歌之山,經書扶予者,其山之異名乎?案:今河南泌陽,漢潕陰地。潕水出焉,潕水今在南陽舞陽縣。音武。沅曰:《說文》云:潕水出南陽潕陰,東北入潁。《水經》云:東過定潁縣北,東入於汝。案:潕水在今河南泌陽縣北。東南流注于滎,沅曰:《水經注》云:潕水上承堵水,東流左與西遼水合,又東東遼水注之,俱導北山而南流注于滎,滎水又東北於潕陰縣北左會潕水。案:當在泌陽縣界。《說文》云入潁,《水經》云入汝者,蓋潕水會潁下流合汝而入潁也。其中多人魚,其上多梓枏,其獸多麢麞。有草焉,名曰莽草,可以毒魚。今用之殺魚。

中 11-3

又東南二百里,曰帝囷之山。去倫反。沅曰:《廣韻》作「箘」。其陽多璜琈之玉,其陰多鐵。帝囷之水,出于其上,潛于其下。多鳴虵。

中 11-4

又東南五十里,曰視山。其上多韭。有井焉,名曰天井,夏有水,冬竭。其上多桑,多美堊金玉。

中 11-5

又東南二百里,曰前山。其木多櫧,似柞,子可食,冬夏生〔註91〕,作屋柱難腐。音諸。或作儲。沅曰:此字《說文》所無,見司馬相如賦。《漢書音義》云:櫧似樜,葉冬不落也。多柏。其陽多金,其陰多赭。

中 11-6

又東南三百里,曰豐山。沅曰:山在今河南南陽府治東北。《元和郡縣志》云:向

〔註89〕蔣本墨筆:東流,吳本作東南流。朱筆亦校增南字。
〔註90〕吳琯本、郝懿行本亦脫此頸字,他本不脫,是亦畢郝本出自吳琯本之證。
〔註91〕「生」字蔣本墨筆校作「恆青」,曰:《太平御覽》作恆青。朱筆校作「青」,曰:生改青。

城縣，豐山在縣南三十二里，有九鐘，霜降則鳴。**有獸焉，其狀如蝯，赤目赤喙黃身，名曰雍和，見則國有大恐。神耕父處之，**沅曰：李善注《文選》云：耕父，旱鬼也。**常遊清泠之淵，**沅曰：《呂氏春秋》云：舜友北人無擇投於蒼領之淵。高誘曰：蒼領或作青令。《莊子》作清泠。薛綜《東都賦注》云：清泠，水，在南陽西鄂山上。案：「蒼領」「青令」「清泠」，音皆同也。**出入有光，**清泠水，在西鄂縣山上，神來時，水赤有光耀，今有屋祠也〔註92〕。沅曰：陸德明《莊子音義》引此云在江南，一云在南陽郡西鄂山下。舊本有脫字，「鄂」又誤作「號郊」二字，非。**見則其國為敗。有九鐘焉，是知霜鳴。**霜降則鍾鳴，故言知也。物有自然感應而不可為也。**其上多金，其下多穀柞杻橿。**

中 11-7

又東北八百里，曰免牀之山。其陽多鐵，其木多諸蒾。其草多雞穀，其本如雞卵，其味酸甘，食者利于人。

中 11-8

又東六十里，曰皮山。多堊，多赭，其木多松柏。

中 11-9

又東六十里，曰瑤碧之山。其木多梓枏。其陰多青䨼，其陽多白金。有鳥焉，其狀如雉，恆食蜚，名曰鴆。蜚，負盤也。音翡。此更一種鳥，非食蛇之鴆也。

中 11-10

又東四十里，曰支沅曰：李善注《文選》引此作「攻」，非。**離之山**〔註93〕。沅曰：山在今河南嵩縣，疑即雙雞嶺〔註94〕。《水經》云：淯水出弘農盧氏縣攻離山。注云：酈縣故城南在攻離山東南。案：「淯水」舊本經傳俱作「濟水」，今據《水經注》改正。**淯水出焉，**沅曰：《說文》云：淯水出弘農盧氏山，東南入河，或曰出酈山西。《地理志》云：南陽酈，淯水出西北，南入漢。《郡國志》作「清水」，云：熊耳山出。案：其水出今河南嵩縣雙雞嶺，俗名白河原，東南流至南陽府東也。**南流注于漢。**今淯水出酈縣西北山中，南入漢。「酈」「離」音字亦同。沅曰：《水經》云：南過酈縣東入於沔。《說文》云入河，沔即漢也，水在今

〔註92〕也字蔣本朱筆校曰：之。
〔註93〕蔣本朱筆：《嵩縣志》：攻離山，在嵩縣南二十五里。
〔註94〕「疑即雙雞嶺」蔣本墨筆校作「南二百五十里」。

湖北襄陽縣界，入于漢。**有鳥焉，其名曰嬰勺，其狀如鵲，赤目，赤喙，白身，其尾若勺**，似酒勺形。**其鳴自呼。多牸牛，多臧羊。**沅曰：當為「麖羊」。

中 11-11

又東北五十里，曰族箌之山。音彫。沅曰：「族」舊本作「袟」，非。案《廣韻》引此作「族蕳之山」，是。「箌」有郭音，不易其字。**其上多松柏机桓。**柏〔註95〕，葉似柳，皮黃不措〔註96〕，子如楝，著酒中飲之辟惡氣，浣衣去垢，核堅正黑，可以間香纓，一名括樓也。沅曰：「桓」舊本作「柏」，今据《廣韻》改正。

中 11-12

又西北一百里，曰菫理之山。**其上多松柏，多美梓。其陰多丹臒，多金。其獸多豹虎。有鳥焉，其狀如鵲，青身，白喙白目白尾，名曰青耕，可以禦疫，其鳴自叫。**

中 11-13

又東南三十里，曰依軲之山。音枯。**其上多杻檀，多荳。**未詳。音菹。沅曰：疑「榿」字假音。**有獸焉，其狀如犬，虎爪，有甲，其名曰獜，**言體有鱗甲。音吝。**善駚𡺋，**跳躍自撲也。鞅奮兩音。沅曰：舊「𡺋」作「牟」，非。「駚」「牟」字，《說文》《玉篇》所無，「駚」當為「駒」，「牟」當為「𡺋」。《漢書・司馬相如賦》云：𡺋入曾宮。蘇林曰：𡺋音馬叱𡺋之𡺋。是此義。**食者不風。**不畏天風。

中 11-14

又東南三十五里，曰即谷之山。**多美玉，多玄豹，**黑豹也，即今荊州山中出黑虎也。**多閭麋，多麢臬。**沅曰：當為「㲋」。**其陽多㻌，其陰多青臒。**

中 11-15

又東南四十里，曰雞山。**其上多美梓，多桑。其草多韭。**

中 11-16

又東南五十里，曰高前之山。沅曰：山在今河南內鄉縣。《呂氏春秋・本味篇》

〔註95〕此柏字亦當作桓，蔣本朱筆校曰：桓，柏改。
〔註96〕蔣本朱筆校曰：楷，措改。

云：伊尹曰，水之美者，高泉之山其上有涌泉焉。案：「泉」「前」音同也。《太平寰宇記》云：內鄉縣，高前山今名天池山——引此云云——在翼望山東五十里。**其上有水焉，甚寒而清，或作潛。帝臺之漿也，**今河東解縣南檀道山上，有水泉出，停而不流，俗名為盎漿。即此類也。沅曰：舊本傳文「道」作「首」，泉作「潛」。「停而不流」脫「而」字，今据《太平寰宇記》改正。**飲之者不心痛。其上有金，其下有赭。**

中 11-17

又東南三十里，曰游戲之山。多杻橿榖，多玉，多封石。

中 11-18

又東南三十五里，曰從山。其上多松柏，其下多竹。從水出于其上，潛于其下，其中多三足鼈，枝尾，三足鼈名能，見《爾雅》。**食之無蠱疫。**

中 11-19

又東南三十里，曰嬰硬之山。音真。其上多松柏，其下多梓櫄。

中 11-20

又東南三十里，曰畢山。沅曰：山疑即旱山，字相近，在河南泌陽。《水經注》有比水，出無陰縣旱山，東北注于瀙。**帝苑之水出焉，**沅曰：水疑即《水經注》之比水，東北流注于瀙也。**東北流注于視，其中多水玉，多蛟。其上多㻬珸之玉。**沅曰：「㻬珸」之「珸」當為「㻬」。

中 11-21

又東南二十里，曰樂馬之山。有獸焉，其狀如彙，沅曰：字當為「彙」。**赤如丹火，其名曰㺍，**音戾。沅曰：疑即「戾」字之譌，《說文》《玉篇》無「㺍」字。**見則其國大疫。**

中 11-22

又東南二十五里，曰葴山。沅曰：山在今河南泌陽縣東。《水經》云：瀙水出無陰縣東上界山。《山海經》「出葴山」，許慎云「出中陽山」，皆山之殊目也。**視水出焉，**或曰「視」宜為「瀙」。瀙水今在南陽也。沅曰：郭說是也。《地理志》云：南陽舞陰中陰山，瀙水所出。《說文》云：瀙水出南陽舞陽中陽山。《水經》云：瀙水出無陰縣東上界山。水在今泌陽

縣東北也。**東南流注于汝水，**沅曰：《地理志》《說文》云東至蔡入汝水，《水經》云東過上蔡縣南入汝，今下流入汝也。**其中多人魚，多蛟，多頡。**如青狗。沅曰：此「獺」字之假音。前經作「獺」，非。

中 11-23

又東四十里，曰嬰山。其下多青䕫，沅曰：舊本作「䕖」，非。其上多金玉。

中 11-24

又東三十里，曰虎首之山。多苴椆椐。椆，未詳也，音彫。沅曰：「椆」字《說文》云：木也。

中 11-25

又東二十里，曰嬰侯之山。其上多封石，其下多赤錫。

中 11-26

又東五十里，曰大騩之山。沅曰：案《水經注》，山當在今河南泌陽縣界。殺水出焉，東北流注于視水，沅曰：《水經注》云：瀙水出蔵山，東與比水合，又東北殺水出西南大騩之山，東北流於瀙。其中多白堊。

中 11-27

又東四十里，曰卑山。其上多桃李苴梓，多纍。今虎豆、貍豆之屬。纍，一名縢，音耒。

中 11-28

又東三十里，曰倚帝之山。沅曰：山在河南鎮平縣西北。《新唐書·吳筠傳》云：筠居南陽倚帝山。《太平寰宇記》云：南陽縣，廢菊潭縣，西北一十五里騎立山，出銅礦，在縣東一百八十里，山有漱水三池。案：「騎」「倚」聲相近，「立」則「帝」字之壞也。其上多玉，其下多金。有獸焉，其狀如䶂鼠，《爾雅》說鼠有十三種，中有此鼠，形所未詳也。音狗吠之吠。沅曰：《爾雅》「䶂鼠」，舍人云：其鳴如犬也。見《釋文》。則「䶂」當為「吠」。《中山經》有「獻鼠」，疑亦「吠」字之譌也。《玉篇》又云：鼳同䶂。白耳，白喙，名曰狙如，音即蛆反。沅曰：即玃猱也。「狙」「玃」、「如」「猱」皆音相近。見則其國有大兵。

中 11-29

又東三十里，曰鯢山。音倪。鯢水出于其上，沅曰：經云在倚帝山東三十里，則今騎立山上湫水三池，即鯢山鯢水是也。潛于其下。其中多美堊。其上多金，其下多青雘。

中 11-30

又東三十里，曰雅沅曰：《漢書注》引此作「雉」。山。沅曰：山即雉衡山也，在今河南南陽縣北。《地理志》云：南陽雉衡山，豐水所出。《水經注》云：醴水出南陽雉縣，亦云導源雉衡山。《隋書‧地理志》云：武川有雉衡山。今按，此經衡山去雉山九十五里，是其連麓，故亦稱雉山，亦稱雉衡山。漢雉縣則以山得名也。《太康地理志》以縣為陳倉寶雞止此故名雉者，非。澧水出焉，音禮。今澧水出南陽。東流注于淢水，沅曰：舊本作「視」。《水經注》引此又作「淢」，今从之。《說文》云：澧水東入汝。《地理志》云：東至酈入汝。《水經注》云：酈縣汝水又東南得醴水口。又云：醴水東與葉西陂水會，其水逕流昆醴之間，纏絡四縣之中，疑即呂忱所謂淢水也，醴水東逕酈縣故城南，左入汝。案：此則酈道元以此視水為葉縣西陂水，在今河南舞陽、葉二縣界，俗名濃河。《說文》《地理志》云「入汝」者，蓋合淢而入汝也。此淢水與潕水異，故不當為「視」。其中多大魚。其上多美桑，其下多苴，多赤金。

中 11-31

又東五十里，曰宣山。沅曰：案《水經注》，山在今河南泌陽縣界，今失名。淪水出焉，東南流注于視水，沅曰：《水經注》云：潕陰縣殺水入於潕，潕水又東，淪水注之，水出宣山，東南流注潕水。其中多蛟。其上有桑焉，大五十尺，圍五丈。其枝四衢，言枝交互四出。其葉大尺餘，赤理，黃華，青柎，名曰帝女之桑。婦女主蠶，故以名桑。

中 11-32

又東四十五里，曰衡山。今衡山在衡陽湘南縣，南嶽也，俗謂之岣嶁山。沅曰：山在今河南南陽縣北。《水經注》云：「醴水導源雉衡山，即《山海經》云衡山也。郭景純以為南嶽，非也。馬融《廣成頌》曰『面據衡陰』，指謂此山。在雉縣界，故世謂之雉衡山。」《太平寰宇記》云：「南陽縣，廢向城縣，雉衡山。《荊州記》：衡山有石室，甚整飭，相傳名皇后室，未詳其來。」又云：方城縣衡山，即桐柏之連岡也。其上多青雘，多桑。其鳥多鸜鵒。

中 11-33

又東四十里，曰豐山。沅曰：即漢西鄂縣之豐山，已見前。《太平寰宇記》云：南陽縣，廢向城縣，本漢西鄂縣地，有豐山、雉衡山。其上多封石，其木多桑，多羊桃，狀如桃而方莖，一名鬼桃。可以為皮張。治皮腫起。沅曰：張讀如張如廁。

中 11-34

又東七十里，曰嫗山。其上多美玉，其下多金，其草多雞穀。

中 11-35

又東三十里，曰鮮山。其木多楢杻苴，其草多䔛沅曰：當為「虋」。冬。其陽多金，其陰多鐵。有獸焉，其狀如膜犬〔註97〕，赤喙，赤目，白尾，見則其邑有火，名曰㹟即。音移。沅曰：「㹟」字《說文》所無，見《玉篇》。

中 11-36

又東三十里，曰皋山。或作章山。沅曰：舊本經文作「章山」，傳云「或作童山」，今据《水經注》改正。案《水經注》，山當在今河南唐縣。其陽多金，其陰多美石。皋水出焉，東流注于瀯水，沅曰：《水經注》云：鄳縣澧水東流歷唐山下，又東南與皋水合，水發皋山，東流注於澧水，澧水又東南逕唐城北，南入城而西流出城。案，唐山在今河南唐縣南。其中多脃石。未聞。魚脃〔註98〕反。

中 11-37

又東二十五里，曰大支之山。其陽多金，其木多榖柞，無草木。

中 11-38

又東五十里，曰區吳之山。其木多苴。

中 11-39

又東五十里，曰聲匈之山。其木多榖，多玉，上多封石。

中 11-40

又東五十里，曰大騩之山。上已有此山，疑同名。沅曰：疑即張衡《南都賦》所

〔註97〕蔣本墨筆：膜犬，吳本作膜大，疑彼誤。
〔註98〕脃字蔣本朱筆校曰：跪。

謂「天封大胡」。「大胡」「大驍」聲相近。李善云：《南郡圖經》曰，大胡山，故縣縣南十里。**其陽多赤金，其陰多砥石。**

中 11-41

又東十里，曰踵臼之山。無草木。

中 11-42

又東北七十里，曰〔註99〕歷或作磨〔註100〕。**石之山。其木多荊芑。其陽多黃金，其陰多砥石。有獸焉，其狀如狸而白首，虎爪，名曰梁渠，見則其國有大兵。**

中 11-43

又東南一百里，曰求山。求水出于其上，潛于其下。中有美赭，其木多苴，多媚。篠屬。沅曰：當為「媚」。《廣志》又作「箈」，云：箈，竹，宜為室椽。見《初學記》。戴凱之《竹譜》云：箈竹，江漢間謂之竿箈，一尺餘，葉大如履，可以衣篷。**其陽多金，其陰多鐵。**

中 11-44

又東二百里，曰丑陽之山。其上多椆椐。有鳥焉，其狀如烏而赤足，名曰䮷䴔〔註101〕，音如枳柑之枳。沅曰：二〔註102〕字《說文》所無，見《玉篇》。**可以禦火。**

中 11-45

又東三百里，曰奧山。沅曰：案《水經注》，山當在今河南泌陽縣。**其上多柏杻橿，其陽多㻬琈之玉。奧水出焉，東流注于視水。**沅曰：《水經注》云：潕陰縣淪水東南流注瀙水，瀙水又東得奧水口，水西出奧山，東入於瀙水也。

中 11-46

又東三十五里，曰服山。其木多苴。其上多封石，其下多赤錫。

〔註99〕曰字初刻本脫。
〔註100〕蔣本墨筆：琮意「或作磨」之「磨」疑作「歷」。
〔註101〕䴔字蔣本朱筆校曰：餘。
〔註102〕「二」字蔣本朱筆校作「此」。

中 11-47

又東三百里，曰杳山。其上多嘉榮草，多金玉。

中 11-48

又東三百五十里，曰几山。其木多楢檀杻，其草多香。有獸焉，其狀如彘，黃身，白頭，白尾，名曰聞獜，音鄰。沅曰：《說文》無此字，見《玉篇》也。見則天下大風。獜一作䏔，音瓴。沅曰：《廣韻》又作「㹭」，即「䏔」字異文。

中 11-0

凡荊山之首，自翼望之山至于几山，沅曰：此經之山在河南陝州南陽府也。凡四十八山，三千七百三十二里。其神狀皆彘身人首。其祠毛，用一雄雞祈，沅曰：當為「彎」。瘞用一珪，糈沅曰：當為「褶」。用五種之精。備五穀之美者。禾山，沅曰：疑即上求山，字之誤也。帝也，其祠太牢之具，羞瘞倒毛，薦羞反倒牲埋之也。沅曰：「倒」當為「到」，古不從人。用一璧，牛無常。堵山、玉山，冢也，皆倒祠，沅曰：倒祠，未詳。羞毛，少牢，嬰毛吉玉。

沅曰：右《中次十一經》，古本為第二十五篇。

中 12-1

中次十二經洞庭山之首，曰篇或作肩。遇之山。無草木，多黃金。

中 12-2

又東南五十里，曰雲山。無草木。有桂竹，甚毒，傷人必死。今始興郡桂陽縣出筀竹，大者圍二尺，長四丈。又，交阯有篥竹，實中，勁強，有毒，銳以刺虎，中之則死，亦此類也。其上多黃金，其下多琁珋之玉。沅曰：《初學記·梅第十》引此有「雲山之上，其實乾腊」，郭璞注曰：腊，乾梅也。今經無此語，他卷亦無雲山，因附于此。

中 12-3

又東南一百三十里，曰龜山。其木多穀柞椆椐，其上多黃金，其下多青雄黃，多扶竹。邛竹也，高節，實中，中杖也，名之扶老竹。

中 12-4

又東七十里，曰丙山。多筀竹，沅曰：亦當為「桂」。多黃金銅鐵，無木。

中 12-5

又東南五十里，曰風伯之山。其上多金玉，其下多㺩石、文石，_未詳㺩石之義。多鐵。其木多柳杻檀楮。其東有林焉，名曰莽浮之林，多美木鳥獸。

中 12-6

又東一百五十里，曰夫夫之山。其上多黃金，其下多青雄黃，其木多桑楮，其草多竹、雞鼓。沅曰：即上雞穀草。「穀」「鼓」聲相近。神于兒居之，其狀人身而身〔註103〕操兩蛇，常遊於江淵，出入有光。

中 12-7

又東南一百二十里，曰洞庭之山。今長沙巴陵縣西又有洞庭陂，潛伏通江。《離騷》曰「邅吾道兮洞庭」，「洞庭波兮木葉下」，皆謂此也。字或作「銅」，宜從水。沅曰：山在今湖南巴陵洞庭湖中，即君山也。其上多黃金，其下多銀鐵，其木多柤梨橘櫾，沅曰：字當為「柚」。其草多葌、蘪蕪、芍藥、芎藭。蘪蕪似蛇牀而香也。帝之二女居之，天帝之二女而處江為神，即《列仙傳》「江妃二女」也，《離騷·九歌》所謂「湘夫人」稱「帝子」者是也。而《河圖玉版》曰：湘夫人者，帝堯女也，秦始皇浮江，至湘山，逢大風，而問博士「湘君何神」，博士曰「聞之，堯二女，舜妃也，死而葬此」。《列女傳》曰：二女死於江湘之間，俗謂為湘君。鄭司農亦以舜妃為湘君。說者皆以舜陟方而死，二妃從之，俱溺死於湘江，遂號為湘夫人。案《九歌》，湘君、湘夫人自是二神。江湘之有夫人，猶河洛之有虙妃也，此之為靈，與天地竝矣，安得謂之堯女？且既謂之堯女，安得復總云湘君哉？何以考之？《禮記》曰：舜葬蒼梧，二妃不從。明二妃生不從征，死不從葬，義可知矣。即令從之，二女靈達鑒通無方，尚能以鳥工龍裳救井廩之難，豈當不能自免於風波而有雙淪之患乎？假復如此，《傳》曰：生為上公，死為貴神。《禮》：五嶽比三公，四瀆比諸侯。今湘川不及四瀆，無秩於命祀，而二女帝者之后，配靈神祇，無緣當復下降小水而為夫人也。參互其義，義既混錯；錯綜其理，理無可據。斯不然矣。原其致謬之由，由乎俱以帝女為名，名實相亂，莫矯其失，習非勝是，終古不悟，可悲矣。沅曰：郭言「二妃生不從征」，非也。鄭注《禮記》云：舜死於蒼梧，二妃𡕢江湘之間。張衡《思玄賦》云：哀二妃之未從，翩繽處此湘濱。是二妃不從葬，而實從征也。是常遊於江淵。沅曰：張衡《思玄賦》舊注引此作「江川」。澧沅之風，沅曰：《地理志》云：充歷山，澧水所出，東至下雋入沅。又：故且蘭，沅水東南至益陽入江。

〔註103〕蔣本墨筆：而身二字雖亦可講，疑終有脫誤。

《水經》云：澧水東至長沙下雋縣西北，東入江，沅水東至長沙下雋縣，西北入於江。注云：澧水流於洞庭湖，俗謂之澧江口，沅水下注洞庭湖，方會於江。**交瀟湘之淵，**此言二女遊戲江之淵府，則能鼓三江，令風波之氣共相交通，言其靈響之意也。江、湘、沅水皆共會巴陵頭，故號為三江之口，澧又去之七八十里而入江焉。《淮南子》曰：弋釣瀟湘。今所在未詳也。瀟音肖。沅曰：「瀟」舊本作「蕭」，非。瀟湘一水名，猶云清湘。《說文》云：瀟，水清深也。《水經》云：湘水北過雒縣西。注云：瀟者，水清深也，《湘中記》曰「湘川清照五六丈，是納瀟湘之名矣」。案《玉篇》云：瀟，水名。徐鉉《說文新附》亦有之。今有湘水，又有瀟水，俱在長沙，蓋誤甚矣。**是在九江之閒，**《地理志》九江，今在潯陽。南江自潯陽而分為九，皆東會于大江。《書》曰：九江孔殷。是也。沅曰：「閒」，《初學記》引此作「門」，以江門儷地道。**出入必以飄風暴雨。是多怪神，狀如人而載蛇，左右手操蛇。多怪鳥。**

中 12-8

又東南一百八十里，曰暴山。其木多樕柟荊芑竹箭鏑箘，箘，亦篠類，中箭，見《禹貢》。其上多黃金、玉，其下多文石、鐵，其獸多麋鹿麈就。就，雕也，見《爾〔註104〕雅》。

中 12-9

又東南二百里，曰即公之山。沅曰：《史記集解》曰：姚氏引經作「即山」。其上多黃金，其下多琈琈之玉，其木多柳杻檀桑。有獸焉，其狀如龜而白身，赤首，名曰蜼，音詭。沅曰：《史記‧司馬相如賦》云：蝟胡穀蜼。徐廣曰：蜼音詭。《索隱》曰：郭璞曰：蜼，未聞。沅曰：此「蜼」字《說文》云：蟹也。疑是為字之假音。然案經說如龜白身云云，形又不合。**是可以禦火。**

中 12-10

又東南一百五十九里，曰堯山。其陰多黃堊，其陽多黃金。其木多荊芑柳檀，其草多藷藇、茶。

中 12-11

又東南一百里，曰江浮之山。其上多銀、砥礪，沅曰：當為「厲」。無草木，其獸多豕鹿。

〔註104〕蔣本墨筆：爾，吳本誤作廣。朱筆勾去墨筆，仍校作廣。

中 12-12

又東南二百里，曰真陵之山。其上多黃金，其下多玉，其木多穀柞柳杻，其草多榮草。

中 12-13

又東南一百二十里，曰陽帝之山。沅曰：《呂氏春秋》有「楊樸之薑」，疑「業」字與「帝」字相似，即此。多美銅，其木多橿杻㯠楮，㯠，山桑也。其獸多麢麝。

中 12-14

又南九十里，曰柴桑之山。今在潯陽柴桑縣南，共廬山相連也。其上多銀，其下多碧，多汵沅曰：舊本作「泠〔註105〕」，非。石、赭，其木多柳芑楮桑，其獸多麋鹿，多白蛇、飛蛇。即螣蛇，乘霧而飛者。

中 12-15

又東二百三十里，曰榮余之山。其上多銅，其下多銀，其木多柳芑。其蟲多怪蛇怪蟲。

中 12-0

凡洞庭山之首，自篇遇之山至于榮余之山，沅曰：此經之山在湖南境，今多不詳也。凡十五山，二千八百里。其神狀皆鳥身而龍首。其祠毛，用一雄雞、一牝豚刉，刉，亦割刾之名。糈用稌。沅曰：當為「褙」。凡夫夫之山、即公之山、堯山、陽帝之山，皆冢也，其祠皆肆瘞，肆，陳之也，陳牲玉而後薶藏之。祈用酒，毛用少牢，嬰毛一吉玉。洞庭、榮余山，神也，其祠，皆肆瘞，肆竟，然後依前薶之也。祈酒，太牢祠，嬰用圭璧十五，五采沅曰：舊本作「彩」，非。惠之。惠，猶飾也，方言也。

沅曰：右《中次十二經》，古本為第二十六篇。

中 12-0-0

右中經之山志，大凡百九十七山，二萬一千三百七十一里。大凡天下名山，沅曰：高誘注《淮南子》云：名山，大山也。五千三百七十，居地，大凡六萬四千五十六里。

〔註105〕泠字蔣本朱筆校作泠。

禹曰：天下名山，經五千三百七十山，六萬四千五十六里，沅曰：劉昭注《郡國志》作：天下名山，五千三百五十，經六萬四千五十六里。《管子》云：凡天下名山，五千二百七十。《莊子》云：禹之湮洪水，決江河，而通四夷九州也，名山三百，支山三千，小者無數。居地也。言其五臧，沅曰：古「藏」字只作「臧」，見《漢書》。蓋其餘小山甚眾，不足記云。天地之東西二萬八千里，南北二萬六千里。沅曰：此禹所治也。《管子‧地數篇》《淮南‧墜形訓》俱與此文同。《廣雅》及《藝文類聚》引《河圖括地象》言禹所治海內地，劉昭注《郡國志》言四海之內里數，亦同。《廣雅》又云：天圜闕南北二億三萬三千五百七十五步，東西短減四步，周六億十萬七百里二十五步，從地自天一億一萬六千七百八十七里，下度地之厚與天高等。又云：神農度海內，東西九十萬里，南北八十一萬里；帝堯所治九州，地二千四百三十萬八千二百四頃，其墾者九百一十一萬八千二十四頃。《論衡》云：周時九州東西五千里，南北亦五千里。又案：劉昭注《郡國志》文同《廣雅》，其稱神農地「南北八十五萬里」，「一」作「五」；堯「二千四百三十萬八千二十四頃」，「百」作「十」；又有云「不墾者千五百萬二千頃」，在「定墾者九百二十萬八千二十四頃」下，疑今本《廣雅》脫之。出水之山〔註106〕八千里，沅曰：《管子》及劉昭注《郡國志》但云出水者八千里。受水者八千里。沅曰：《管子》文同。《呂氏春秋》云：水道八千里，受水者亦八千里，通谷六，名川六百，陸注三千，小水萬數。《淮南子‧墜形訓》亦云：水道八千里，通谷其名川六百，陸徑三千里。出銅之山四百六十七，出鐵之山三千六百九十。沅曰：《管子》云：出銅之山四百六十七，出鐵之山三千六百有九。劉昭注《郡國志》云：出銅之山四百六十七，出鐵之山三千六百九。則此經「九十」當為「九」也，「十」羨字。

此天地之所分壤樹穀也，戈矛之所發也，刀鎩之所起也。能者有餘，拙者不足。沅曰〔註107〕：劉昭注《郡國志》云：儉則有餘，奢者不足。封於太山，禪於梁父，七十二家。沅曰：自「此天地之所分壤樹穀也」已下，當是周秦人釋語，舊本亂入經文，今則別行亞字。案《史記‧封禪書》，管仲說「封泰山七十二家，記者十有二，自無懷氏至湯、周武王」，証知此非禹言也。得失之數，皆在此內。是謂國用。《管子‧地數》云：封禪之王七〔註108〕十二家也。

右《五臧山經》五篇，大凡一萬五千五百三字。

山海經第五　　終
總校姚炫，分校沈琮寶、孫瑛校

〔註106〕山字下蔣本朱筆校增者字。
〔註107〕沅曰二字本脫。
〔註108〕七字本脫，蔣本朱筆校增。

山海經弟六

晉記室參軍郭璞傳

兵部侍郎兼都察院右副都御史巡撫陝西西安等處地方贊理軍務兼理糧餉欽賜一品頂帶畢沅新校正

海外南經_{沅曰：此秀所題也，下同。}

地之所載，六合之間，四方上下為六合也。沅曰：據《列子》夏革引此文有「大禹曰」，此無者，蓋此文承上卷「禹曰天下名山」云云，劉秀分為二卷耳。四海之內，沅曰：《淮南子·墜形訓》「海」作「極」。照之以日月，沅曰：《淮南子·墜形訓》「照」作「昭」。經之以星辰，紀之以四時，要之以太歲，沅曰：已上《淮南子·墜形訓》用此文。神靈所生，其物異形，沅曰：「異形」當為「其形」。《列子·湯問篇》作「其形」。或夭或壽，唯聖人能通其道。言自非窮理盡性者，則不能原極其情變。沅曰：《列子·湯問篇》夏革曰「大禹曰六合之間」云云，凡四十七字，正用此文。夏革，湯臣，則經為禹書無疑也。此蓋圖首敘詞，故《淮南子·墜形訓》亦用之。

海外自西南陬至東南陬者。陬，猶隅也，音騶。沅曰：《淮南子·墜形訓》凡海外三十六國，用此經文，而起自西北至西南方，次自西南至東南方，次自東南至東北方，次自東北至西北方，與此異也。「者」，《說文》云：別事詞也。

結匈國_{沅曰：《淮南子·墜形訓》有結智民。作「胷」，非。}在其西南，其為人結匈。臆前肤出，如人結喉也。

南山在其東南，自此山來，蟲為蛇、蛇號為魚。以蟲為蛇，以蛇為魚。一曰南山在結匈東南。沅曰：凡「一曰」云云者，是劉秀校此經時附著所見他本異文也。舊亂入

-149-

經文，當由郭注此經時升為大字。今率細書而以郭傳分注。

比翼鳥在其東，其為鳥青赤，似鳧。**兩鳥比翼。**沅曰：《博物志》云：比翼鳥一青一赤，在參隅山。 一曰在南山東。

羽民國沅曰：《淮南子‧墜形訓》有「羽民」。《呂氏春秋》云：禹南至羽人之處。王逸《楚詞章句》曰：或曰人得道身生羽毛也。《博物志》曰：羽民國多鸞鳥，民食其卵，去九疑萬三千里。**在其東南，其為人長頭，身生羽。**能飛不能遠，卵生，畫似仙人也。 一曰在比翼鳥東南，其為人長頰。《啟筮》曰：羽民之狀，鳥喙赤目而白首。

有神人二八連臂，為帝司夜於此野。畫隱夜見。**在羽民東，其為人小頰赤肩**，當脾〔註1〕上正赤也。 盡〔註2〕十六人。疑此後人所增益語耳。沅曰：郭說是也。此或秀釋二八神之文。

畢方鳥在其東，青水西，其為鳥人面一腳。 一曰在二八神東。

讙頭國沅曰：《淮南子‧墜形訓》有讙頭國民。**在其南，其為人人面，有翼，鳥喙，方捕魚。**讙兜，堯臣，有罪，自投南海而死，帝憐之，使其子居南海而祠之。畫亦似仙人也。沅曰：言圖象如此。 一曰在畢方東。或曰讙朱國。沅曰：「朱」「頭」聲相近，古假音字。

厭火國沅曰：《淮南子‧墜形訓》云裸國民，與此異。**在其國南，獸身，黑色，生火出其口中。**言能吐火，畫似獼猴而黑色也。 一曰在讙朱東。

三株樹在厭火北，生赤水上，其為樹如柏，葉皆為珠。 一曰其為樹若彗。如彗星狀〔註3〕。

三苗國沅曰：《淮南子‧墜形訓》有「三苗民」，高誘注云：三苗，蓋謂帝鴻氏之裔子渾敦、少昊氏之裔子窮奇、縉雲氏之裔子饕餮，三族之苗裔，亦謂之三苗。又云：三苗國民在豫章之彭蠡。《史記正義》云：吳起云「左洞庭而右彭蠡」，今江州、鄂州、岳州，三苗之地也。**在赤水東，其為人相隨。**昔堯以天下讓舜，三苗之君非之，帝殺之；有苗之民叛入南海，為三苗國。 一曰三毛國。沅曰：「毛」「苗」音相近。

戠國沅曰：「戠」舊本作「載」，非。案六書當為此。《淮南子‧墜形訓》三苗民之次即交股民，而無此國。**在其東，其為人黃，能操弓射蛇。**《大荒經》云：此國自然有五穀衣服。戠音秩，亦音替。 一曰戠國在三毛東。

貫匈國沅曰：《淮南子‧墜形訓》有「穿匈民」，高誘注云：穿孔達背。《竹書紀年》云：

〔註1〕脾字蔣本朱筆校曰：胂。
〔註2〕盡字蔣本朱筆校曰：蓋。
〔註3〕狀字本誤作伏，蔣本朱筆校正。

黃帝軒轅氏五十九年，貫匈氏來賓。《括地圖》云：禹平天下，會於會稽之野，又南經，防風之神弩射之，有迅雷，二神恐，以刃自貫其心，禹哀之，乃拔刃療以不死草，皆生，是為貫匈之民。《博物志》云：穿匈人去會稽萬五千里。俱見李善注《文選》。案《竹書》，黃帝時已有貫匈民，則《括地圖》之言未得其實也。**在其東，其為人匈有竅。**《尸子》曰：四夷之民，有貫匈者、有深目者、有長肱者，黃帝之德常〔註4〕致之。《異物志》曰「穿匈之國，去其衣則無自然」者，蓋似效此貫匈人也。□一曰在戴國東。□

交脛國沅曰：《淮南子·墜形訓》有「交股民」在三苗民之次，與此異。《呂氏春秋》云：禹南至交阯之國。高誘注《淮南子》云：交股民腳相交切。**在其東，其為人交脛。**言腳脛曲戾相交，所謂「雕題」「交趾」者也。或作「頸」，其為人交頸而行也。□一曰在穿匈東。□沅曰：此作「穿匈」者，「穿」「貫」音義同。

不死民沅曰：《淮南子·墜形訓》有「不死民」，在交股民之次。《呂氏春秋》云：禹南至不死之鄉。高誘注《淮南子》云：不死，不食也。**在其東，其為人黑色，壽，不死。**有員丘山，上有不死樹，食之乃壽；亦有赤泉，飲之不老。□一曰在穿匈國東。□沅曰：「貫」「穿」音相近。

岐舌國沅曰：《淮南子·墜形訓》有「反舌民」，在穿胸民之次。高誘注云：語不可知，而自相曉；一說舌本在前不向喉，故曰反舌也，南方之國名也。案：「反」「支」字相近，則「岐」古或又為「支」與？**在其東。**其人舌皆岐。或云支舌也。□一曰在不死民東。□

昆侖虛在其東，虛四方。虛，山下基也。沅曰：此東海方丈山也。《爾雅》云：三成為昆侖丘。是「昆侖」者，高山皆得名之。此在東南方，當即方丈山也。《水經注》云：東海方丈，亦有昆侖之稱。又案：舊本「虛」作「墟」，非。□一曰在岐舌東，為虛四方。□

羿沅曰：《墨子》云：羿作弓。《吳越春秋》云：黃帝作弓，後有楚狐父以其道傳羿，羿傳逢蒙。《說文》云：羿，古諸矦也。今作「羿」，省文。**與鑿齒戰於壽華之野，**沅曰：《淮南子·墜形訓》此上有豕喙民，又次有鑿齒民，即此。高誘注云：吐出一齒口下，長三尺。「壽華」，《淮南子·齊俗篇》作「疇華」，高誘注云：南方澤名。**羿射殺之。在昆侖虛東，羿持弓矢，鑿齒持盾。**鑿齒亦人也，齒如鑿，長五六尺，因以名云。沅曰：《淮南子·齊俗篇》云：堯之時，鑿齒為民害，堯乃使羿誅鑿齒于疇華之野。高誘注云：鑿齒，獸名，齒徹頷下而持戈盾。案：高誘云「獸名」，以鑿齒與封豨、修蛇並列，其實非也。經云「持弓矢」「持盾」者，亦所見圖像然與？□一曰戈。□未詳。沅曰：一本「持盾」作「持戈」也。

三首國沅曰：《淮南子·墜形訓》有「三頭民」，高誘注云：身有三頭也。即此。《呂氏春秋》云：禹西至三面之鄉。**在其東，其為人一身三首。**□一曰在鑿齒東。□

〔註4〕常字蔣本朱筆校曰：嘗。

周饒國沅曰：《淮南子‧墜形訓》無此國。「周饒」即「僬僥」，音相近也。《周書‧王會》
有「周頭國」，即此。《國語》曰：僬僥國人長三尺，短之至也。韋昭云：僬僥，西南蠻之別名
也。《列子‧湯問篇》云：夏革曰，從中州以東四十萬里，得僬僥國，人長一尺五寸。《淮南子‧
墜形訓》云：西南方曰僬僥。高誘注云：長不滿三尺。《說文》云：西南僰人、僬僥从人。蓋在
坤地，頗有順理之性。《括地志》云：小人國在大秦南，人纔三尺，其耕稼之時懼鶴所食，大秦
助之，即焦僥國，其人穴居也。見《史記正義》。**在其東，其為人短小冠帶。**其人長三
尺，穴居，能為機巧，有五穀也。一曰焦僥國在三首東。《外傳》云：焦僥民長三尺，短之至
也。《詩含神霧》曰：從中州以東西〔註5〕四十萬里得焦僥國，人長尺五寸也。

長臂國沅曰：《淮南子‧墜形訓》有「脩臂國」，高誘注云：一國民皆長臂，臂長于身，
南方之國也。**在其東，捕魚水中，兩手各操一魚。**舊說云，其人手下垂至地。魏黃
初中，玄菟太守王頎討高句麗王宮，窮追之，過沃沮國，其東界臨大海，近日之所出。問其耆
老：「海東復有人否？」云：「嘗在海中得一布褐，身如中人衣，兩袖長三丈。」即此長臂人衣
也。一曰在焦僥東，捕魚海中。沅曰：云「兩手各操一魚」，云「捕魚海中」，皆其圖象也。

狄山，沅曰：《墨子》云：堯北教八狄，道死，葬蛩山之陰。則此云狄山者，狄中之山
也。《元和郡縣志》云：頓丘縣，狄山在縣西北三十五里。蓋以頓丘嚳冢所在，故指為狄山，恐
非經狄山也。**帝堯葬于陽，**《呂氏春秋》曰：堯葬穀林。今陽城縣西、東阿縣城次鄉中、赭
陽縣湘亭南，皆有堯冢。**帝嚳葬于陰。**嚳，堯父，號高辛。今冢在頓丘縣城南臺陰野中也。
音酷。**爰有熊、羆、文虎、**彫虎也。《尸子》曰：中黃伯，余左執大行之獲，而右搏彫虎
也。**蜼、豹、**蜼，獮猴類。**離朱、**木名也，見《莊子》。今圖作赤鳥。**視肉。**聚肉，形如
牛肝，有兩目也，食之無盡，尋復更生如故。**吁咽，**所未詳也。**文王皆葬其所。**今文王
墓在長安鄠聚社中。案，帝王冢墓皆有定處，而《山海經》往往復見之者，蓋以聖人久於其位，
仁化廣及，恩洽鳥獸；至於殂亡，四海若喪考妣，無思不哀；故絕域殊俗之人，聞天子崩，各
自立坐而祭醊哭泣，起土為冢。是以所在有焉。亦猶漢氏諸遠郡國皆有天子廟，此其遺象也。
沅曰：文王所葬，既與堯、嚳不同所，又此禹經，安從紀文王之葬？以為《五臧山經》五篇是
禹所著也，《海外經》已下是周時說《山海圖》之文。詳其文義，因圖有湯及嚳而兼及文王葬也。
一曰湯山。一曰爰有熊、羆、文虎、蜼、豹、離朱、鴟〔註6〕久、鴟久，鵂鶹之屬。視肉、
璩交。所未詳也。**其范林方三百里。**言林木氾濫布衍也。

南方祝融，沅曰：《尚書大傳》云：南方之極，自北戶南至炎風之野，帝炎帝、神祝融
司之。《淮南子‧時則訓》云：南方之極，自北戶孫之外，貫顓頊之國，南至委火炎風之野，赤

〔註5〕西字蔣本朱筆校刪。
〔註6〕鴟字蔣本朱筆校曰：鴟。（下同。）

帝、祝融之所司者，萬二千里。**獸身**沅曰：云「獸身」者，若言「蜂目」「豺喙」之類。**人面，乘兩龍。**火神也。

沅曰：右海外自西南陬至東南陬，古本為第二十七篇。

山海經第六　終

總校張預，分校汪學瀚、朱昌壽校

山海經弟七

晉記室參軍郭璞傳

兵部侍郎兼都察院右副都御史巡撫陝西西安等處地方贊理軍務兼理糧餉欽賜一品頂帶畢沅新校正

海外西經

海外自西南陬至西北陬者。<small>沅曰：《淮南子·墜形訓》云自西北至西南方，起修股民、肅慎民，正與此文倒。知此經是說圖之詞。或右行，則自西南至西北，起三身國；或左行，則自西北至西南，起修股民。是漢時猶有《山海經圖》，各依所見為說，故不同也。</small>

滅蒙鳥在結匈國北，<small>沅曰：蓋結匈國所有，承上文起西南陬，言其圖象在結匈國北也。</small>為鳥青，赤尾。

大運山高三百仞，在滅蒙鳥北。

大樂之野，<small>沅曰：此當即今山西太原是。《易歸藏·鄭母經〔註1〕》云：昔者夏后啟筮享神于晉之虛，作為璿臺于水之陽。見李善注《文選》及《初學記》。《竹書紀年》云：帝啟十年，帝巡狩，舞《九韶》于大穆之野。《春秋地名》云：晉大鹵、大原、大夏、大虛、晉陽、大康〔註2〕，六名其實一也。見《初學記》。案：經云大樂，又云一曰大遺，「樂」「遺」俱與「夏」聲相近，即大夏也，《易歸藏》所謂晉之虛。</small>夏后啟<small>沅曰：此有「夏后啟」者，証知周時說圖象之文。</small>于此儛<small>沅曰：當為「舞」。</small>九代〔註3〕。<small>九代，馬名。儛，謂盤作之令舞</small>

<small>〔註1〕鄭母經三字初刻本無之。</small>
<small>〔註2〕康字本作原。</small>
<small>〔註3〕代字下蔣本墨筆、朱筆皆校增馬字。墨筆：《文選注》《太平御覽》引此皆有馬字。</small>

也。**乘兩龍，雲蓋三層。**層，猶重也。**左手操翳，**羽葆幢也。**右手操環，**玉空邊等為環。**佩玉璜。**半璧曰璜。**在大運山北。**《歸藏·鄭母經》曰：夏后啟筮，御飛龍登于天，吉。明啟亦仙也。 一曰大遺之野。《大荒經》云「大穆之野」。沅曰：「樂」「遺」聲相近。

三身國沅曰：《淮南子·墬形訓》有「三身民」。**在夏后啟北，一首而三身。**

一臂國沅曰：《淮南子·墬形訓》有「一臂民」。**在其北，一臂、一目、一鼻孔。有黃馬虎文。**一目而一手。

奇肱之國肱或作厶。奇音羈。沅曰：舊本傳文或作「弘」，非也。《說文》云：厶，肱字。《淮南子·墬形訓》作「奇股」。高誘注云：奇，隻也；股，腳也。**在其北，其人一臂三目，有陰有陽。乘文馬。**陰在上，陽在下。文馬即吉良也。**有鳥焉，兩頭，赤黃色，在其旁。**其人善為機巧，以取百禽。能作飛車，從風遠行。湯時得之於豫州界中，即壞之不以示人。後十年西風至，復作遣之。

形夭沅曰：舊本作「形天」，案《唐等慈寺碑》正作「形夭」，依義「夭」長于「天」，始知陶潛詩「形夭無千歲」「千歲」則「干戚」之譌，「形夭」是也。**與帝至此爭神，帝斷其首，葬之常羊之山。乃以乳為目，以臍為口，操干戚以舞。**干，盾；戚，斧也。**是為無首之民。**沅曰：《淮南子·墬形訓》云：西方有形殘之尸。高誘注云：一說曰，形殘之尸於是以兩乳為目，肥臍為口，操干戚以舞，天神斷其手後天帝斷其首也。

女祭、女戚在其北，居兩水間。戚操魚䱉，鱣魚屬。**祭操俎。**肉几。**鸞鳥、鶬鳥，**次詹兩音。**其色青黃，**沅曰：「鸞」「鶬」二字《說文》所無，見《玉篇》，云：鳥，青黃色，即鶬鶊也。**所經國亡。**此應禍之鳥，即今梟、鶹鶹之類。**在女祭北。鸞鳥人面，居山上。** 一曰維鳥，青鳥、黃鳥所集。沅曰：古無「鸞」「鶬」字，是作「維鳥」云云是也。下丈夫國亦云「在維鳥北」。

丈夫國沅曰：《淮南子·墬形訓》有「丈夫民」，高誘注云：其狀皆如丈夫，衣黃，衣冠帶劍。**在維鳥北，其為人衣冠帶劍。**殷帝太戊使王孟採藥，從西王母至此，絕糧，不能進。食木實，衣木皮，終身無妻，而生二子，從形中出，其父即死。是為丈夫民。

女丑之尸，生而十日炙殺之，在丈夫北。以右手鄣其面，蔽面。**十日居上，女丑居山之上。**

巫咸國沅曰：巫咸山在今山西夏縣。《淮南子·墬形訓》云：巫咸在其北方，立登保之山。《地理志》云：安邑，巫咸山在東。《水經注》云：鹽水西北流逕巫咸山北。**在女丑北，右手操青蛇，左手操赤蛇，在登葆山，羣巫所從上下也。**採藥往來。

并封沅曰：《周書·王會解》云：鱉封者，若彘，前後有首。「并」「鱉」音之緩急，疑即此。但《王會》言「區陽所有」，非此地。**在巫咸東，其狀如彘，前後皆有首，黑。**

今弩弦蛇亦此類也。

女子國沅曰：《淮南子・墬形訓》有「女子民」，高誘注云：其貌無有須，皆如女子也。《三國志》云：沃沮耆老言有一國在海外，純女無男，則高誘說非。**在巫咸北，兩女子居，水周之。**有黃池，婦人入浴，出即懷姙矣。若生男子，三歲輒死。周，猶繞也。《離騷》曰「水周於堂下」也。一曰居一門中。

軒轅之國沅曰：《水經注》云：南安姚瞻以為黃帝生于天水，在上邽城東。**在此窮山**沅曰：《太平寰宇記》以此「山」作「桑」。**之際，其不壽者八百歲。**其國在山南邊也。《大荒經》曰：岷山之南。**在女子國北。人面蛇身，尾交首上。**

窮山在其北，不敢西射，沅曰〔註 4〕：《史記索隱》引此文云：軒轅之丘在窮山之際，西射之南。蓋非。**畏軒轅之丘。**言敬畏黃帝威靈，故不敢向西而射也。**在軒轅國北。其丘方，四蛇相繞。**繚繞樛纏。

渚夭沅曰：舊本作「此諸夭」，非。《博物志》作「渚沃之野」。**之野，**夭音妖〔註 5〕。沅曰：《淮南子・墬形訓》有「沃民」在白民之次，又云「西方曰金丘，曰沃野」，高誘注云：沃，猶白也，西方白故曰沃野。則傳云「夭音妖」非，當云「音沃」。又，張衡《思玄賦》曰：超軒轅于西海，跨汪氏之龍魚，聞此國之千歲。云云。此經下有「龍魚陵居在其北」，知「汪氏」即「沃民」之誤也。**鸞鳥自歌，鳳鳥自舞。鳳皇卵，民食之；甘露，民飲之，所欲自從也。**言滋味無所不有，所願得自在，此謂夭野也。**百獸相與羣居。在四蛇北。其人兩手操卵食之，兩鳥居前導之。**

龍魚陵居在其北，沅曰：此蓋夭野所有。《淮南子・墬形訓》作「硥魚」，高誘注云：硥魚如鯉魚也，有神聖者乘行九野，在無繼民之南。案：《漢成陽靈臺碑》云：比目鯱魚。又作「鯱」。**狀如貍。**或曰龍魚似貍，一角。一曰鰕。音遐。沅曰：一作「如鰕」，言狀如鯢魚，有四腳也。《爾雅》云：鯢大者謂之鰕。**有神巫**沅曰：舊本作「即有神聖」，據章懷太子賢注《後漢書》引此作「有神巫」，上無「即」字，是也。**乘此以行九野。**九域之野。一曰鼈魚鼈音惡橫也。沅曰：郭音「鼈」為「橫」，蓋言讀近「蚌」也，「龍」「蚌」「橫」三音相近也。在夭野北，沅曰：張衡自注《思玄賦》引此作「汪野」，又云「汪氏國在西海外，此國足龍魚也」。章懷太子賢注《後漢書》同。**其為魚也如鯉。**

白民之國沅曰：《淮南子・墬形訓》有「白民」在肅慎民之次，高誘注云：白民白身，民被髮亦白。**在龍魚北，白身被髮。**言其人體洞白。**有乘黃，其狀如狐，其背上有角，乘之壽二千歲。**《周書》曰：白民乘黃，似狐，背上有兩角。即飛黃也。《淮南

〔註 4〕沅曰二字本脫，蔣本朱筆校增。
〔註 5〕夭字蔣本朱筆校曰：沃，妖改。

子》曰：天下有道，飛黃伏阜。沅曰：「壽二千歲」，言此馬年久長。或云乘之以致壽考，非也。

肅慎之國沅曰：《淮南子·墜形訓》有「天民、肅慎民」，經無「天民」。高誘注云：《傳》曰「肅慎、燕、亳，吾北土」，是云西方，黨獨西方之國自復有之耶？《周書·王會》云：正北方稷慎大麈。即此。《肅慎國記》云：肅慎氏，其地在夫餘國北，東濱大海。見《後漢書注》。《括地志》云：靺鞨國，古肅慎也，在京東北萬里。見《史記正義》。**在白民北，有樹名曰雄**或作雒。**常。**沅曰：《淮南子·墜形訓》所謂「雒棠」是。**先入伐帝，於此取之**〔註6〕。其俗無衣服，中國有聖帝代立者，則此木生皮可衣也。〔註7〕

長股之國沅曰：《淮南子·墜形訓》有「修股民」，即此。**在雄常北，被髮。**國在赤水東也。長臂人身如中人，而臂長二丈，以類推之，則此人腳過三丈矣。黃帝時至。或曰，長腳人常負長臂人入海中捕魚也。一曰長腳。或曰有喬國。今伎家喬人蓋象此身。

西方蓐收，左耳有蛇，乘兩龍。金神也。人面虎爪，白毛執鉞，見《外傳》。沅曰：《尚書大傳》云：西方之極，自流沙西至三危之野，帝少暤、神蓐收司之。《淮南子·時則訓》云：西方之極，自昆侖，絕流沙、沈羽，西至三危之國、石城、金室、飲氣之民、不死之野，少暤、蓐收之所司者萬二千里。

沅曰：右海外自西南陬至西北陬，古本為第二十八篇。

山海經第七　終

總校張預，分校汪學瀚、朱昌壽校

〔註6〕此句蔣本墨筆校作：聖人代立，於此取衣。
〔註7〕蔣本墨筆夾注：沅曰：二句舊作先入伐帝於此取之，今據《太平御覽》改正。
　　　（此條似是轉鈔自畢沅，然而朱筆又勾之，且眉批「回改」二字，又曰「此注可不用深」，又自勾去。）

山海經第八

晉記室參軍郭璞傳

兵部侍郎兼都察院右副都御史巡撫陝西西安等處地方贊理軍務兼理糧餉
欽賜一品頂帶畢沅新校正

海外北經

海外自東北陬至西北陬者。沅曰：《淮南子·墬形訓》云：自東北至西北陬。同，
而起跂踵民終無繼民，與此文正倒。疑《淮南子》當作自西北至東北〔註1〕方，或傳寫之誤也。

無脅之國音啟，或作綮。沅曰：《說文》無「脅」字，當為「綮」，或作「啟」「繼」，
皆是。《廣雅》作無啟。《淮南子》作無繼民，高誘注云：其人蓋無嗣也，北方之國也。與郭義
異。《字林》始有「脅」字，云「腨腸」，見《廣韻》。郭蓋以為此說，其實非古字古義也。在
長股東，為人無脅。脅，肥〔註2〕腸也。其人穴居，食土，無男女。死即薶之，其心不
朽，死百廿歲乃復更生。

鍾山之神名曰燭陰。燭龍也，是燭九陰，因名云。沅曰：此無脅國所有也。山即陰
山，在山西、陝西塞外，「陰」「鍾」聲相近，「燭龍」「燭陰」亦音相近。《詩含神霧》云：天不
足西北，無有陰陽，故有龍銜火精以往照天門中。見李善注《文選》。《淮南子·墬形訓》云：
燭龍在雁門北，蔽于委羽之山，不見日，其神人面龍身而無足。高誘注云：委羽，北方山名；
一曰，龍銜燭以照太陰，蓋長千里，視為晝，瞑為夜，吹為冬，呼為夏。案：《淮南》云「雁門

北」，亦謂今山西塞外山也。**視為晝，瞑為夜，吹為冬**〔註3〕**，呼為夏。不飲，不食，不息。息為風。**息，氣息也。**身長千里，在無脊之東。其為物，人面蛇身赤色。居鍾山下。**《淮南子》曰：龍身無足。

一目國沅曰：《淮南子‧墜形訓》有「一目民」，在柔利民之次，高誘注云：目在面中央。**在其東，一目中其面而居。**一曰有手足。

柔利國沅曰：《淮南子‧墜形訓》有「柔利民」，在無腸民之次。《大荒北經》有「牛黎國，人無骨」，即此。《博物志》作「子利國」，字之誤。**在一目東，為人一手一足，反膝，曲足居上。**一腳一手反卷曲也。一云畱利之國，人足反折。

共工之臣曰相柳氏，共工，霸九州者。沅曰：《廣雅》云：北方有民焉，九首蛇身，其名曰相繇。「繇」「柳」音相近。**九首**沅曰：疑言九頭，九人也。首，頭。**以食于九山。**頭各自食一山之物，言貪暴難饜。**相柳之所抵，厥為澤谿。**抵，觸；厥，掘也，音撅。**禹殺相柳，其血腥，不可以樹五穀種。禹厥之，**沅曰：《說文》云：厥，發石也。**三仞三沮。**掘塞之而土三沮陷，言其血膏浸潤壞也。**乃以為眾帝之臺。**言地潤濕，唯可積土以為臺觀。**在昆侖之北，**此昆侖山在海外者。**柔利之東。相柳者，九首，人面，蛇身而青。不敢北射，畏共工之臺。臺在其東。臺四方，隅有一蛇，虎色，首衝南方。**衝，猶向也。沅曰：自「相柳者」至此疑釋語。

深目國沅曰：《淮南子‧墜形訓》有「深目民」，在句嬰民之次。《周書‧王會篇》云：目深桂。孔晁注云：目深亦南蠻也。**在其東，為人舉一手，一目。**一作曰。沅曰：據此則「一曰」當為劉秀校字。**在共工臺東。**

無腸之國沅曰：《淮南子‧墜形訓》有「無腸民」，在深目民之次。**在深目東，**一作南。**其為人長而無腸。**為人長大，腹內無腸，所食之物直通過。

聶耳之國沅曰：「聶」當為「耴」。《淮南子‧墜形訓》無此國，而有云「夸父耽耳在其北方」，此文亦近夸父國，蓋即耽耳國也。《說文》云：耴，耳垂也。與瞻〔註4〕耳義同。郭云「以手攝持」，用「攝」字義釋之。以下有「兩手聶其耳」文，恐非。**在無腸國東，使兩文虎，為人兩手聶其耳，**言耳長，行則以手攝持之也。音諾頰反。**縣居海水中，**縣，猶邑也。**及水所出入奇物，**言盡規有之。**兩虎在其東。**

夸父與日逐走，入日。言及日於將入也。逐音胄。沅曰：《列子‧湯問篇》夏革云云同此。《呂氏春秋》云：禹北至夸父之野。**渴，欲得飲。飲于河渭，河渭不足。北飲大澤，**沅曰：即西海。**未至，道渴而死。棄其杖，化為鄧林。**夸父者，蓋

〔註3〕蔣本墨筆：吹為冬，琮意疑是吸為冬，吹吸字相近而誤也。
〔註4〕蔣本墨筆：「瞻耳」瞻字恐是儋字。

神人之名也。其能及日景而傾河渭，豈以走飲哉？寄用於走飲耳。幾乎不疾而速，不行而至者矣。此以一體為萬殊，存亡代謝，寄鄧林而遯形，惡得尋其靈化哉？沅曰：《淮南子》云：楚人地，垣之以鄧林。高誘注云：鄧林，沔水上險。《史記》云：楚阻之以鄧林。《集解》引此云云，駰謂鄧林後遂為林名。《索隱》云：蓋非在中國也；劉氏以為今襄州南鳳林山，是古祁候之國，故云阻以鄧林也。沅案：鄧林即桃林也，「鄧」「桃」音相近。高誘注《淮南子》云『鄧猶木』是也。《列子》云：鄧林彌廣數十里。蓋即《中山經》所云「夸父之山，北有桃林」矣。其地則楚之北境也。

博父國沅曰：《淮南子‧墜形訓》無此國，云：夸父耽耳在其北方。「博」「夸」聲相近，此云在聶耳東，即上文夸父國耳。在聶耳東，其為人大，右手操青蛇，左手操黃蛇。鄧林在其東，二樹木。一曰博父。沅曰：云「二樹木」，疑釋鄧林詞。云「一曰博父」，言「夸父」一作「博父」。

禹所積石之山沅曰：當云「禹所導積石之山」，此脫「導」字。在其東，河水所入。河出昆侖，而潛行地下，至蔥嶺復出，注鹽澤，從鹽澤復行，南出於此山，而為中國河，遂注海也。《書》曰：導河積石。言時有壅塞，故導利以通之。

拘纓之國沅曰：《淮南子‧墜形訓》有「句嬰民」，在跂踵民之次，高誘注云：句嬰，讀為九嬰，北方之國。在其東，一手把纓。言其人常以一手持冠纓也。或曰「纓」宜作「癭」。一曰利纓之國。

尋木長千里，在拘纓南，生河上西北。

跂踵國跂音企。沅曰：《淮南子‧墜形訓》自東南至東北方，起此國，高誘注云：跂踵民踵不至地，以五指行也。又案：李善注《文選》引高誘注作「反踵」，云：其人南行跡北向也。在拘纓東，其為人大，兩足亦大。其人行，腳跟不著地也。《孝經鉤命訣》曰：焦僥、跂踵，重譯欵塞也。一曰大踵。沅曰：「大踵」當為「反踵」之字誤。

歐絲之野沅曰：《博物志》作「嘔絲」。案：「歐」當為「漚」字之假音〔註5〕。郭云「吐絲」恐非。在大踵東，一女子跪據樹歐絲。言噉桑而吐絲，蓋蠶類也。

三桑無枝在歐絲東，其木長百仞無枝。言皆長百仞也。

范林方三百里，在三桑東，州沅曰：舊本作「洲」字，俗。環其下。洲〔註6〕，水中可居者。環，繞也。

務隅之山，帝顓頊葬于陽，顓頊號為高陽，冢今在濮陽，故帝丘也。一曰頓丘縣城門外廣陽里中。九嬪葬于陰。嬪，婦。一曰爰有熊、羆、文虎、離朱、鴟久、視肉。

〔註5〕蔣本墨筆：此解甚是。
〔註6〕洲字前者畢氏改為州，此未改。

沅曰：一本多此十四字也。

平丘沅曰：《淮南子》云「華丘」。在三桑東，爰有遺玉、遺玉，玉石。青鳥、沅曰：《淮南子·墜形訓》云「青馬」。視肉，沅曰：高誘注《淮南子》云：其人不知言也。楊、柳，甘柤、其樹枝幹皆赤，黃華，白葉，黑實。《呂氏春秋》曰：箕山之東有甘柤焉。音如柤黎之柤。沅曰：《淮南子·墜形訓》作「樝」，是。柤，木閑也。甘華，亦赤枝幹黃華。百果所生。有兩山夾上谷，二大丘居中，名曰平丘。

北海內有獸，其狀如馬，名曰騊駼。陶塗兩音，見《爾雅》。沅曰：騊駼疑即橐駝也，聲皆相近。而古今注《爾雅》者皆未之及，不敢定之。有獸焉，其名曰駮，狀如白馬，鋸牙，沅曰：《爾雅注》引作「倨牙」。食虎豹。《周書》曰：義渠茲白，茲白若白馬，鋸牙，食虎豹。按此二說與《爾雅》同。有素獸焉，沅曰：「素」當為「青」。張揖〔註7〕注司馬相如賦云：蛩蛩，青獸，狀如馬。狀如馬，名曰蛩蛩。即蛩蛩鉅虛也，一走百里，見《穆天子傳》。音邛。沅曰：《周書·王會篇》云：獨鹿邛邛距虛善走也。《呂氏春秋》云：北方有獸名曰蹶，鼠前而兔後，趨則跲，走則顚，常為蛩蛩距虛取甘草以與之，蹶有患害，蛩蛩距虛必負而走。《說苑》云：孔子曰，蛩蛩距虛見人將來，必負蟨以走。孔晁注《周書》云：蛩蛩獸似距虛，負蟨而走也。有青獸焉，狀如虎，名曰羅羅。

北方禺彊〔註8〕，沅曰：《呂氏春秋》云：禹北至禺彊之所。高誘注云：禺彊，天神也。《淮南子》云：禺彊，不周風之所生也。簡文：北海神也，一名禺京，是黃帝之孫也。見《莊子音義》。人面鳥身，珥兩青蛇，踐兩青蛇。字玄冥，水神也。《莊周》曰：禺彊立於北極。一曰禺京。一本云：北方禺彊，黑身手足，乘兩龍。沅曰：《尚書大傳》云：北方之極，自丁令北至積雪之野，帝顓頊、神玄冥司之。《淮南子·時則訓》云：北方之極，自九澤窮夏晦之極，北至令正之谷，有凍寒積冰、雪雹霜霰、漂潤羣水之野，顓頊、玄冥之所司者，萬二千里。

沅曰：右海外自東北陬至西北陬，古本為第二十九篇。

山海經第八　終
總校張預，分校汪學瀚、朱昌壽校

〔註7〕揖字本誤作楫，蔣本朱筆校正。
〔註8〕彊本誤作疆，下同。

山海經第九

晉記室參軍郭璞傳

兵部侍郎兼都察院右副都御史巡撫陝西西安等處地方贊理軍務兼理糧餉欽賜一品頂帶畢沅新校正

海外東經

海外自東南陬至東北陬者。

嵯丘，音嗟，或作髮。沅曰：《淮南子・墜形訓》作「華丘」。爰有遺玉、青馬、視肉，楊桃、沅曰：舊本作「楊柳」，非。《淮南子・墜形訓》作「楊桃」，是。甘柤、沅曰：「柤」當為「樝」。《淮南子・墜形訓》是。甘華，甘果所生，在東海，兩山夾丘，上有樹木。一曰嵯丘。一曰百果所在。在堯葬東。沅曰：此圖起東南，故在狄山東也。

大人國沅曰：《淮南子・墜形訓》有，高誘注云：東南爐土，故人大也。在其北，為人大，坐而削船。沅曰：皆言圖象。一曰在嵯丘北。

奢比之尸在其北，亦神名也。獸身，人面，大耳，珥兩青蛇。珥，以蛇貫耳也，音釣餌之餌。一曰肝榆之尸在大人北。

君子國沅曰：《淮南子・墜形訓》有。在其北，衣冠帶劍，食獸，使二大〔註1〕虎在旁，其人好讓不爭。有薰或作董。華艸，朝生夕死。一曰在肝榆之尸北。

蚩蚩在其北，音虹。各有兩首。虹，螮蝀也。一曰在君子國北。

〔註1〕大字蔣本朱筆校曰：文。

朝陽之谷，神曰天吳，是為水伯。在蚩蚩北兩水閒。其為獸也，八
首人面，八足八尾，皆青黃。《大荒東經》作「十尾」。

青丘國沅曰：《淮南子·墜形訓》無此。《呂氏春秋》云：禹東至鳥谷、青丘之鄉。在
其北，其人食五穀，衣絲帛。〔註2〕其狐四足九尾。 一曰在朝陽北。《汲郡竹書》曰：
栢杼子征於東海，及王〔註3〕壽，得一狐九尾。即此類也。

帝命豎亥步，沅曰：鄭君注《尚書大傳》云：布，推也。高誘注《淮南子》云：善
行人。誤矣。自東極至于西極，五億十選豎亥，健行人。選，萬也。九千八百步
〔註4〕。沅曰：《淮南子·墜形訓》云：禹乃使大章步，自東極至于西極，二億三萬三千五百
里七十五步；使豎亥步，自北極至于南極，二億三萬三千五百里七十五步。劉昭注《郡國志》
云：《山海經》稱禹使大章步，自東極至于西垂，二億三萬三千三百里七十一步；又使豎亥步，
南極盡于北垂，二億三萬三千五百里七十五步。案之此經，無禹使大章云云文，或俗本脫之與？
又其數與《淮南》、劉昭所引不合，未詳其審也。豎亥右手把算，沅曰：「算」當為「筭」。
《說文》云：算，數也；筭，長六寸，計歷數者。左手指青丘北。沅曰：此亦圖象然耳。
一曰禹令豎亥。一曰五億十萬九千八百步。《詩含神霧》曰：天地東西二億三萬三千里，南北
二億一千五百里，天地相去一億五萬里。

黑齒國沅曰：《淮南子·墜形訓》有「黑齒民」。在其北，《東夷傳》曰：倭國東四千
餘里有裸國，裸國東南有黑齒國，船行一年可至也。《異物志》云「西屠染齒」，亦以放此人。
為人黑齒，沅曰：舊本脫「齒」字。案：高誘注《淮南子》云：其人黑齒，食稻啖蛇，在湯
谷上。則當有「齒」字。食稻啖蛇，一赤一青，一作一青蛇。在其旁。 一曰在豎亥
北，為人黑首，食稻，使蛇，其一蛇赤。 下有湯谷。谷中水熱也。沅曰：《虞書》：宅嵎
夷，曰暘谷。《說文》作「崵」。《史記索隱》云：《史記》舊本作「湯谷」。《淮南子》云：日出
湯谷，浴于咸池。馬融云：暘谷，海隅夷之地名。案：「湯」「暘」「崵」皆一也。湯谷上有
扶桑，扶桑，木也。沅曰：《呂氏春秋》云：禹東至榑木之地，日出九津。高誘注云：榑木，
大木之津崖也。《說文》云：榑桑，神木，日所出也。此作「扶」，假音字。十日所浴，沅曰：
《論衡》引此云「十日浴沐水中」，蓋以意增。又此云「十日」，下又云「九日居下枝，一日居
上枝〔註5〕」者，蓋當時圖象如此。案：《呂氏春秋》云：堯朝許由于沛澤之中，「十日出而焦
火不息」。《楚辭》云：十日竝出，流金鑠石。《竹書紀年》云：帝廑八年，天有祅孽，十日竝出。

〔註2〕蔣本朱筆校此條郭注作經文。
〔註3〕蔣本墨筆：王，吳本作三。据《南山經》「九尾狐」條內注，則應作三。
〔註4〕蔣本墨筆：《大戴礼》云：三百步而里。則五億十萬九千八百步，算之得一千
　　　七百三十二里二百步也，其誤必矣。自當以《淮南》、劉昭注引為合。
〔註5〕此引文「上」「下」二字本倒，蔣本朱筆校乙。

《淮南子》云：武王伐紂，當戰之時，十日亂于上。則經傳多言十日，非奇言矣。**在黑齒北，居水中，有大木，九日居下枝，一日居上枝。**《莊周》云：昔者十日竝出，草木焦枯。《淮南子》亦云：堯乃令羿射十日，中其九日，日中烏盡死。《離騷》所謂「羿焉彃日，烏焉落羽」者也。《歸藏‧鄭母經》云：昔者羿善射，畢十日，果畢之。《汲郡竹書》曰：胤甲即位，居西河，有妖孽，十日竝出。明此自然之異有自來矣。《傳》曰：天有十日，日之數十。此云「九日居下枝，一日居上枝」，《大荒經》又云「一日方至，一日方出」，明天地雖有十日，自使以次弟迭出運照。而今俱見，為天下妖災，故羿稟堯之命，洞其靈誠，仰天控弦，而九日潛退也。假令器用可以激水烈火，精感可以降霜回景，然則羿之鑠明離而斃陽烏，未足為難也。若搜之常情，則無理矣。然推之以數，則無往不通。達觀之客，宜領其玄致，歸之冥會，則逸義無滯，言奇不廢矣。

雨師妾在其北，雨師，謂屏翳也。**其為人黑，兩手各操一蛇，左耳有青蛇，右耳有赤蛇。** ⟨一曰在十日北，為人黑身，人面，各操一龜。⟩

玄股之國沅曰：《淮南子‧墜形訓》有。**在其北，**髀以下盡黑，故云。**其為人衣魚，**以魚皮為衣也。**食鷗，**鷗，水鳥也，音憂。**使兩鳥夾之。** ⟨一曰在雨師妾北。⟩

毛民之國沅曰：《淮南子‧墜形訓》有「毛民」，高誘注云：其人體半生毛若矢鏃也。**在其北，為人身生毛。**今去臨海郡東南二千里有毛民〔註6〕，在大海洲島上，為人短小，面體盡有毛，如豬、能，穴居，無衣服。晉永嘉四年，吳郡司鹽都尉戴逢在海邊得一船，上有男女四人，狀皆如此，言語不通，送詣丞相府，未至，道死，惟有一人在。上賜之婦，生子，出入市井，漸曉人語。自說其所是毛民也。《大荒經》云「毛民食黍」者是矣。 ⟨一曰在玄股北。⟩

勞民國沅曰：《淮南子‧墜形訓》有「勞民」，高誘注云：正理躁擾不定也。**在其北，其為人黑。**食果草實也，有一鳥兩頭。〔註7〕**或曰教民。** ⟨一曰在毛民北，為人面目手足盡黑。⟩

東方勾芒，鳥身人面，乘兩龍。木神也，方面素服。《墨子》曰：昔秦穆公有明德，上帝使勾芒賜之壽十九年。沅曰：《尚書大傳》云：東方之極，自碣石東至日出榑桑之野，帝〔註8〕太皥、神勾芒司之。《淮南子‧時則訓》云：東方之極，自碣〔註9〕石山過朝鮮，貫大人之國，東至日出之次，榑木之地，青土樹木之野，太皥、句芒之所司者，萬二千里。

沅曰：右海外自東南陬至東北陬，古本為第三十篇。

〔註6〕蔣本墨筆：傳內毛民，吳本作毛人。
〔註7〕蔣本墨筆：琮意「食果，有一鳥兩頭」七字疑是經脫文，「草實也」三字乃郭解「果」字義，當旁注於「食果」二字下，今皆誤寫作傳文矣，未知是否。
〔註8〕帝字本脫。
〔註9〕碣字初刻本作竭。

　　建平元年四月丙戌，待詔太常屬臣望校治，侍中光祿勳臣龔、侍中奉車都尉光祿大夫臣秀領主省。

山海經第九　終

總校張預，分校汪學瀚、朱昌壽校

山海經弟十

晉記室參軍郭璞傳

兵部侍郎兼都察院右副都御史巡撫陝西西安等處地方贊理軍務兼理糧餉欽賜一品頂帶畢沅新校正

海內南經

海內東南陬以西者。從南頭起之也。

甌居海中。今臨海永寧縣即東甌，在岐海中也。音嘔。沅曰：《史記索隱》云：劉氏云，今珠厓、儋耳謂之甌人。《正義》曰：《輿地志》云，交阯，周時為駱越，秦時曰西甌。**閩在海中。**音旻。沅曰：《說文》云：閩，東南越蛇種，从虫。劉逵注左思賦云：閩，越名也，秦并天下，以其地為閩中郡。**其西北有山。**閩越即西甌，今建安郡是也，亦在岐海中。一曰閩中山在海中。

三天子鄣山音章。沅曰：山在今安徽歙縣。《太平寰宇記》云：績溪縣，本歙之華陽古鎮，三天子都山一名玉山，在縣東南八十里；顧野王云「今永康晉雲山，是三天子都，今在績溪縣東九十里，吳于此山分界焉」。**在閩西海北。**今在新安歙縣東，今謂之三王山，浙江出其邊也。張氏《土地記》曰：東陽永康縣南四里有石城山，上有小石城，云黃帝曾遊此，即三天子都也。一曰在海中。

桂林八樹在賁沅曰：舊本作「番」，非。據《水經注》及李善注《文選》引此改正。**隅東。**八樹而成林，信其大也。賁隅，音番禺，今番禺縣。沅曰：舊本傳文有脫字，今據李善注《文選》改〔註1〕。又《水經注》云：「浪水東別，逕番禺，《山海經》謂之『賁禺』者也。

〔註1〕「改」字本誤作「注」，蔣本朱筆校正。

交州治中合浦，姚文武問云：何以名為番禺？荅曰：南海郡昔治在今州城中，與番禺縣連接，今入城東南偏有水坑陵，城倚其上，聞此縣人名為之番山，縣名番隅，儻謂番山之隅也。」《南越志》云：番隅縣有番、隅二山，因以為名。見《初學記》。

伯慮國、未詳。離耳國、鎪離其耳，分令下垂，以為飾，即儋耳也。在朱崖海渚中。不食五穀，但噉蚌及諸蓏也。雕題國、點〔註2〕涅其面，畫體為鱗采，即鮫人也。北胸國，音蚼，未詳。沅曰：《爾雅疏》引此作「煦」。皆在鬱水南。鬱水出湘陵南海〔註3〕。一曰相慮。沅曰：「相」字當為「柏」字，「伯慮」一作「柏慮」也。

梟陽國沅曰：揚雄賦、《淮南子》作「嗥陽」，左思賦作「梟羊」。《說文》云：𤟪𤟪，讀若費費，一名梟陽。劉逵注左思賦云：張衡《玄圖》曰：梟羊喜獲，先笑後愁。《太平寰宇記》云：海陽縣，鳳皇山一名翔鳳山，中有神，形如人，被髮，迅走，《山海經》云「南方有贛巨人」，郭景純云「即梟陽」，蓋此山也。在北胸之西，其為人沅曰：《爾雅疏》引此作「其狀如人」。人面、長脣、黑身、有毛、反踵，見人笑亦笑，左手操管。《周書》曰：州靡髟髟者，人身，反踵，自笑，笑則上脣掩其面。《爾雅》云「狒狒」。《大傳》曰：「《周書》成王時州靡國獻之。」《海內經》謂之「贛巨人」。今交州南康郡深山中皆有此物也，長丈許，腳跟反向，健走，被髮，好笑。雌者能作汁，灑中人即病。土俗謂之〔註4〕山都。南康今有贛水，以有此人，因以名水，猶《大荒》說地有蜮人，人因號其山為蜮山，亦此類也。

兕在舜葬東，湘水南，其狀如牛，蒼黑，一角。沅曰：此言舜葬東圖此獸也。蒼梧之山，沅曰：高誘注《淮南子》云：蒼梧之山，在蒼梧馮乘縣東北，零陵之南。帝舜葬于陽，即九疑山也。《禮記》亦曰「舜葬蒼梧之野」。沅曰：《呂氏春秋》云：舜葬于紀市。高誘注云：《傳》曰舜葬蒼梧九疑之山，此云于紀市，九疑山下亦有紀邑。帝丹朱葬于陰。今丹陽復有丹朱冢也。《竹書》亦曰：后稷放帝朱于丹水。與此義符。丹朱稱帝者，猶漢山陽公死加獻帝之諡也。沅曰：云「帝丹朱」者，猶言「帝子丹朱」也。郭說非。氾林方三百里，在狌狌東。或作猩猩，字同耳。狌狌知人名，其為獸如豕而人面。《周書》曰：「鄭郭狌狌者，狀如黃狗而人面，頭如雄雞，食之不眯。」今交州〔註5〕封谿出狌狌，土俗人說云，狀如豚而腹〔註6〕如狗，聲如小兒啼也。在舜葬西。

狌狌西北有犀牛，其狀如牛而黑。犀牛似水牛，豬頭，在狌狌知人名之西北，庳腳，三角。

〔註2〕點字蔣本朱筆校曰：黔。
〔註3〕海字蔣本朱筆校曰：山。
〔註4〕蔣本墨筆：謂之山都，吳本作呼為山都。
〔註5〕州字蔣本朱筆校曰：阯。
〔註6〕腹字蔣本朱筆校曰：復。

夏后啟之臣曰孟涂，沅曰：《水經注》引此作「血涂」。《竹書紀年》云：帝啟八年，帝使孟涂如巴涖訟。《水經注》云：江水東逕巫縣故城南，又東逕新崩灘，有大巫山，神血涂所處。是司神于巴，巴沅曰：舊本脫一「巴」字，今據《水經注》增。人聽其獄訟，為之神主。請訟于孟涂之所，令斷之也。其衣有血者乃執之，不直者則血見於衣。是請生。言好生也。居山上，在丹山西。丹山在丹陽南，丹陽巴屬也。今建平郡丹陽城秭歸縣東七里，即孟涂所居也。沅曰：「丹山在丹陽南」已下十一字舊本譌為經文，又「巴屬」譌為「居屬」，據《水經注》云「郭景純云丹山在丹陽，屬巴」，則知此是郭注。道元節其文耳。

窫沅曰：舊本作「窫」，疑當从宀。窫龍首，居弱水中，在狌狌知人名之西，其狀如龍首，食人。窫窫本蛇身人面，為貳負臣所殺，復化而成此物也。有木，其狀如牛，《河圖玉版》說「芝草樹生，或如車馬，或如龍蛇之狀」，亦此類也。引之有皮，若纓、黃蛇，言牽之皮剝如人冠纓及黃蛇狀也。其葉如羅，如綾羅也。其實如欒，欒，木名，黃本赤枝青葉，生雲雨山。或作卵，或作麏〔註7〕。音欒。其木若蓲，蓲亦木名，未詳。其名曰建木。沅曰：《淮南子‧墜形訓》云：建木在〔註8〕都廣，眾帝所自上下，日中無景，呼而無響，蓋天地之中也。在窫窫西弱水上。建木青葉、紫莖、黑花、黃實，其下聲無響、立無影也。

氐人國音觸抵之抵。在建木西，其為人，人面而魚身，無足。蓋胷以上人，胷以下魚也。

巴蛇食象，沅曰：王逸《楚辭章句》引此作「靈蛇吞象」三歲而出其骨。君子服之，無心腹之疾。今南方蚺蛇吞鹿，鹿已爛，自絞於樹，腹中骨皆穿鱗甲閒出，此其類也。《楚詞》曰：有蛇吞象，厥大何如。說者云長千尋。其為蛇，青黃赤黑。一曰黑蛇青首。在犀牛西。

旄馬，其狀如馬，四節有毛，《穆天子傳》所謂「豪馬」者。亦有旄牛。在巴蛇西北，高山南。

匈奴、一曰獫狁。開題之國、音提。列人之國，並在西北。三國並在旄馬西北。沅曰：《周書‧王會》云：伊尹曰，正北匈奴。《穆天子傳》有「曹奴」，疑亦此，「曹」「匈」音相近。

沅曰：右海內東南陬以西，古本為第三十一篇。

山海經第十　終

總校張預，分校汪學瀚、朱昌壽校

〔註7〕麏字初刻本作麻。
〔註8〕在字本脫。

山海經弟十一

晉記室參軍郭璞傳

兵部侍郎兼都察院右副都御史巡撫陝西西安等處地方贊理軍務兼理糧餉欽賜一品頂帶畢沅新校正

海內西經

海內西南陬以北者。

貳負之臣曰危，危與貳負沅曰：劉逵注左思賦引此作「二負」。殺窫窳，帝乃桎之疏屬之山，桎，猶繫縛也，古沃切。沅曰：山在今陝西綏德州城內。《元和郡縣志》云：龍泉縣，疏屬山亦名雕陰山。桎其右足，桎，械也。反縛兩手與髮，并髮合縛之也。繫之山上木，在開題沅曰：此云開題西北，而山在今綏德州，疑開題即笄頭山也，音皆相近。西北。漢宣帝使人上郡發盤石，石室中得一人，跣裸，被髮，反縛，械一足。以問羣臣，莫能知。劉子政按此言對之，宣帝大驚。於是時人爭學《山海經》矣。論者多以為是其尸象，非真體也。意者以靈怪變化論，難以理測。物稟異氣出于不然，不可以常運推，不可以近數揆矣。魏時有人發故周王冢者，得殉女子，不死不生，數日時有氣，數月而能語，狀如廿許人。送詣京師，郭太后愛養之，恆在左右。十餘年，太后崩，此女哀思哭泣，一年餘而死。即此類也。

大澤方百里，羣鳥所生及所解，百鳥於此生乳，解之〔註1〕毛羽。在雁門北。沅曰：崔浩云：翰海，北海名，羣鳥之所解羽，故云翰海。見《史記索隱》。案此澤名翰海，亦即委羽之山，皆以解羽名之。

〔註1〕之字蔣本朱筆校曰：䎀。

雁門山，雁出其間，沅曰：《水經注》引此作「門」。在高柳北。沅曰：山在今
山西代州北三十五里。

高柳在代北。沅曰：「北」《水經注》引此作「中」，又云：其山重巒疊巘，霞舉雲高，
連山隱隱，東出遼塞。

后稷之葬，山水環之，在廣都之野。沅曰：即《西山經》所謂「稷澤」。《周語》
云：稷勤百穀而死。韋昭注云：稷死于黑水之山。《毛詩傳》云：《尸子》云，禹之喪法，死於
陵者于陵，死於澤者葬于澤。見《後漢書注》。《淮南子〔註2〕．墜形訓》云：后稷壟在建木西。
高誘注云：建木在都廣，都廣，南方澤名。非也。案：云「黑水之山」，其地當在今甘肅。在
氐國西。

流黃酆氏之國，沅曰：《淮南子》有云：流黃沃氏在其北，方三百里。中方三百
里，言國城內。有塗沅曰：「塗」當為「涂」。四方，塗，道。中有山，在后稷葬西。

流沙出鍾山，沅曰：此即山西、陝西塞外陰山也。《水經》云：流沙地在張掖居延縣
東北。注云：居延澤在其縣故城北，《尚書》所謂「流沙」者也，弱水入流沙，流沙，沙與水流
行也，亦言出鍾山，西行極崦嵫之山，在西海郡北，又逕浮渚，歷墼市之國，又逕于鳥山之東
朝雲國，西歷昆山，西南出于過瀛之山，又歷員丘、不死山之西，入於南海。西行，又南行
昆侖之虛，沅曰：舊本作「崑崙」作「墟」，非，下同。西南入海，黑水之山。今西
海居延澤，《尚書》所謂流沙者，形如月生五日也。

東胡在大澤東。

夷人在東胡東。

貊國在漢水東北，今扶餘國即濊貊故地，在長城北，去玄菟千里，出名馬、赤玉、
貂皮、大珠如酸棗也。地近于燕，滅之。

孟鳥亦鳥名也。在貊國東北，其鳥文赤黃青，東鄉。

海內昆侖之虛沅曰：言「海內」者，是肅州之山。《說文》云：虛，大丘也，昆侖丘
謂之昆侖虛。在西北，言海內者，明海外復有昆侖山。帝之下都。昆侖之虛方八百
里，高萬仞，皆謂其虛基廣輪之高庫耳。自此以上二千五百餘里，上有醴泉、華池，去嵩
高五萬里，蓋天地之中也，見《禹本紀》。沅曰：《淮南子》云：高萬一千里百一十四步二尺六
寸。《水經》云：高萬一千里。《廣雅》云：高萬一千一百一十里一十四步二尺六寸。上有木
禾，長五尋，大五圍，木禾，穀類也，生黑水之阿，可食，見《穆天子傳》。面有九
井，沅曰：《呂氏春秋．本味篇》云：伊尹曰，水之美者，昆侖之井。以玉為檻，檻，欄。
面有九門，門有開明沅曰：《淮南子》云：東方曰東極之山，曰開明之門。獸守之，

〔註2〕初刻本衍一子字，蔣本墨筆：子，衍文，宜去。讓紀。

百神之所在。此自別有小昆侖也。沅曰：舊本無此傳，今據《水經注》增入。郭以此為小昆侖，非。《博物志》云：漢使張騫度西海至大秦，西海之濱有小昆侖。則是肅州之山，乃古之昆侖。小昆侖在海外，郭說正相反。在八隅之巖、在巖閒也。赤水之際，非仁羿莫能上岡之巖。言非仁人及有才藝如羿者，不能得登此山之岡嶺巉巖也。羿嘗請藥西王母，亦言其得道也。「羿」一或作「聖」。沅曰：《說文》云：羿，羽之羿風。疑此云「仁羿」，言非有羽翼不能上。赤水出東南隅，以行其東北，西南流注南海厭火東。

河水出東北隅，以行其北，西南又入勃海，沅曰：《淮南子‧墜形訓》云：貫勃海。高誘注云：勃海，大海也。案：即塞外蒲昌海。「勃」舊本作「渤」，俗字，今改正。又出海外，即西而北，入禹所導積石山。禹治水，復決疏之，故云導河積石。沅曰：高誘注《淮南子》云：河水自昆侖，由地中行，禹導而通之，至積石山。《書》曰：導河積石。入，猶出也。洋音翔。水、沅曰：高誘注《淮南子》云：洋水經隴西氐道，東至武都為漢，「陽」或作「養」也。《水經注》云：闞駰云「漢或為漾」，漾水出昆侖西北隅，至氐道重源顯發而為漾水。據此，則秦州之西漢，豈亦有伏流發于昆侖與？黑水沅曰：《夏書》云：黑水西河惟雍州。又云：導黑水至于三危，入于南海。又《史記正義》：《括地志》云，黑水源出伊吾縣北百二十里，又南流二十里而絕三危山，在河州敦煌縣東南四十里。案：南海即揚州東大海，岷江下至揚州東入海也。其黑水源在伊州，從伊州東南三十餘里至鄯州，鄯州東南四百餘里至河州，入黃河，河州有小積石山。出西北隅，以東，東行又東北，南入海沅曰：漢水合江入海，黑水合河入海也。此海即揚州之海。羽民南。

弱水、青水出西南隅，以東，又北，又西南過畢方鳥東。《西域傳》：烏弋國去長安萬五千餘里，西行可百餘日至條枝國，臨西海，長老傳聞有弱水西王母云。《東夷傳》亦曰：長城外數千里亦有弱水。皆所未見也。《淮南子》云：弱水出窮石。窮石，今之西郡那冉〔註3〕，蓋其派別之源耳。沅曰：郭說非也。此「弱水」即《夏書》「弱水既西」及《淮南子》「出窮石」之弱水，非條枝之水。《地里志》云：刪丹，桑欽以為道弱水自此，西至酒泉合黎。《水經注》云：弱水入流沙。《史記正義》云：《括地志》云，蘭門山一名合黎，一名窮石，山在甘肅刪丹縣西南七里。《淮南子》云：弱水源出窮石山。又云：合黎一名羌谷水，一名鮮水，一名覆表水，今名副投河，一名張掖河，南自吐谷渾界流入甘州張掖縣。今案：合黎水出臨路松山，東而北流歷張掖故城下，又北流經張掖縣二十三里，又北流經合黎山，折而北流經流沙磧之西，入居延海，行千五百里。合黎山，張掖縣西北二百里也。

昆侖南淵深三百仞。靈淵。開明獸，開明門之獸也，非獸名。身大類虎而九首皆人面，東嚮立昆侖上。天獸也。《銘》曰：開明天獸，稟資乾精；瞻視昆侖，威振

〔註3〕那冉二字蔣本朱筆校曰：刪丹。

百靈。

開明西有鳳皇、鸞鳥，皆戴蛇，踐蛇，膺有赤蛇。沅曰：此亦言其圖象。

開明北有視肉、珠樹、文玉樹、五彩玉樹。玗琪樹、玗琪，赤玉屬也。吳天璽元年，臨海郡吏伍曜在海水際得石樹，高二尺餘，莖葉紫色，詰曲傾靡，有光彩，即玉樹之類也。于其兩音。不死樹。言長生也。鳳皇、鸞鳥皆戴瞂。音伐〔註4〕，盾也。又有離朱、木禾、柏樹、甘水、即醴泉也。聖木、食之令人智聖也。曼兌。未詳。

一曰挺木牙交。《淮南》作「璇樹」。璇，玉類也。

開明東有巫彭、巫抵、巫陽、巫履、巫凡、巫相，皆神醫也。《世本》曰：巫彭作醫。《楚詞》曰：帝告巫陽。夾窫窳之尸，皆操不死之藥以距之。為距卻死氣求更生也。窫窳者，蛇身人面，貳負臣所殺也。沅曰：此疑釋語。

服常樹，沅曰：《廣韻》引作「樋常」，非。其上有三頭人沅曰：言有三人。古者謂一人為一頭，如「人皇九頭」是。司〔註5〕琅玕樹。服常木未詳。琅玕子似珠。《爾雅》曰：西北之美者，有昆侖之琅玕焉。《莊周》曰：有人三頭，遞臥遞起，以司琅玕與玗琪子。謂此人也。

開明南有樹、鳥六首、蛟、蛟似蛇，四腳，龍類也。蝮蛇、蜼、豹、鳥秩樹。木名，未詳。於表池樹木，言列樹以表池，即華池也。誦鳥、鳥名，形未詳。鶺、鵒也。《穆天子傳》曰：爰有白鶺、青鵒。音竹筍之筍。視肉。

沅曰：右海內西南陬以北，古本為第三十二篇。

山海經第十一　終

總校張預，分校汪學瀚、朱昌壽校

〔註4〕蔣本墨筆：瞂，吳本作瞂。伐，吳本作戈。
〔註5〕蔣本墨筆：司，吳皆作伺。朱筆校曰：伺。

山海經第十二

晉記室參軍郭璞傳

兵部侍郎兼都察院右副都御史巡撫陝西西安等處地方贊理軍務兼理糧餉欽賜一品頂帶畢沅新校正

海內北經

海內西北陬以東者。

蛇巫之山，<small>沅曰：此即大巫山也。「蛇」「大」聲相近。</small>上有人，操杯<small>沅曰：此「梧」</small><small>字省文。</small>而東向立。一曰龜山。<small>「杯」或作「栖」，字同。</small>

西王母梯几而戴勝，杖，<small>梯，謂馮也。</small>其南有三青鳥，為西王母取食，<small>又有三足鳥主給使。</small>在昆侖虛北。<small>沅曰：舊本作「崑崙墟」，非。</small>

有人曰大行伯，把戈。其東有犬封國。<small>昔盤瓠殺戎王，高辛以美女妻之，不可以訓，乃浮之會稽東南〔註1〕海中，得三百里地封之，生男為狗，女為美人，是為狗封之國也。</small>貳負之尸在大行伯東。

犬封國曰犬戎國〔註2〕，狀如犬，<small>黃帝之後弁明生白犬，二頭，自相牝牡，遂為此國。言狗國也。</small>有一女子方跪進杯食。<small>與酒〔註3〕食也。</small>有文馬，縞身，<small>色白如縞。</small>朱鬣，目若黃金，名曰吉量，<small>一作良。沅曰：《爾雅·馬屬》云：回毛在背，閱廣。疑「閱廣」「吉量」音相近。</small>乘之壽千歲。<small>《周書》曰：犬戎文馬，赤鬣，白身，目</small>

〔註1〕南字本脫。
〔註2〕「曰」字前蔣本朱筆校增「一」字，曰：「一曰犬戎國」五字略改小些。
〔註3〕酒字蔣本朱筆校曰：狗。

－175－

若黃金，名曰吉黃之乘，成王嘗獻之。《六韜》曰：文身，朱鬣，眼若黃金，項若雞尾，名曰雞斯之乘。《大傳》曰：駁身，朱鬣，雞目。《山海經》亦有吉廣〔註4〕之乘，壽千歲者。惟名有不同，說有小錯，其實一物耳。今博舉之以廣異聞也。

鬼國在貳負之尸北，為物人面而一目。 一曰貳負神在其東，為物人面蛇身。

蜪犬音陶。或作蚼，音鈎。沅曰：《說文》云：北方有蚼犬食人。則當為「蚼」。如犬，青〔註5〕，食人從首始。窮奇狀如虎，有翼，毛如蝟。〔註6〕食人從首始，所食被髮〔註7〕，在蜪犬北。 一曰從足。沅曰：「食人從首」一本作「從足」也。

帝堯臺、帝嚳臺、帝丹朱臺、帝舜臺，各二臺，臺四方，在昆侖東北。此蓋天子巡狩所經過，夷狄慕聖人恩德，輒共為築立臺觀，以標顯其遺跡也。一本云：所殺相柳地腥臊，不可種五穀，以為眾帝之臺。

大蠭其狀如螽，朱蛾其狀如蛾。蛾，蚍蜉也。《楚詞》曰：玄蠭如壺，赤蛾如象。謂此也。

蟜，其為人虎文，脛有腎，言腳有膞腸也。蟜音橋。在窮奇東。 一曰狀如人。 昆侖虛北所有。此同〔註8〕上物事也。

闒非，人面而獸身，青色。闒音搨。

據比一云掾北〔註9〕之尸，其為人折頸，被髮，無一手。

環狗，其為人獸首，人身。 一曰蝟狀如狗，黃色。

袜，沅曰：此字《說文》所無〔註10〕，見《玉篇》。其為物人身，黑首，從目。袜即魅也。

戎，為人人首，三角。

林氏國〔註11〕沅曰：《周書·史記解》云：昔有林氏召離戎之君而朝之。即此國。薛綜注左思賦云：林氏，山名也。未知何據。有珍獸，大若虎，五采畢具，尾長于身，名曰騶吾，乘之日行千里。《六韜》云：紂囚文王，閎夭之徒詣林氏國，求得此獸獻之，

〔註4〕蔣本墨筆：廣，吳本作黃，此疑誤。朱筆：黃。
〔註5〕青字下蔣本朱筆校增曰：色。
〔註6〕毛如蝟三字亦疑經脫文。
〔註7〕蔣本墨筆：被髮下有闕文。知讓。
〔註8〕同字蔣本朱筆校作目。又墨筆：改字秀注，則郭注當移於上。
〔註9〕北字蔣本校曰：比。
〔註10〕所無二字本倒誤，蔣本朱筆校乙。
〔註11〕蔣本墨筆：《音義》云：《史記》：趙王云：西有林胡、樓煩。正義云：林胡、樓煩，即嵐、勝之北也。按：即此林氏。

紂大悅，乃釋之。《周書》曰：史林尊耳，尊耳若虎，尾參於身，食虎豹。《大傳》謂之侼〔註12〕獸。「吾」宜作「虞」也。沅曰：舊本「史林尊耳」作「夾林酋耳」，非。

昆侖虛沅曰：舊本作「崑崙墟」，非。**南所有，氾林方三百里。**沅曰：《淮南子·墜形訓》有「樊桐」，云在昆侖閶闔之中。高誘注云：山名，樊讀如麥飯之飯。《廣雅》云：昆侖虛有板桐。《水經注》云：《昆侖說》曰，昆侖之山，下曰樊桐，一名板桐。案：「氾」「樊」「板」聲相近，「林」「桐」字相似，當即一也。

從極之淵深三百仞，維冰夷恆都焉。冰夷，馮夷也。《淮南》云：馮夷得道，以潛大川。即河伯也。《穆天子傳》所謂「河伯無夷」者，《竹書》作「馮夷」，字或作「冰」也。沅曰：《太公金匱》云「馮修」也。《魚龍河圖》云：河伯姓呂名〔註13〕公子，夫人姓馮名夷，河伯，字也，華陰潼鄉隄首人，水死，化為河伯。應劭云：夷，馮夷，乃水姓也。見《史記正義》。司馬彪注《莊子》云：《清泠傳》云，馮夷，服八石，得水仙，是為河伯；一云以八月庚子浴于河而溺死。見陸德明《音義》。**冰夷人面，乘兩龍。**畫四面，各乘靈車，駕二龍。一曰中極之淵。沅曰：「中」舊本作「忠」，非。据《水經注》作「中」。此即底柱處也。

陽汙之山，河出其中。沅曰：即潼關也，河出其下。《中山經》云「楊華之山」，《周禮》作「楊紆」，《穆天子傳》作「陽紆」，《爾雅》作「楊陓」。《呂氏春秋》「九藪」云：秦之華陽。高誘曰「桃林縣西長城」是也。《晉地道記》曰「潼關」是也。《淮南子》云：禹治水，以身解于陽盱之河。高誘注云：陽盱河蓋在秦地。皆即此山耳。酈道元《水經注》反以誘說秦地為非，疑其域外，是以不狂為狂也。**凌門之山，河出其中。**皆河之枝源所出之處也。沅曰：即龍門山也，「陵」「龍」聲相近。龍門在今陝西韓城縣東，河所出。郭云皆河之枝源，非也。

王子〔註14〕**夜之尸，兩手、兩股、匈、**沅曰：舊本作「胷」，非。**首、齒皆斷，異處。**此蓋形解而神連，貌乖而氣合，合不為密，離不為疏。

舜妻登比氏，生宵明、燭光，即二女字也，以能光照因名云。沅曰：《淮南子·墜形訓》云：宵明、燭光在河州，所照方千里。**處河大澤，**澤，河邊溢漫處。**二女之靈，能照此所方百里。**言二女神光所燭及者方百里。一曰登北氏。

蓋國在鉅燕南倭北，倭屬燕〔註15〕。倭國在帶方東大海內，以女為主，其俗露紒，衣服無鍼功，以丹朱塗身，不妒忌，一男子數十婦也。沅曰：《括地志》云：倭國，武皇后改為日本國，在今濟南隔海，依島而居。見《史記正義》。

〔註12〕侼字蔣本朱筆校曰：怪。
〔註13〕名字本脫。
〔註14〕子字蔣本朱筆校曰：予。
〔註15〕蔣本墨筆：「倭屬燕」「列陽屬燕」七字疑亦後人增益語，當細書之也。

朝鮮在列陽東海北山南，沅曰：据《史記正義》云：朝音潮，鮮音仙。海，謂勃海，南至楊、蘇、台等州之東海也。《括地志》曰：高麗治平壤城，本漢樂浪郡王險城，即古朝鮮也。列陽屬燕。朝鮮，今樂浪縣，箕子所封也。列，亦水名也，今在帶方，帶方有列口縣。

列姑射在海河州沅曰：舊本作「洲」，非。中。山名也，山有神人，河洲在海中，河水所經者，《莊子》所謂藐姑射之山也。沅曰：《列子》云：「列姑射山在海河州中。山上有神人焉，吸風飲露，不食五穀，心如淵泉，形如處女。不偎不愛，仙聖為之臣；不畏不怒，原愨為之使。不施不惠而自足，不聚不斂而已無恐。陰陽常調，日月常明，四時常若，風雨常均，字育常時，禾穀常豐；而土無札傷，人無夭惡，物無疵癘，鬼無靈響焉。」

姑射國在海中，屬列姑射，沅曰：《莊子》云：姑射之山在汾水之陽。是在今山西，非此山也。郭注誤引之。西南山環之。

大蟹在海中。蓋千里之蟹也。沅曰：《周書‧王會》云：海陽大蟹。孔晁注云：海水之陽，一蟹盈車。

陵魚人面，手足，魚身，在海中。沅曰：《楚辭》云：陵魚曷止。王逸曰：陵魚，陵鯉也。劉淵林《吳都賦注》曰：陵鯉有四足，狀如獺，鱗甲似鯉，居士穴中，性好食蟻。

大鯾居海中。鯾，即魴〔註16〕也，音鞭。

明組音祖。邑居海中〔註17〕。

蓬萊山在海中。上有仙人，宮室皆以金玉為之，鳥獸盡白，望之如雲，在勃海中也。沅曰：《列子》云：夏革曰：「勃海之東不知幾億萬里，有大壑焉，實惟無底之谷，其下無底，名曰歸虛。其中有五山焉：一曰岱輿，二曰員嶠，三曰方壺，四曰瀛洲，五曰蓬萊。其山高下周旋三萬里，其頂平處九千里。山之中相去七萬里，而五山之根無所連著，常隨潮波上下往還，不得暫峙焉。仙聖毒之，訴之于帝。帝恐〔註18〕流于西極，失羣聖之所居，乃命禺彊使巨鼇十五舉首而戴之，迭為三番，六萬歲一交焉，五山始峙。而龍伯之國有大人，舉足不盈數步而暨五山之所，一釣而連六鼇，合負而趣歸其國〔註19〕，灼其骨以數焉。於是岱輿、員嶠二山流于北極，沈于大海，仙聖之播遷者巨億計。帝憑怒，侵減龍伯之國使阨，侵小龍伯之民使短。至神農、伏羲時，其國人猶數十丈。」《史記》云：威、宣、燕昭使入大海求蓬萊、方丈、瀛洲，此三神山者，其傳在勃海中，去人不遠。沅案：蓬萊山即浮來山也，在漢之東莞縣。《春秋傳》有「浮來」，杜預曰：邳來山之間號曰邳來。《郡國志》曰：公來山或曰古浮來。「公」「蓬」「邳」「浮」皆聲相近，其地近海，故曰海中也。傳記說此，多荒誕云。

〔註16〕魴字下蔣本墨筆校增曰：魚。
〔註17〕蔣本墨筆夾批：此條吳注可採。知讓。
〔註18〕恐字初刻本作怒。
〔註19〕國字本誤作骨。

大人之市在海中。

沅曰：右海內西北陬以東，古本為第三十三篇。

山海經第十二　終

總校王詒壽，分校孫瑛、蔡濟勤校

山海經第十三

晉記室參軍郭璞傳

兵部侍郎兼都察院右副都御史巡撫陝西西安等處地方贊理軍務兼理糧餉欽賜一品頂帶畢沅新校正

海內東經

海內東北陬以南者。

鉅燕在東北陬。

國在流沙中者，埻_{沅曰：《廣雅〔註1〕》云：埻端，國名，出《山海經》，音同郭，又音蜩，與郭音異。}端、璽暵，_{埻音敦。「暵〔註2〕」音喚〔註3〕，或作「繭」「暵」。沅曰：《玉篇》有「暵」，云「呼換切」，引此；又有「暵」，云「胡貫切，國名」。蓋為孫強增亂，故有二形也。}在昆侖虛東南。一曰海內之郡，不為郡縣，在流沙中。_{沅曰：言「國在流沙中者」七字，一本作此十二字。}

國在流沙外者，大夏、_{大夏國城方二三百里，分為數十國，地溫和，宜五穀。}豎沙、_{沅曰：裴松之注《三國志》引《魏畧》作「堅沙」。}居繇、_{沅曰：裴松之注《三國》引《魏畧》作「屬繇」。}月支之國。_{月支國多好馬、美果，有大尾羊如驢尾，即羬羊也，小月支、天竺國皆附庸也。繇音遙。沅曰：《周書·王會》云：伊尹曰，正北大夏、月氏。裴松之注《三國志》云：《魏畧》曰，大秦西有海水，海水西有河水，河水西南北行有大山，西有赤水，}

〔註1〕雅字蔣本朱筆校曰：韻。

〔註2〕暵字初刻本作喚。

〔註3〕音喚二字本脫。

赤水西有白玉山，白玉山西有西王母，西王母西有修流沙，修流沙西有大夏國、堅沙國、屬繇國、月氏國四國，有黑水，所傳聞西之極矣。案：此是《海內東經》，而諸國在西，疑《魏畧》所說亦是附會經文，非得其實也。

西胡白玉山在大夏東。蒼梧在白玉山西南。皆在流沙西，昆侖虛東南。昆侖山在西胡西，皆在西北。《地理志》：昆侖山在臨羌西，又有西王母祠也。沅曰：詳上文，此或大秦西海之昆侖，而郭反以肅州昆侖注之，其謬甚矣。

雷澤中有雷神，龍身而人頭，鼓其腹，在吳西。今城陽有堯冢、靈臺，雷澤在北也。《河圖》曰：大跡在雷澤，華胥履之，而生伏羲。沅曰：《淮南子·墬形訓》云：雷澤有神，龍身〔註4〕人頭，鼓其腹而熙。高誘注云：雷澤，大澤也。《括地志》云：雷夏澤在濮州雷澤縣郭外。見《史記正義》。

都州在海中。沅曰：《水經注》引此作「郁山」，劉昭注《郡國志》與經文同。一曰郁州。今在東海朐縣界。世傳此山在〔註5〕蒼梧從南徙來，上皆有南方物也。郁音鬱。沅曰：《水經注》云：朐縣東北海中有大洲，謂之郁洲，言是山自蒼梧徙此，云山上有南方草木。今郁州治。

琅邪臺在勃海閒，琅邪之東，今琅邪在海邊，有山焦嶢特起，狀如高臺，此即琅邪臺也。琅邪者，越王勾踐入霸中國之所都。其北有山。沅曰：《史記正義》云：琅邪，山名，在密州東南百三十里，琅邪臺在山上矣。一曰在海閒。

韓鴈在海中，郁州〔註6〕南。

始鳩在海中，轅厲南。國名，或曰鳥名也。沅曰：「轅厲」即「韓鴈」也。「轅」「韓」音相近，「鴈」「厲」字相似。

會稽山在大楚〔註7〕南。沅曰：此云「大楚」，禹時無此國，蓋周秦人釋圖象之詞。

沅曰：右《海內東經》，古本為第三十四篇，舊本合「岷三江首」以下云云為篇，非，今附在後。

岷，三江首。大江出汶山，今江出汶山郡升遷縣岷山，東南經蜀郡、犍為至江陽，東北經巴東、建平、宜都、南郡、江夏、弋陽、安豐，至廬江南界，東北經淮南、下邳至廣陵郡，入海。沅曰：山在今四川茂州東南。《說文》作「崏」，此省文也。《史記》云：瀆山，蜀之汶山也。應劭《漢書注》云：文山，今蜀郡崏山，本冉駹是也。北江出曼山，沅曰：曼山疑即蒙山，在今四川名山縣西北，「曼」「蒙」音相近，北江疑即青衣水也。南江出高山，

〔註4〕身字本脫。
〔註5〕在字蔣本朱筆校曰：自。
〔註6〕蔣本墨筆：吳作都州。
〔註7〕蔣本墨筆：知讓曰：楚是麓字之譌。

沅曰：疑即卭水，在今四川榮經縣，北至雅州合青衣水也。 高山在成都西，沅曰：此文後人釋
語，舊本作「城都」，又亂入經文，今皆細書別之。 入海。沅曰：《淮南子‧墜形訓》云：江
出岷山，東流絕漢入海，左還北流至于開母之北，右還東流至于東極。 在長州南。沅曰：言入
海在此。釋語也。

浙江出三天子都，沅曰：水出今安徽歙縣西北黃山，亦曰新安江。《水經》云：漸江
水出三天子都。注云：《山海經》謂之「浙江」也。《說文》云：漸水出丹陽黟南蠻中，東〔註8〕
入海。又云：浙江水東至會稽山陰為浙江。〔註9〕《地理志》云：黟，漸江水出南蠻夷中，東
入海。《史記索隱》云：韋昭曰，浙江在今錢唐，音折獄之折；晉灼音逝，非也；蓋其流曲折，
《莊子》所謂「制河」即其水也，「制」「浙」聲相近。案：此江出今安徽黟縣，名漸江，至會
稽，以其曲折名浙江，《說文》云云最明也。三天子都在今安徽績溪縣。顧野王云：今永康晉雲
山，是三天子之都，今在績溪縣東九十里，吳於此山分界焉。見《太平寰宇記》。 在蠻沅曰：
舊本作「其」，今据《太平寰宇記》引改正。 東，按《地理志》：浙江出新安黟縣南蠻中，東入
海。今錢塘〔註10〕浙江是也。蠻即歙也。浙音折。沅曰：舊本郭云「蠻即歙也」「蠻」作「黟」，
今據《太平寰宇記》改正。〔註11〕 在閩西北，沅曰：此釋「在蠻東」也。 入海。 餘暨南。
餘暨縣屬會稽，今為永興縣。沅曰：《地理志》「餘暨」，會稽縣。審知此是劉秀釋語，言在餘暨
南入海也。

廬江出三天子都，沅曰：《地理志》云：廬江郡，廬江出陵陽東南，北入江。《水經》
云：廬江水出三天子都，北過彭澤縣，西北入於江。 入江。 彭澤西。彭澤，今彭蠡也，在尋
陽彭澤縣。沅曰：今鄱陽湖也。《地理志》「彭澤」，豫章縣。言在此縣西北入於江。 一曰天子
鄣。

淮水出餘山，沅曰：水出今河南桐柏縣西南九十里桐柏山。《說文》云：淮水出南陽
平氏桐柏大復山，在東南入海。《地理志》云：東南至淮陵入海。《水經》云：出平氏縣昭簪山，
東北過桐柏山。 餘山在朝陽東，沅曰：《地理志》「朝陽」，南陽縣。《太平寰宇記》云：南
陽縣，有朝陽故城。在今河南南陽縣。 義鄉西，沅曰：《水經注》云：闞駰言，晉太始中，割
南陽東鄙之安昌、平林、平氏、義陽四縣，置義陽郡於安昌郡。案：此云「義鄉」，當是古鄉名，
後為義陽縣朝陽東義陽西。在今唐州之境，與桐柏縣接也。 入海。 淮浦北。今淮水出義陽平

〔註8〕蠻中東三字本脫。
〔註9〕蔣本墨筆：浙漸湔形聲皆近。知讓。（其後更有一段不知所云：天台之山疑即
　　　　天文漸台天聲相近，不知分野為何。）
〔註10〕塘字蔣本朱筆校曰：唐。
〔註11〕蔣本墨筆：吳本作「黟即歙也」。既曰「蠻即歙也」，又曰郭云「蠻即歙也」，
　　　　今改正則兩蠻疑有一誤也。

氏縣桐柏山山〔註12〕東北,經汝南、汝陰、淮南、譙國、下邳,經淮陰縣,入海。朝陽縣今屬新野。沅曰:《地理志》:淮浦臨淮縣,游水北入海。《水經注》云:淮浦縣,淮水于縣枝分為游水,又東北逕紀郭故城南,東北入海。今在江南阜寧。傳云「經淮陰縣入海」,俗本作「至廣陵縣入海」,今据《初學記》改正。

湘水出舜葬東南陬,西環之,環,繞也。今湘水出零陵營道縣陽朔山,入江。沅曰:水出今廣西灌陽縣西南海陽山。《地理志》云:零陵陽海山,湘水所出,北至酃入江。《水經》云:出始平安陽縣海山。注云:即陽朔山也,應劭曰「湘出零陵山」,蓋山之殊名也。案:舜葬九疑山,在今湖南永寧縣,湘水自廣西入境,在舜葬西南,故云西環之也。**入洞庭下。**洞庭,地穴也,在長沙巴陵。今吳縣南太湖中有包山,下有洞庭穴道潛行水底,云無所不通,號為地脈。沅曰:湘水今在湖南長沙縣入洞庭湖,行二千五百里。一曰東南西澤。沅曰:言他本作「東南入西澤」也。

漢水出鮒魚之山。《書》曰:嶓冢導漾,東流為漢。按《水經》:漢水出武都沮縣東狼谷,經漢中、魏興,至南鄉,東經襄陽,至江夏安陸縣,入江,別為沔水,又為滄浪之水。沅曰:漾水自甘肅秦州至陝西寧羌州合于東漢水,曰沔水。云「鮒魚山」者,常璩《華陽國志》云:沔陽縣有魚穴濁水出鮒。今為沔縣,漢水逕此。或恐鮒魚山即謂沔陽諸山也。《太平寰宇記》云:頓丘縣,鮒鰅在縣西北三十里。但以顓頊葬處附會其山。詳此云山出漢水,知其謬証也。「鮒魚」《海外北經》作「務隅」。帝顓頊葬于陽,九嬪葬于陰,四蛇衛之。言有四蛇衛守山下。沅曰:此文皆述水,而有此云云,或恐後人以《海外北經》附釋此耳。

漾水出漢陽西,沅曰:此漢陽言在漢水之陽,漢水乃鍵為入延之漢水也,漢遂為縣,《地理志》屬鍵為郡。漾水,《水經注》云:江水又逕南安縣西,縣南有峨眉山,有漾水,即大渡水也,水發蒙谿,東南流與洩水合,南至南安入大渡水,大渡水又東入江。引此經文也。漢南安縣,今四川鍵為、夾江、峨眉三縣地。**入江。**漢陽縣屬朱提。晶陽西。沅曰:此未詳也。《水經注》引作「㶌」。

溫水出崆峒山〔註13〕沅曰:劉昭注《郡國志》「陰盤」引此云云。崆峒山在今甘肅平涼府西陰盤,今靈臺縣。〔註14〕在臨汾南,沅曰:「汾」當為「涇」,字之誤也。《地理志》「臨涇」,安定縣。今平涼縣。**入河。**華陽北。〔註15〕今溫水在京兆陰盤縣,水常溫也。臨

〔註12〕 二「山」字蔣本朱筆校刪其一。

〔註13〕 「崆峒」二字當疊出。蔣本朱筆圈出山字,不知當疊者為崆峒二字。

〔註14〕 「在」字上蔣本朱筆校增山字,曰:添山字,略小。

〔註15〕 蔣本墨筆:《水經注》云:黃水出太山南黃泉,東南流,逕華城西。《史記》:秦昭王三十三年,白起攻魏,拔華陽。司馬彪曰:華陽,亭名,在密縣。又:薛綜注《西京賦》「溫液湯泉」云:言泉水如湯,浴之可以除病,在河南梁縣界中也。

汾縣屬平陽。沅曰：此華陽未詳也。郭注「水在陰盤」，而注「臨汾屬平陽」，又陰盤先屬安定後寄理京兆，此水在安定，郭誤為京兆陰盤，以為驪山泉，何其謬與？

潁水出少室山〔註16〕，沅曰：水出今河南登封縣少室山。《說文》云：潁水出潁川陽城乾山，東入淮。《水經》云：出潁川陽城縣西北少室山。注云：水有三源奇發，右水出陽乾山之潁谷，其水東北流；中水導源少室通阜，東南流逕負黍亭東，亦或謂是水為濫水，東與左水合；左水出少室東谿，東合潁水，故作者互舉二山，言水所發也。《元和郡縣志》云：潁陽縣，乾陽山在縣東二十五里，潁水一原出陽乾山。又云：登封縣，少室山在縣西十里，潁水原出焉。少室山在雍氏南，沅曰：《史記·周本紀》云：禹圍雍氏。徐廣曰：雍氏，城也。案其地是今河南禹州，西北與登封接界，則少室山在雍氏西北。此云南，未詳。**入淮。**沅曰：《地理志》云：東至下蔡入淮。《水經》云：東南至慎縣東南入於淮。《元和郡縣志》云：潁上縣，本漢慎縣地，潁水西自汝陰縣流入界內，又東入淮。今安徽潁上縣也。西鄢北。今潁水出河南陽城縣乾山，東南經潁川、汝陰，至淮南下蔡，入淮。鄢，今鄢陵縣，屬潁川。沅曰：「鄢」當為「傿」，從阜。《地理志》作「傿陵」，潁川縣。一曰緱氏。縣屬河南。音鉤。沅曰：言少室山在雍氏南。「雍氏」一作「緱氏」。緱氏今在偃師縣地，東南與登封接界，故亦云少室山在緱氏南。

汝水出天息山，沅曰：水出今河南嵩縣西南。《玉篇》引此作「天恩」。《淮南子·墜形訓》云：汝出猛山。高誘注云：猛山一名高陵山。《說文》云：出弘農盧氏還歸山，東入淮。《地理志》云：汝南定陵高陵山，汝水出焉。《水經》云：出河南梁縣勉鄉西天恩山。注云：《地理志》曰「出高陵山」，即猛山也，亦言出南陽魯陽縣之大盂山，又言出弘農盧氏縣還歸山，《博物志》曰「汝出燕泉山」，蓋異名也。今汝水西出魯陽縣之大盂山。《括地志》云：源出汝州魯山縣西伏牛山，亦名猛山，至豫州郾城縣名漬。見《史記正義》。《元和郡縣志》云：魯山縣，天息山一名伏牛山，汝水出焉，西一百五十里。案：其山在今河南魯山縣南。在梁勉鄉西，沅曰：《地理志》「梁」，河南縣。今汝州也，西南與魯山接界。**南入淮極西北。**今汝水出南陽魯陽縣大盂山，東北至河南梁縣，東南經襄城、潁川、汝南，至汝陰褒信縣入淮。淮極，地名。沅曰：《地理志》云：東至新蔡入淮。《水經》云：東至原鹿南入於淮。《元和郡縣志》云：汝陰縣，汝水西南自蔡州新蔡縣界流入，又東南入淮。案：水在今江南潁上縣正陽關東北入于淮也。一曰淮在期思北。期思縣屬弋陽。沅曰：言一本作「入淮期思北」也。《地理志》「期思」，潁川縣。今河南固始縣有其故城也。

涇水出長城北山，沅曰：水出今甘肅平涼縣西南笄頭山。《淮南子·墜形訓》云：涇出薄落之山。高誘注云：薄落之山一名笄頭山，安定臨涇縣西，《禹貢》涇水所出。《說文》云：涇水出安定涇陽开頭山，東南入渭。《括地志》云：原出原州百泉縣西南笄頭山涇谷。經云「出

長城北山」者，案《元和郡縣志》云：原州平高縣，笄頭山在縣西一百里，秦長城在縣北十里。是亦得名笄頭山為長城北山也。稱「長城北山」，知此是秦時釋水之文乎？山在郁郅、長垣北，皆縣名也，郅音桎。沅曰：《地理志》「郁郅」，北地縣。今甘肅慶陽府治也，西南與平涼接界。長垣，即長城也。北入渭。沅曰：《地理志》云：東南至陽陵入渭。今水在陝西高陵縣上馬渡入渭也。戲北。今涇水出安定朝那縣西笄頭山，東南經新平、扶風，至京兆高陵縣入渭。戲，地名，今新豐縣也。沅曰：戲，新豐鄉，今陝西臨潼縣地，西北與高陵接界，故云「入渭，在戲北」。

渭水出鳥鼠同穴山，沅曰：水出今甘肅渭源縣西鳥鼠山。《說文》云：渭水出隴西首陽渭首亭南谷，東入河。杜林云：《夏書》以為出鳥鼠山。《水經》云：出隴西首陽縣渭谷亭南鳥鼠山。注云：渭水出首陽縣首陽山渭首亭南谷，山在鳥鼠山西北，三源合注，東北流逕首陽縣西與別原合，水出南鳥鼠山渭水谷。《括地志》云：渭水原出渭原縣西七十六里鳥鼠山，今名青雀山，渭有三原，並出鳥鼠山，東流入河。案：南谷山在今渭源縣西二十五里。東注河。沅曰：《地理志》云：東至船司空入河。今此縣在華陰、潼關之界。入華陰北。鳥鼠同穴山，今在隴西首陽縣，渭水出其東，經南安、天水、畧陽、扶風、始平、京兆、弘農華陰縣，入河。沅曰：《地理志》「華陰」，京兆縣。今陝西華陰縣也。

白水出蜀，沅曰：水出今甘肅臨洮縣西傾山。《地理志》云：廣漢甸氐道，白水出徼外，東至葭萌入漢。《水經注》云：西傾山南即墊江源，山東則洮水源，段國以為墊江水也。又云：白水出於臨洮縣西傾山，水色白濁，東南流又東逕洛和城南，又東南逕陰平道故城南，又東逕偃城北，又東逕郭公城南，又東南逕白水縣故城東，又南逕武興縣東，又東南於吐費城南，東南流注漢水。案：白水在今四川昭化縣界入于漢縣，故葭萌地也。而東南注江。色微白濁，今在梓潼白水縣。源從臨洮之西西傾山來，經沓中，東流通陰平，至漢壽縣入潛。沅曰：《水經注》引郭傳云：從臨洮之西傾山，東南流入漢，而至墊江。與此不同，疑今本之誤。入江州城下。江州縣屬巴郡。沅曰：《地理志》云：「江州」，巴郡縣治。今四川巴州。是西北接昭化境。經云「城下」則非。白水入江在昭化，去巴州尚遠也。

沅水山沅曰：「山」字疑羨。出象郡鐔城西，象郡，今日南也。鐔城縣，今屬武陵。音尋〔註17〕。沅曰：《地理志》「鐔城」，武陵縣；象郡，漢曰日南。此云象郡，疑秦時此縣屬象郡，此秦人書也。入東注江，沅曰：《地理志》云：沅水東至益陽入江。《水經注》云：下注洞庭湖，方會于江。入下雋西，下雋縣，今屬長沙，音昨兗反。沅曰：《地理志》「下雋」，長沙縣。今湖南巴陵縣。合洞庭中。《水經》曰：沅水出牂牁且蘭縣，又東北至鐔城縣為沅水，又東過臨沅縣南，又東至長沙下雋縣。

〔註17〕蔣本朱筆：尋改涅。

贛水出聶都東^{沇曰}：《水經注》引此無「東」字。山，今贛水出南康南野縣西北。音感。^{沇曰}：山在今江西南安縣西，贛水出，俗曰章水。《水經》云：贛水出豫章南野縣西，北過贛縣東。注云：班固稱南野縣彭水所發，東入湖漢水；庾仲雍謂大庾嶠水，北入豫章，注於江者也；《地理志》曰豫章水出贛縣西南而北入江，蓋控引眾流，總成一川，雖稱謂有殊，言歸一水矣；故《後漢・郡國志》曰贛有豫章水，雷次宗云似因此水為其地名，雖十川均流而此源最遠，故獨受名焉；劉澂之曰，縣東有章水，西有貢水，縣治二水之閒，二水合贛字，因以名縣焉，是為謬也。《元和郡縣志》云：虔州贛縣，貢水西南自南康縣來，章水東南自雩都來，二水至州北合為一，通謂之贛。《太平寰宇記》云：南康縣，聶都山在縣西南二十五里，即縣南樊谿原也，其山出礜石。東北注江。^{沇曰}：《水經》云：北過彭澤縣，西北入於江。案：水在今江西南昌縣東北入鄱陽湖，出湖口縣，入大江，俗曰章江也。入彭澤西。^{沇曰}：《地理志》「彭澤」，豫章縣。案，今江西新建縣東鄱陽湖，即彭蠡澤也。

泗水出魯東北^{沇曰}：水出今山東兗州府東南陪尾山。《地理志》云：魯國卞，泗水西南至方輿〔註18〕入泲。《水經》云：出卞縣北山。《博物志》云：泗出陪尾。《水經注》云：《地理志》曰出濟陰乘氏縣，又云出卞縣北，經言北山，皆為非矣；余尋其源流，水出卞縣故城東南桃墟西北，《博物志》曰泗出陪尾，蓋斯阜者矣。《括地志》云：泗水原在兗州泗水縣東陪尾山，其源有四道，因以為名。見《史記正義》。案：今山東兗州府東南五十里有陪尾山。魯，今山東曲阜縣治也。又案《地理志》，魯國及濟陰之泗自是兩水，不得合為一也。而南，西南過湖陵西，^{沇曰}：此釋「南」言「西南」也。《地理志》「湖陵」，山陽縣，云：《禹貢》「浮于淮泗，達于荷水」在南。《水經》云：泗水南過方輿縣東，荷水從西來注之，又屈東南過湖陸縣南。注云：荷水即泲水之所苞注以成湖澤者也，而東與泗水合於湖陵縣西穀庭城下，俗謂之黃水口。又云：泲在湖陸西而右注泗，泗泲合流，故地記或言泲水入泗，泗亦言入泲，互受通稱。案：今山東魚臺縣北有方輿故城，縣東南有湖陵故城。《地理志》云「至方輿入泲」，即《水經》所云「方輿縣東南菏水注之」也。而東南注東海。^{沇曰}：泗合淮而入海也。《水經》云：泗水東南過下邳縣，又東南入於淮。案：下邳故城在今江南邳州東三十里，其水入淮，在今江南清河縣也。今其故道自徐州以南盡為黃河所經矣。入淮陰北。今泗水出魯國卞縣，西南至高平湖陸縣，東南經沛國、彭城、下邳，至臨淮下相縣，入淮。^{沇曰}：《地理志》「淮陰」，臨淮縣。今江南淮安府治也。

鬱水出象郡，^{沇曰}：水即豚水也，出今雲南寶寧縣西北六十里，曰西洋江，一源出今廣西歸順州及安南境，水曰麗江，至南寧府西合江鎮會為鬱江。《地理志》曰：廣鬱，鬱水首受夜郎豚水，東至四會入海。《水經》云：溫水出牂牁夜郎縣，又東至鬱林廣鬱縣為鬱水，又東至

〔註18〕輿字蔣本朱筆校曰：與。

領方縣東與斥南水合，東北入於鬱。注云：鬱水，即夜郎豚水也。**而西南注南海。**沅曰：《水經注》云：鬱水自壽冷縣注於海，應劭曰「鬱水出廣信，東入海」，言始或可，終則非矣。入須陵東南。沅曰：「須陵」未詳。

　　肄音如肄習之肄。**水出臨武**沅曰：舊作「晉」，据《水經注》改。**西南，**沅曰：即溱水也。水出今湖南臨武縣。《說文》云：溱水出桂陽臨武，入洭。《水經》云：溱水出桂陽臨武縣南，繞城西北屈東流。注云：溱水導源縣西南，北流逕縣西而北與武谿合，《山海經》曰「肄水」蓋溱水之別名也。案《地理志》「臨武」，桂陽縣。此漢縣，而經有其文，未詳也。或此條釋水後人增之。**而東南注海。**沅曰：溱水與洭水合而入海。《水經》云：過湞陽縣，出洭浦關與桂水合，南注於海。注云：西南逕中宿縣南，又南注於於鬱而入於海。入番禺西。番禺縣屬南海，越之城下也。沅曰：《地理志》「番禺」，南海縣。今廣東番禺縣。

　　湟音黃〔註19〕。沅曰：舊本作「潢」。据《水經注》引此作「湟」。**水出桂陽西北山，**沅曰：水出今湖南桂陽州西南，即洭水也，亦曰桂水。《地理志》云：桂陽，洭水南至四會入鬱林。應劭曰：桂水所出，東北入湘。又：「含洭」，應劭云：洭水所出，東北入沅。《水經》云：洭水出桂陽縣盧聚，東南過含洭縣，南出洭浦關為桂水。注云：應劭云「洭水東北入沅」，瓚注《漢書》云「沅在武陵」，去洭遠，又隔湘水，不得入沅；洭水出關，右合溱水，謂之洭口，《山海經》謂之「湟水」，徐廣曰「湟水一名洭水，出桂陽，通四會，亦曰灌水」也，桂水其別名也。案「桂陽」，《地理志》屬桂陽，而此云「桂陽」，疑「桂林之陽」，非縣名。**東南注肄水。**沅曰：《水經》云：溱水過湞陽縣，出洭浦關與桂水合。入郭浦西。沅曰：未詳。舊本作「敦浦」，今据《水經注》引此作「郭」。

　　洛水出洛西山，沅曰：《水經注》引此云：出上洛西山。水出今陝西洛南縣西北冢領山，自渭南縣境發源，流五里入縣境。洛西山即冢領山。《地理志》云：上雒，《禹貢》雒水出冢領山，東北至鞏入河。《水經》云：出京兆上雒縣讙舉山。《通典》云：洛南有冢領山，洛水所出。案：冢領當即讙舉山，經所云「上洛西山」也。《淮南子·墜形訓》云：洛出熊耳。高誘注云：熊耳山在京兆上雒之西北。此誤以冢領為熊耳。熊耳于漢當在上洛之東南，不在西北。《禹貢》言「導洛自熊耳」，非謂發源自此。故《中山經》亦言「洛出讙舉」，不言出熊耳也。**東北注河。**沅曰：《水經》云：洛東北過鞏縣東，又北入於河。《元和郡縣志》云：鞏縣，洛水東經洛汭，北對郎邪渚，入河，謂之洛口。案：洛入河在今河南鞏縣東北也。入成皋之西。《書》云：導洛自熊耳。案《水經》，洛水今出上洛冢領山，東北經弘農，至河南鞏縣入河。成皋縣亦屬河南也。沅曰：成皋，今河南氾水縣也，西接鞏縣。

　　汾水出上窳北，音愈。沅曰：水出今山西靜樂縣北管涔山。《淮南子·墜形訓》云：

汾出燕京。高誘注云：山名，在今山西太原汾陽，汾水所出，西南至汾陽。《地理志》云：汾陽北山，汾水所出，西南至汾陰入河。《說文》云：出太原晉陽山，西南入海，或曰出汾陽北山。《水經》云：出汾陽縣北管涔山。注云：《十三州志》云「出武州之燕京山」，亦管涔之異名也；泉源道於南麓之下。案：汾陽，今靜樂縣地。上竆未詳。**而西南注河。**沇曰：《水經》《地理志》皆云至汾陰入河。案：汾陰故城在今山西榮河縣北。**入皮氏南。**今汾水出太原晉陽故汾陽縣，東南經晉陽，西南經西河平陽，至河東汾陰入河。皮氏縣屬平陽。沇曰：《地理志》「皮氏」，河東縣。故城在今山西河津縣西二里。

沁水出井陘山東，沇曰：水出今山西沁源縣北綿山。《說文》云：沁水出上黨羊頭山，東南入河。《地理志》云：穀遠羊頭山世靡谷，沁水所出。《水經》云：出山上黨涅縣謁戾山。注云：沁水即涅水也，或云出穀遠縣羊頭山世靡谷，三源奇注，逕瀉一壑。案：穀遠縣，今山西岳陽縣，地與沁源接界。**東南注河。**沇曰：《地理志》云：至榮陽入河。師古曰：今沁水至懷州武陟縣界入河，此云至榮陽，疑轉寫錯誤。案：《水經》亦云至榮陽縣北入河。武陟在河北，榮陽在河南，相去不遠，說俱得通，師古非也。入懷東南。懷縣屬河內。河內北有井陘山。沇曰：《地理志》「懷」，河內縣。今懷慶府及武陟縣地。言注河在此。

濟水出共山南東丘，「共」與「恭」同。沇曰：「濟」當為「泲」，即沇水也。濟出常山房子縣贊皇山。泲，沉也，東入于海，見《說文》。經傳多以「濟」為「泲」，非也。云「出共山南東丘」者，出今河南濟源縣共山，在縣北十二里。《水經》云：濟水出河南垣縣東王屋山為沇水，又東至溫縣西北為濟水。注云：潛行地下，至共山南復出於東丘，今原城東〔註20〕北有東丘城，濟水重源出軹縣西北平地，水有二源，東源出原城東北，俗以濟水重源所發因復謂之濟原城，其水南逕共城東故縣之原鄉，南流與西源合，西源出原城西，東流沇水注之，水出西南，東北流注於濟，濟水又東逕原城南，東合北水，亂流東南注，分為二水，一水東南流，俗謂之為衍水，即沇水也，濟水又東南逕絺城北而出於溫矣。案：故原城在濟源西北二里，濟源縣即古軹縣也。**絕鉅野澤，**絕，猶截度也。鉅野今在高平。沇曰：舊本作「鉅鹿」。《水經注》及《初學記》引此作「絕鉅野」，「鹿」當為「野」字之誤也。澤在今山東鉅野縣。《地理志》云：鉅埜，大埜澤在北。《水經》云：濟水南當鞏縣北，南入於河，與河合流，又東過成皋縣北，又東過榮陽縣北，又東至礫磎南，東出過榮澤北，又東過陽武、平丘、濟陽、冤胊、定陶縣南，又屈從縣東北流，又東至乘氏縣西分為二，其一水東南流，其一水從縣東流入鉅野澤。又《宋史·宦者傳》云：梁山濼，古鉅野澤。案：澤在今壽張縣東梁山南，與鉅野縣接界。**注勃海。**沇曰：舊本作「渤海」，《初學記》引此作〔註21〕「注入于

〔註20〕東字本脫。
〔註21〕作字本脫。

海」，今据《水經注〔註22〕》引此改正。○《水經》云：東北過甲下邑，入於河。注云：「濟水東北至甲下邑南，東歷琅槐縣故城北，又東北，河水枝津注之。《水經》以為入河，非也。斯乃河水注濟，非濟入河。又東北入海。郭景純曰，濟自滎陽之樂安博昌入海。今河竭，濟水所流不絕。經言入河，二說並失。然河水與濟、漯之北別流注海，今所輳流者惟漯水耳。郭或以為濟注之，即實非也。尋經脈水，不如《山經》之為密矣。」○案：勃海在今山東樂安縣東北一百三十里。今博興縣，是古博昌縣也。入齊琅槐東北。今濟水自滎陽卷縣，東經陳畱至潛〔註23〕陰北，東北至高平，東北經濟南，至樂安博昌縣入海，今碣石也。諸水所出，又與《水經》違錯。以為凡〔註24〕山川或有同名而異實，或同實而異名，或一實而數名，似是而非，似非而是，且歷代久遠，古今變易，語有楚夏，名號不同，未得詳也。沅曰：《地理志》「琅槐」，千乘縣。應劭云：在博昌東北八十里。今山東博興縣。又案：郭云「今碣石也」，案《水經注》當云「今河竭也」。

　　潦水出衛臯沅曰：「臯」字，俗本《水經注〔註25〕》作「白平」。**東，**出塞外衛臯山，玄菟高句驪縣有潦山，小潦水所出，西流〔註26〕注大潦。音遼。沅曰：《淮南子·墜形訓》云：遼出砥石。高誘注云：山名，在塞外，遼水所出，東入海。《地理志》云：望平，大遼水出塞外，南至安市入海。《水經》云：大遼水出塞外衛臯山，東南入塞，過遼東襄平縣西，又東南過房縣西，又東過安市縣西南，入於海。**東南注勃海。**沅曰：舊本「勃」作「渤」，非。入潦陽。潦陽縣屬潦東。沅曰：《地理志》「遼陽」，遼東縣。

　　虖沱水出晉陽城南，而西沅曰：水出今山西繁畤縣北泰戲山。《淮南子·墜形訓》云：呼沱出魯乎。《地理志》云：代郡鹵成，虖池河東至參合入虖池別。經云「出晉陽城南」者，晉陽，古地名，漢為縣，《地理志》屬太原，今山西太原縣地。虖池水經忻州定襄縣北，則在古晉陽之北。經云出其城南，所未詳。至陽曲北，沅曰：《地理志》「陽曲」，太原縣。今山西忻州定襄縣、太原府陽曲縣，皆其地。**而東注渤海，**經河間樂城，東北注勃海也。晉陽、陽曲縣皆屬太原。沅曰：《地理志》云：河間國樂成，虖池別水首受虖池河，東至東光入虖池河；弓高，虖池別河首受虖池河，至東平舒入海。案：今直隸東光縣即漢縣地。東平舒，今直隸大城縣也。入越沅曰：漢勃海郡地，春秋時屬越也。章武北。章武，郡名。沅曰：郭云「郡名」，非也。此三國時為郡耳。今詳此注，皆漢縣，當是劉秀所釋。《地理志》「章武」，勃海縣。今直隸青縣地。

〔註22〕注字本脫。

〔註23〕潛字蔣本朱筆校曰：濟。

〔註24〕凡字本誤作后，蔣本墨筆：后，吳本作凡，是也，疑此誤。

〔註25〕注字本脫。

〔註26〕流字本誤作河，蔣本朱筆校正。

漳水出山陽東，沅曰：濁漳水出今山西長子縣西發鳩山，東至河南涉縣與清漳合，清漳水出山西樂平縣沾嶺，自合濁漳水，東北至直隸青縣南合清河，又東北屈東逕天津府北，東入于海。《淮南子·墜形訓》云：清漳出揭戾，濁漳出發包。高誘注云：揭戾山在上黨沾，發包山一名鹿谷山，亦在上黨長子，二漳合流，經魏郡入清河也。《地理志》云：長子鹿谷山，濁漳水所出，東至鄴入清漳；沾大黽谷，清漳水所出，東至阜城入大河；魏郡鄴，故大河在東北入海。《水經》云：濁漳東北過阜城縣北，又東北至易亭與虖池河會，又東北過成平縣南合清河，又東北過平舒縣南，東入海，清漳水東至武安縣東黍窖邑入於濁漳。案：沾縣，今山西樂平縣地；長子，今山西長子縣地；阜城，今山西阜城縣地；鄴縣，今河南臨漳縣地；武安，今河南武安縣地。經云「山陽東」者，《史記·秦本紀》云：嫪毐封為長信侯，予之山陽地。《正義》曰：《括地志》云，山陽故城在懷州修武縣西北，太行山南。修武，今河南修武縣，與山西澤州接界，漳水在其東北也。**東注渤海。**沅曰：《地理志》云：信都，故章河在北，東入海。又云：東北至阜城入大河。《水經》云：至阜成與虖池河會，又合清河入海。《括地志》云：衡漳水在瀛州東北百二十里平舒縣界。見《史記正義》。《元和郡縣志》云：信都縣，衡水亦曰長蘆水，即濁漳水之下流也，西北去縣六十三里。案：信都，漢郡、唐縣，今直隸冀縣地，漳經其南。勃海，今在天津府東也。⟨入章武南。⟩新城汸陰縣亦有漳水。沅曰：《地理志》「章武」，勃海縣。今直隸青縣地。

⟨建平元年四月丙戌，待詔太常屬臣望校治，侍中光祿勳臣龔、侍中奉車都尉光祿大夫臣秀領主省。⟩

沅曰：右自「岷三江首」已下，疑是《水經》也。《隋書·經籍志》云：《水經》二卷，郭璞注。《舊唐書·經籍志》云：《水經》二卷，郭璞撰。此《水經》，《隋》《唐》二志皆次在《山海經》之後，是郭注當即此也。

沅又曰：中有云「某水出某山」，下云「某山在某地」，又云「入河」或「入海」，下云「某縣南或北」，詳其文義，是非一人之書。今詳餘暨、彭澤、朝陽、淮浦等，皆前漢縣，是知劉秀校時所釋也。

沅又曰：詳本文是說圖之詞，必古所傳《山海經》有「水道圖」。文有云「象郡」云「長城」，知是秦人所著，而所見之圖則是禹鼎也。

沅又曰：世疑《山海經》非古書，特以此一篇有漢郡縣名耳。顏之推《家訓》云：《山海經》，禹及益所記，而有長沙、零陵、桂陽、諸暨，皆由後人所屬，非本文也。之推不以之病全經，而不能定其何時所屬。宋陳振孫等以為古今說《天問》者皆本《山海經》《淮南》二書，疑此書皆緣《天問》而作。如言，則古今說經皆本《爾雅》，豈五經亦為解《爾雅》而作乎？必不然矣。今校定其文，別為細書，可以辨惑也。

沅又曰：文有漢縣者，或漢所傳《山海圖》，時人著縣名其上，秀校時併錄其文，亦或然也。

沅又曰：《海外、海內經》末，有「建平元年四月丙戌待詔太常屬臣望校」云云。已下《大荒經》四篇《海內經》一篇，即無。郭本《目錄》「海內經」下所云「此《海內經》及《大荒經》本皆進在外〔註27〕」也。

山海經第十三　終

總校王詒壽，分校孫瑛、蔡濟勤校

〔註27〕外字本誤作後。

山海經第十四

晉記室參軍郭璞傳

兵部侍郎兼都察院右副都御史巡撫陝西西安等處地方贊理軍務兼理糧餉欽賜一品頂帶畢沅新校正

大荒東經〔註1〕

沅曰：郭注本《目錄》下有云：《海內經》及《大荒經》本皆進在外。案：此經末又無建中〔註2〕校進款識，又不在《藝文志》十三篇之數，惟秀奏云「今定為一十八篇」。詳此經文亦多是釋《海外經》諸篇，疑即秀等所述也。

東海之外大壑，《詩含神霧》曰：東注無底之谷。謂此壑也。《離騷》曰：降望大壑。**少昊之國，**少昊，金天氏，帝摯之號也。沅曰：高誘注《淮南子》云：少皞，黃帝之子青陽，名摯，以金德王天下，號為金天氏。宋衷云：玄囂，青陽，是為少昊，繼黃帝立。見《史記索隱》。又，《帝王世紀》云：少昊是為玄囂，降居江水，邑于窮桑，以登帝位，都曲阜。案：高誘以青陽即少昊。宋衷、皇甫謐以玄囂即青陽，亦即少昊。《史記》云：玄囂是為青陽。又云：自玄囂與蟜極，皆不得在位。《大戴禮》亦云：青陽降居泜水。則疑非少昊。班固《古今人表》有少昊帝金天氏，又有黃帝妃生玄囂是為青陽，亦似不以玄囂、青陽為少昊。故裴駰、司馬貞注《史記》亦辨之也。**少昊孺帝顓頊于此，**孺，義未詳。沅曰：《帝王世紀》云：顓頊生十年而佐少昊。見《初學記》。是其義也。**棄其琴瑟。**言其壑中有琴瑟也。**有甘山者，**

〔註1〕盧文弨校增：第十四○○○（此三字當為郭氏傳）。又有眉批：道藏本缺十四十五兩卷未刻。

〔註2〕振聲按，建中當作建平。（某氏藏本墨批。振聲疑為王振聲，清末北通州人。）

甘水出焉，生甘淵。水積則成淵也。

大荒東南隅有山，名皮母地丘。

東海之外，大荒之中，有山，名曰大言，日月所出。有波谷山者，有大人之國。晉永嘉二年，有鶩鳥集于始安縣南廿里之鶩陂中，民周虎張得之。木矢貫之，鐵鏃，其長六尺有半，以箭計之，其射者人身應長一丈五六尺也。又平州別駕高會語云：倭國人嘗行，遭風吹度大海外，見一國人皆長丈餘，形狀似胡，蓋是長翟別種。箭殆將從此國來也。《外傳》曰：焦僥人長三尺，短之至也；長者不過十丈〔註3〕，數之極也。桉《河圖玉版》曰：從崑崙以北九萬里，得龍伯國，身長三十丈，生萬八千歲而死；從崑崙以東得大秦，人長十丈，皆衣帛；從此以東十萬里得佻人國，長三十丈五尺；從此以東十萬里得中秦國，人長一丈。《穀梁傳》曰：長翟身橫九畝，載其頭，眉見於軾。即長數丈人也。秦時大人見臨洮，身長五丈，腳迹六尺。準斯以言，則此大人之長短，未可得限度也。

有大人之市名曰大人之堂，亦山名，形狀如堂室耳。大人時集會其上作市肆也。沇曰：此似釋《海內北經》「大人之市」也。有一大人踆其上，張其兩臂。「踆」或作「俊」，皆古「蹲」字。《莊子》曰「蹲于會稽」也。沇曰：「臂」舊作「耳」，今据《太平御覽》改正，似強也。

有小人國名靖人。〔註4〕《詩含神霧》曰：東北極有人長九寸。殆謂此小人也。或作竫，音同。沇曰：此似釋《海外南經》「周饒國」也。

有神，人面獸身，名曰犁𩴂之尸。音靈。沇曰：《玉篇》云：𩴂或作𩴂。《廣韻》同。則「𩴂」是「𩴂」字之別。《說文》云：𩴂，龍也。

有潏山，楊水出焉。音如謫詐之謫。

有蔿國，沇曰：此即濊貊國也。黍食，言此國中惟有黍穀也。蔿，音口僞反。使四鳥，虎豹熊羆。

大荒之中有山，名曰合虛，日月所出。有中容之國，沇曰：《呂氏春秋》云：指姑之東，中容之國有赤木、玄木之葉焉。帝俊生中容。俊亦舜字假借音也。沇曰：《帝王世紀》云：帝嚳生而神異，自言其名曰夋。見《初學記》。又，《帝王世紀》云：帝嚳次妃娵訾氏女曰常儀，生帝摯。見《史記正義》。又合于此經帝俊妻常儀之說也。又，《大荒西經》云：帝俊生后稷。郭氏亦曰：俊疑為嚳，嚳第二妃生后稷也。則帝俊是嚳無疑。而曰「俊亦舜字假借音」，何所據矣？〔註5〕中容人食獸、木實，此國中有赤木、玄木，其華實美，

〔註3〕丈字蔣本朱筆校曰：之。
〔註4〕蔣本墨筆：《說文》：靖，一曰細兒。
〔註5〕蔣本墨筆：据後《大荒南經》「不庭之山」一條云云，則俊又為舜無疑矣。

見《呂氏春秋》。使四鳥，豹虎熊羆。

有東口之山。有君子之國，其人衣冠帶劍。亦使虎豹，好謙讓也。沅曰：此似釋《海外東經》「君子之國」也。《淮南子》云：東方有君子之國。高誘注云：東方木德仁，故有君子之國，其人衣冠帶劍，食獸，使二文虎也。《說文》云：東夷从大，大人也。夷俗仁，仁者壽，有君子、不死之國。孔子曰：道不行，欲之九夷，乘桴浮于海。有以也。

有司幽之國。帝俊生晏龍，晏龍生司幽，司幽生思士，不妻，思女，不夫。言其人直思感而氣通，無配合而生子，此莊生所謂「白鶂相視眸子不運而感風化」之類也。食黍食獸，是使四鳥。

有大阿之山者。

大荒中有山，名曰明星，日月所出。

有白民之國。帝俊生帝鴻，帝鴻生白民。白民銷姓，黍食，使四鳥，虎豹熊羆。又有乘黃獸，乘之以致壽考也。沅曰：此似釋《海內西經》「白民國」也。云乘之以致壽考，非。

有青丘之國，有狐九尾。太平則出而為瑞也。沅曰：此似釋《海外東經》「青丘國」也。

有柔僕民，是維嬴土之國。嬴，猶沃衍也，音盈。

有黑齒之國。齒如漆也。帝俊生黑齒，聖人神化無方，故其後世所降育，多有殊類異狀之人。諸言生者，多謂其苗裔，未必是親所產。姜姓，黍食，使四鳥。沅曰：此似釋《海外東經》「黑齒國」也。

有夏州之國。有蓋余之國。有神人，八首、人面、虎身、十尾，名曰天吳。水伯。沅曰：此似釋《海外東經》「朝陽之谷神天吳」也。

大荒之中有山，名曰鞠陵于天音菊。又引：《初學記》引作「于大」。東極離瞀，三山名也。音穀瞀。日月所出。名曰折丹，神人。東方曰折，單呼之。來風曰俊，未詳來風所在也。處東極以出入風。言此人能節宣風氣，時其出入。

東海之渚中渚，島。有神，人面鳥身，珥兩黃蛇，以蛇貫耳。踐兩黃蛇，名曰禺䝞，沅曰：此字「號」字異文。《說文》《玉篇》無此字。黃帝生禺䝞，禺䝞生禺京，即禺彊也。禺京處北海，禺䝞處東海，是為〔註6〕海神。言分治一海而為神也。「䝞」一本作「號」。沅曰：此似釋《海外北經》「北方禺彊」也。

有招搖山，融水出焉。有國曰玄股，自髀以下如漆。黍食，使四鳥。沅曰：此似釋《海外東經》「玄股國」也。

〔註 6〕為初刻本作惟。

有困民國，勾姓而食。有人曰王亥，兩手操鳥，方食其頭。王亥託于有易、河伯、僕牛，河伯、僕牛，皆人姓名。託，寄也。見《汲郡竹書》。有易殺王亥，取僕牛。《竹書》曰：殷王子亥賓於有易而淫焉，有易之君綿臣殺而放之，是故殷主〔註7〕甲微假師於河伯以伐有易，滅之，遂殺其君綿臣也。沅曰：《竹書紀年》云：帝泄十二年，殷侯子亥賓于有易，有易殺而放之；十六年，殷侯微以河伯之師伐有易，殺其君縣臣。今郭所云是世所傳沈約注也，或沈即取此。河念有易，有易潛出，為國于獸，方食之，名曰搖民。言有易本與河伯友善。上甲微〔註8〕，殷之賢王，假師以義伐罪，故河伯不得不助滅之。既而哀念有易，使得潛化而出化為搖民國。帝舜生戲，戲生搖民。沅曰：疑即今猺民也。

海內有兩人，此乃有易所化〔註9〕者也。名曰女丑。即女丑之尸，言其變化無常也。然則，一以涉化津而遡神域者，亦無往而不之，觸感而寄迹矣。范蠡之倫，亦聞其風者也。女丑有大蟹。廣千里也。沅曰：此似釋《海外西經》「女丑尸」也。

大荒之中有山，名曰孽搖頵羝，上有扶木，柱三百里，其葉如芥。柱，猶起高也。葉似芥菜。有谷曰溫源谷。溫源，即湯谷也。沅曰：此似釋《海外東經》「湯谷」也。湯谷上有扶木，扶桑在上。一日方至，一日方出，言交會相代也。皆戴于烏。中有三足鳥。沅曰：舊本「戴」作「載」。

有神，人面、犬耳、獸身，珥兩青蛇，名曰奢比尸。有五采之鳥，相鄉棄沙。未聞沙義。惟帝俊下友。亦未聞也。帝下兩壇，采鳥是司。言山下有舜二壇，五采鳥主之。沅曰：此似釋《海外東經》「奢比之尸」也。沅曰：「采」舊本作「彩」，非。

大荒之中有山，名曰猗天蘇門，日月所生。有壞民之國。音如誼諱之誼。有蔇山。音忌。又有搖山。有䰱山。音如釜甑之甑。又有門戶山。又有盛山。又有待山。有五采之鳥。

東荒之中有山，名曰壑明俊疾，日月所出。有中容之國。

東北海外，又有三青馬、三騅、馬蒼白雜毛為騅。甘華，爰有遺玉、三青鳥、三騅、視肉，聚肉有眼。甘華、甘柤，百穀所在。言自生也。沅曰：此似釋《海外東經》「嗟丘」也。

有女和月母之國。有人名曰鵷，音婉。北方曰鵷，來之風沅曰：「鵷」字

〔註7〕蔣本朱筆：去一「故」字，「主」改「上」。
〔註8〕蔣本墨筆：上甲微，據□文傳內，上字疑作主。吳本亦作上也。
〔註9〕化字盧文弨校曰：作。

《說文》《玉篇》所無。《莊子‧天地篇》有「苑風」，陸德明《音義》云：一云人姓名。當即此。曰狻，言亦有兩名〔註10〕也，音剡。**是處東極隅，以止日月，使無相閒出沒，司其短長。**言鵷主察日月出入，不令得相閒錯，知景之短長。

大荒東北隅中有山，名曰凶犁土丘。應龍處南極，應龍，龍有翼者也。**殺蚩尤與夸父，**蚩尤，作兵者。**不得復上，**應龍遂住地下。**故下數旱，**上無復作雨者故也。**旱而為應龍之狀，乃得大雨。**今之土龍本此。氣應自然冥感〔註11〕，非人所能為也。

東海中有流波山，入海七千里，其上有獸，狀如牛，蒼身而無角，一足，出入水則必風雨，其光如日月，其聲如雷，其名曰夔。沅曰：韋昭《國語注》云：夔一足，越人謂之山繅。**黃帝得之，以其皮為鼓，橛以雷獸之骨，**雷獸，即雷神也，人面龍身，鼓其腹者。**橛，猶擊也。**聲聞五百里，以威天下。**

沅曰：右第十四篇。〔註12〕

山海經第十四　終
總校王詒壽，分校孫瑛、蔡濟勤校

〔註10〕 名本誤作足，盧本、蔣本（朱筆）校改。蔣本墨筆：足，吳本作名，是也，此
　　　　疑誤。據下《大荒南經》南海渚中一條內傳云「亦有二名」，則此為名字無疑。
〔註11〕 感字本誤作惑，蔣本朱筆校正，墨筆：冥感，誤寫冥惑。
〔註12〕 盧文弨：七月八日閱。連雨七日，今禁屠。甲寅正月十三日校。

山海經弟十五

晉記室參軍郭璞傳

兵部侍郎兼都察院右副都御史巡撫陝西西安等處地方贊理軍務兼理糧餉欽賜一品頂帶畢沅新校正

大荒南經〔註1〕

南海之外，赤水之西，流沙之東，赤水出昆侖山，流沙出鍾山也。有獸左右有首，名曰跊踢。出狄名國，黜惕〔註2〕兩音。沅曰：《莊子》云：西北方之下者，泆陽處之。陸德明《音義》云：司馬曰，泆陽豹頭馬尾，一作狗頭，一云神名也。《呂氏春秋·本味篇》云：伊尹曰，肉之美者，述蕩之掔。高誘注曰：獸名，形則未聞。案即是此也。又案：「跊踢」當為「述蕩」之譌，篆文「辵」「足」相似，故亂之。《玉篇》有「跊踢」，無「踢」字，郭注「黜踢」之「踢」亦當為「惕」。《廣韻》作「跊踢」，引此，非。有三青獸相并，名曰雙雙。言體合為一也。《公羊傳》所云「雙雙而俱至」者，蓋謂此也。

有阿山者。南海之中，有氾天之山，赤水窮焉。流極於此山也。赤水之東，有蒼梧之野，舜與叔均之所葬也。叔均，商均也。舜巡狩，死於蒼梧而葬之。商均因離，死亦葬焉。墓今在九疑之中。沅曰：此似釋《海〔註3〕內南經》「蒼梧之山」也。爰有文貝、即紫貝也。離俞、即離朱。鴟久〔註4〕、即鴟鵂也。鷹、賈、賈，亦鷹屬。委維、即委蛇也。熊、羆、象、虎、豹、狼、視肉。

〔註1〕盧文弨校增：弟十五〇〇〇（此三字當為郭氏傳）。
〔註2〕蔣本墨筆：吳本踢惕二字皆作踢惕，此本其筆之誤，而反合於此說，亦奇。
〔註3〕海字本誤作經。
〔註4〕久字本誤作又，盧本、蔣本校改。又，盧文弨校鴟為鴟，下同。

有榮山，榮水出焉。黑水之南，有玄蛇，食塵。今南山〔註5〕蚺蛇吞鹿，亦此類。

有巫山者，西有黃鳥，帝藥八齋，天帝神仙藥在此也。黃鳥于巫山，司此玄蛇。言主之也。

大荒之中，有不庭之山，榮水窮焉。有人三身。帝俊妻娥皇，生此三身之國，蓋後裔所出也。沅曰：此似釋《海外西經》「三身國」也。姚姓，沅曰：《說文》云：姚，虞舜居姚虛，因以為姓。《水經注》云：漢水逕魏興郡之錫縣故城北，又東歷姚方，蓋舜枝居是處，故地罷姚稱也。黍食，使四鳥。姚〔註6〕，舜姓也。有淵四方，四隅皆達，言淵四角皆旁通也。北屬黑水，南屬大荒。屬，猶連也。北旁名曰少和之淵，南旁名曰從淵，音聰馬之聰。舜之所浴也。言舜嘗在此中澡浴也。

又有成山，甘水窮焉。甘水出甘山，極此中也。有季禺之國，顓頊之子，食黍。言此國人顓頊之裔子也。有羽民之國，其民皆生毛羽。沅曰：此似釋《海外南經》「羽民國」也。有卵民之國，其民皆生卵。即卵生也。

大荒之中，有不姜之山，黑水窮焉。黑水出昆侖山。又有賈山，汔水出焉。又有言山。又有登備之山。即登葆山，羣巫所從上下者也。沅曰：「葆」「備」聲相近。有恝恝之山。音如券契之契。又有蒲山，澧水出焉。音禮。又有隗山，音如隗囂之隗。其西有丹，其東有玉。又南有山，漂水出焉。音票。有尾山。有翠山。言此山有翠鳥也。

有盈民之國，於姓，黍食。又有人方食木葉。

有不死之國，阿姓，甘木是食。甘木，即不死樹，食之不老。沅曰：此似釋《海外南經》「不死民」也。

大荒之中有山，名曰去痓南極果北不成去痓果。音如風痓之痓，未詳。

南海渚中有神，人面，珥兩青蛇，踐兩赤蛇，曰不廷胡余。神名耳〔註7〕。有神名曰因因乎。南方曰因乎，夸風曰乎民，亦有二名。處南極以出入風。

有襄山。又有重陰之山。有人食獸，曰季釐。帝俊生季釐，故曰季釐之國。有緡淵。音昏。少昊生倍伐，倍伐降處緡淵。有水四方，名曰俊壇。水狀如〔註8〕土壇，因名舜壇也。沅曰：此緡淵疑即四川縣洛之縣。

〔註5〕山字盧文弨校曰：方。蔣本亦朱筆校曰：方。
〔註6〕姚字本誤作姓，蔣本朱筆校正。
〔註7〕神字前盧本、蔣本（朱筆）校增「一」字。
〔註8〕如字盧文弨校曰：似，吳。

有戴沅曰：舊本作「截」。民之國。為人黃色。帝舜生無淫，降戴處，是謂巫戴民。巫戴民盼姓，沅曰：此似釋《海外南經》「戴國」也。食穀，不績不經，服也；言自然有布帛也。沅曰：郭說非也。《夏書》云：鳥夷卉服。此其義。不稼不穡，食也。言五穀自生也。種之為稼，收之為穡。爰有歌舞之鳥，鸞鳥自歌，鳳鳥自舞。爰有百獸，相羣爰處，百穀所聚。

大荒之中有山，名曰融天，海水南入焉。有人曰鑿齒，羿殺之。射殺之也。沅曰：此似釋《海外南經》「羿與鑿齒戰」也。

有蜮山者，有蜮民之國，音惑。桑姓，食黍，射蜮是食。蜮，短狐也，似鼈，含沙射人，中之則病死。此山出之，亦以名云。有人方扞弓射黃蛇，扞，挽也，音紆。名曰蜮人。

有宋山者，有赤蛇，名曰育蛇。有木生山上，名曰楓木。楓木，蚩尤所棄其桎梏，蚩尤為黃帝所得，械而殺之已，摘棄其械，化而為樹也。是謂楓木。即今楓香樹。沅曰：《廣韻》引此文「變為楓木」下又云：脂入地千年化為琥珀。有人，方齒、虎尾，名曰祖狀之尸。音如粗梨之粗。

有小人，名曰焦僥之國，皆長三尺。幾姓，嘉穀是食。沅曰：此似釋《海外南經》「焦僥國」也。

大荒之中有山，名歹塗之山，音朽。青水窮焉。青水出昆侖。有雲雨之山，有木名曰欒。音鸞〔註9〕。禹攻雲雨。攻，謂槎伐其林木。有赤石焉生欒，言山有精靈，復變生此木於赤石之上。黃本、赤枝、青葉，羣帝焉取藥。言樹花實皆為神藥。有國曰顓頊生伯服，食黍。有鼬姓之國。音如橘柚之柚。

有苕山。又有宗山。又有姓山。又有壑山。又有陳州山。又有東州山。又有白水山，白水出焉，而生白淵，昆吾之師所浴也。昆吾，古王者號。《音義》曰：昆吾，山名，谿水內出善金。二文有異，莫知所辨測。沅曰：《大戴禮》云：陸終氏娶于鬼方氏，產六子，其一曰樊，是為昆吾。有人名曰張弘，在海上捕魚。海中〔註10〕有張弘之國，或曰即奇肱人，疑非。食魚，使四鳥。有人焉，鳥喙有翼，方捕魚于海。沅曰：「弘」當為「厶」，古「肱」字也。

大荒之中，有人，名曰驩頭，鯀妻士敬，士敬子曰炎融，生驩頭。驩頭人面鳥喙有翼，食海中魚，杖翼而行。翅不可以飛，倚杖之用行而已。維宜

芭苴，穆楊是食。《管子》說地所宜云「其種穆杞黑黍」，皆禾類也。〔註11〕苴，黑黍，今字作禾旁。「起」「柜」「虯」三音。**有驪頭之國。**沅曰：此似釋《海外南經》「讙頭國」也。

帝堯、帝嚳、帝舜，葬于岳山。即狄山也。爰有文貝、離俞、鴟久、鷹、賈、延維、視肉、熊、羆、虎、豹。朱木，赤枝、青華、玄實。沅曰：此似釋《海外南經》「狄山」也。

有申山者。大荒之中有山，名曰天臺高山，海水入〔註12〕焉。

東南海之外，甘水之閒，有羲和之國，有女子名曰羲和，方日浴〔註13〕于甘淵。羲和，蓋天地始生，主日月者也。故《啟筮》曰：空桑之蒼蒼，八極之既張，乃有夫羲和，是主〔註14〕日月，職出入，以為晦明。又曰：瞻彼上天，一明一晦，有夫羲和之子，出于暘〔註15〕谷。故堯因此而立羲和之官，以主四時，其後世遂為此國。作日月之象而掌之，沐浴運轉之於甘水中，以效其出入暘谷、虞淵也。所謂世不失職耳。**羲和者，帝俊之妻，生十日。**言生十子各以日名名之，故言生十日，〔註16〕數十也。

有蓋猶之山者，其上有甘柤，沅曰：當為「樝」。枝榦皆赤，黃葉、白華、黑實。東又有甘華，枝榦皆赤，黃葉。有青馬。有赤馬，名曰三騅。有視肉。沅曰：《呂氏春秋·本味篇》云：伊尹曰，箕山之東，青鳥之所，有甘盧焉。此云「甘柤黑實」，又有「青馬」，當即是也。「櫨」「樝」、「鳥」「馬」，皆形相近。

有小人，名曰菌人。音如朝菌之菌。沅曰：此即《大荒東經》「靖人」也。

有南類之山。爰有遺玉、青馬、三騅、視肉、甘華，百穀所在。

沅曰：右第十五篇。〔註17〕

山海經第十五　終
總校王詒壽，分校孫瑛、蔡濟勤校

〔註11〕盧文弨於「也」字下校增「爾雅芑白苗」五字，又有眉批曰：《爾雅》：芑，白苗；苣，黑黍。此疑脫五字。下云「今字作禾旁」，是兼杞柜而言也。
〔註12〕入本誤作出，盧本、蔣本校改。蔣本墨筆：「出，吳本作入。」「琮意，海納萬川，非由一山之所以出海，不可以出言也。据上文融天山曰『海水南入焉』，《大荒北經》不句山亦曰『海水入焉』，則改入字為是。」朱筆：「出改入。」又此大荒二字之前，盧文弨標有提行符號。
〔註13〕日浴二字盧文弨校乙。
〔註14〕主字盧文弨校曰：生。
〔註15〕暘字盧文弨校曰：湯。（下同。）
〔註16〕日字下盧文弨校增日字。
〔註17〕盧文弨：甲寅正月十四日校。

山海經第十六

晉記室參軍郭璞傳

兵部侍郎兼都察院右副都御史巡撫陝西西安等處地方贊理軍務兼理糧餉
欽賜一品頂帶畢沅新校正

大荒西經〔註1〕

西北海之外，大荒之隅，有山而不合，名曰不周負子。《淮南子》曰：
昔者共工與顓頊爭〔註2〕帝，怒而觸不周之山，天維絕，地柱折。故今此山缺壞不周帀也。有
兩黃獸守之。有水，曰寒暑之水。水西有濕山，水東有幕山。音莫。有禹
攻共工國山。言攻其國，殺其臣相柳於此山。《啟筮》曰：共工，人面蛇身朱髮也。

有國名曰淑士，顓頊之子。言亦出自高陽氏也。有神十人，名曰女媧之
腸，或作女媧之腹。化為神，沅曰：《說文》云：媧，古之神聖女，化萬物者也。《世本》
云：塗山氏女名女媧。見《史記索隱》。《廣韻》云：伏羲之妹。處栗廣之野，女媧，古神女
而帝者〔註3〕，人面蛇身，一日〔註4〕中七十變，其腹〔註5〕化為此神。栗廣，野名〔註6〕。
媧音瓜。橫道而處。言斷道也。有人名曰石夷，來風曰韋，「來」或作「本」也。

〔註1〕盧文弨校增：第十六〇〇〇（此三字當為郭氏傳）。
〔註2〕爭字下盧文弨校增為字。
〔註3〕者字下盧文弨校增也字。
〔註4〕日字下盧文弨校增之字。
〔註5〕腹字盧文弨校曰：腸。又連前校增也字之字而自注：藏。
〔註6〕名字下盧文弨校增也字。

處西北隅，以司日月之長短〔註7〕。言〔註8〕察日月暑度之節〔註9〕。有五彩沅曰：當為「采」〔註10〕。之鳥，有冠，名曰狂〔註11〕鳥。《爾雅》云：狂，夢鳥。即此也。有大澤之長山。有白氏〔註12〕之國。

西北海之外，赤水之東，有長脛之國。腳長三丈〔註13〕。沅曰：藏經本作「腳步五尺」。此似釋《海外西經》「長股國」也。

有西周之國，沅曰：《地理志》云：右扶風美陽，周太王所邑。《括地志》云：故周城，一名美陽城，在雍州武功縣西北二十五里，即太王城也。見《史記正義》。姬姓，沅曰：《說文》云：姬，黃帝居姬水，以為姓。《史記‧周本紀》云：帝舜封棄於邰，號曰后稷，別姓姬氏。食穀。有人方耕，名曰叔均。帝俊生后稷，俊宜為嚳。嚳第二妃生后稷也。沅曰：《大戴禮‧帝繫》云：帝嚳上妃，有邰氏之女也，曰姜原氏，產后稷。《史記‧周本紀》云：后稷母有邰氏之女，曰姜原，為帝嚳元妃。則郭云「第二妃」，誤也。又，譙周以為，棄，帝嚳之胄，其父亦不著。見《史記索隱》。稷降以百穀。稷之弟曰台璽，音胎。生叔均，叔均是代其父及稷播百穀，始作耕。有赤國妻氏。有雙山。

西海之外〔註14〕，大荒之中，有方山者，上有青樹，名曰柜沅曰：此「枳」字省文。格之松，木名。音矩。日月所出入也〔註15〕。

西北海之外，赤水之西，有先民之國，食穀，使四鳥。有北狄之國，黃帝之孫曰始均，始均生北狄。有芒山。有桂山。有榣山。此〔註16〕山多桂及榣木，因名云耳〔註17〕。其上有人，號〔註18〕曰太子長琴。顓頊生老童，《世本》云：顓頊娶於滕〔註19〕墳氏，謂之女祿，產老童也。老童生祝融，即重黎也，高辛氏火正，號曰祝融也。沅曰：《大戴禮‧帝繫》云：老童娶于竭水氏，竭水氏之子謂之高媧〔註20〕

〔註7〕長短盧文弨校乙。
〔註8〕言字盧文弨校曰：主，藏。
〔註9〕節字下盧文弨校增也字。
〔註10〕盧文弨校作采，自注：藏。
〔註11〕狂字盧文弨校曰：狂，藏。
〔註12〕氏字盧文弨校曰：民，藏。蔣本朱筆亦校曰：民。
〔註13〕此句盧文弨校曰：步五丈，舊。
〔註14〕外字盧文弨校曰：水，藏。
〔註15〕也字盧文弨校曰：藏无。
〔註16〕此字本誤作北，盧本、蔣本校改。
〔註17〕「云耳」二字盧文弨校曰：之，藏。
〔註18〕號字盧文弨校曰：名。
〔註19〕滕字盧文弨校曰：騰，藏。
〔註20〕媧字盧文弨校曰：緺。

氏，產重黎及吳回。祝融生太子長琴。是處榣山，始作樂風。創制樂〔註21〕風曲
也。有五彩鳥三名，一曰皇〔註22〕鳥，一曰鸞鳥，一〔註23〕曰鳳鳥〔註24〕。
有蟲，狀如菟，沅曰：舊本作「菟」，非。匈沅曰：舊本作「胃」，非。以後〔註25〕者
裸不見，言皮色青，故不見其裸露處也。青，如蝯狀。狀又似蝯。

大荒之中有山，名曰豐沮玉門，日月所入。有靈山，巫咸、巫即、
巫朌、沅曰：《水經注》引此作「盼」。巫彭、巫姑、巫真、沅曰：《水經注》引此作「貞」。
巫禮〔註26〕、沅曰：《水經注》引此作「孔」。疑古「礼」字之「礼」。巫抵、巫謝、巫
羅十巫，從此升降，百藥爰在。羣〔註27〕巫上下此山采藥往來也〔註28〕。沅曰：
此似釋《海外西經》「巫咸國」也。傳「采藥往來」舊本作「采之」，今据《水經注》改正。

西有〔註29〕王母之山，壑山，海山。皆羣大靈之山名也〔註30〕。有沃之
國，言其土饒沃〔註31〕也。沃民是處。沅曰：此似釋《海外西經》「諸夭之野」也。沃
之〔註32〕野，鳳鳥之卵是食，甘露是飲，凡其所欲，其味盡存。言其所願
滋味，此無所不備〔註33〕。爰有甘華、甘柤、白柳、視肉、三騅、璇〔註34〕沅
曰：案郭音此為枚，則字當為「玫」字。瑰、瑤碧、璇瑰亦玉名。《穆天子傳》曰：枝斯璿
瑰。枚〔註35〕回二音。沅曰：《漢書注》晉灼云：玫瑰，火齊珠也。師古曰：火齊珠，今南方
之出火珠也。「玫」音枚，「瑰」音回，又音瓌。白木、琅玕、樹色正白，今南方有文木，
亦黑木也。沅曰：《說文》云：琅玕，似珠者。白丹、青丹，又有黑丹也。《孝經援神契》
曰：王者德至山陵而黑丹出。然則，丹者別是采石名，亦猶黑白黃皆云丹也。多銀鐵，鸞鳥
自歌，鳳鳥自舞。爰有百獸，相羣是處。是謂沃〔註36〕之野。有三青鳥，

〔註21〕「制樂」二字盧文弨校乙。
〔註22〕皇字盧文弨校曰：鳳。
〔註23〕後兩「一」字下盧文弨校增曰：名，藏。
〔註24〕鳥字盧文弨校曰鳳，又曰皇。（鳳當是據藏本，皇則是理校。）
〔註25〕後字盧文弨校曰：俊。
〔註26〕禮字盧文弨校曰：杞。
〔註27〕羣字上盧文弨校增言字。
〔註28〕「藥往來也」盧文弨校曰：之。
〔註29〕「西有」二字盧文弨校乙。
〔註30〕名也二字盧文弨校刪。蔣本墨筆：吳本傳無名也二字。
〔註31〕「饒沃」二字盧文弨校乙。
〔註32〕之字盧文弨校刪。
〔註33〕備字盧文弨校曰：在。
〔註34〕璇字盧文弨校曰：璿。（注同。）
〔註35〕枚字盧文弨校曰：旋，《穆》注。
〔註36〕沃字下盧文弨校增民字。

赤首、黑目，一名曰大鵹，音黎。沅曰：「鸏」字異文。一名〔註37〕少鵹〔註38〕，一名曰青鳥〔註39〕。皆西王母所使也。有軒轅之臺，射罘沅曰：舊本作「者」，非。不敢西嚮射，畏軒轅之臺。敬難黃帝之神。

　　大荒之中，有龍山，日月所入。有三澤〔註40〕水，名曰三淖，沅曰：《穆天子傳注〔註41〕》引此作「有川名三淖」。其地即蜀也，古「蜀」字作「淖」。昆吾之所食〔註42〕。《穆天子傳》曰：滔水，濁繇氏之所食。亦此類也。有人衣青，以袂蔽面，袂，袖〔註43〕。名曰女丑之尸。沅曰：此似釋《海外西經》「女丑之尸」也。

　　有女子之國。王頎至沃沮國，盡東界，問其耆老，曰〔註44〕國人常〔註45〕乘船捕魚，遭風，見吹數十日，東〔註46〕一國在大海中，純女無男。即此國也。沅曰：此似釋《海外西經》「女子國」也。

　　有桃山。有䖝山。有桂山。有于〔註47〕土山。

　　有丈夫之國。其國無婦人也。沅曰：此似釋《海外西經》「丈夫國」也。有弇州之山。五彩之鳥仰天，張口噓天。名曰鳴鳥。爰有百樂歌舞之風。爰〔註48〕有百種伎樂歌儛風曲〔註49〕。

　　有軒轅之國。其人人面蛇身〔註50〕。江山之南棲為吉。即窮山之際也。山居為棲。吉者，言無凶夭也。不壽者乃八百歲。壽者數千歲〔註51〕。沅曰：此似釋《海外西經》「軒轅之國」也。

　　西海陼中有神〔註52〕，人面鳥身，珥兩青蛇，踐兩赤蛇，名曰弇兹。

〔註37〕名字下盧文弨校增曰字。
〔註38〕藏本自「赤首」至「少鵹」為小字郭注，盧文弨校曰：藏本是傳，非。
〔註39〕盧文弨：藏无此五字，非。
〔註40〕澤字盧文弨校曰：渾，藏。
〔註41〕注字本脫。
〔註42〕蔣本墨筆：吳本經文所食下有也字，此疑誤。
〔註43〕袖字下盧文弨校增曰：也，音埶。又自注：當作襏。（道藏本實作音執。宋本無音，元鈔本作音藝。）
〔註44〕曰字盧文弨校曰：人云。（道藏本實作「又云」。宋本、元鈔本作「云」。）
〔註45〕常字盧本、蔣本（朱筆）校曰：嘗。
〔註46〕東字下盧文弨校增曰：見。
〔註47〕于字下盧文弨校曰：干，藏。蔣本亦朱筆校曰：干。
〔註48〕爰字盧文弨校曰：言。
〔註49〕曲字下盧文弨校增曰：者也。
〔註50〕郭此條注，盧文弨校曰：藏正文。
〔註51〕歲字盧文弨校曰：年。
〔註52〕神字下盧文弨校增曰：人。

　　大荒之中有山，名曰日月山，天樞也〔註53〕。吳姬_{沅曰：舊本作「姖」，}
_{藏經本作「姬」。〔註54〕}天門，日月所入。有神，人面無臂，兩足反屬于頭山
〔註55〕，名曰噓。言噓啼〔註56〕也。顓頊生老童，老童生重及黎。《世本》云：
老童娶於根水氏，謂之驕福，產重及黎。沅曰：《史記》云：商陽生稱，稱生卷章，卷章生重黎，
重黎為帝嚳高辛居火正，帝嚳命曰祝融，共工氏作亂，帝嚳使重黎誅之而不盡，帝乃以庚寅誅
重黎。徐廣云：譙周曰，老童即卷章。《索隱》曰：据《左氏》，少昊氏之子重，顓頊氏之後曰
黎，今以重黎為一人，乃是顓頊之子孫者；劉氏云，少昊氏之後曰重，顓頊氏之後曰重黎，對
彼重則單稱黎，若自言當家則稱重黎。案《左傳》，重為句芒，木正；黎為祝融，火正。此重，
少昊之子，偶與老童之子同名，非一人也。譙周以卷章為即老童，「卷」「老」、「童」「章」字相
似，亦或然也。帝令重獻上天，令黎卬下地。古者人神雜擾無別，顓頊乃命南正重司
天以屬神，命火正黎司地以屬民，重實上天，黎實下地。「獻」「卬」，義未詳也。沅曰：「獻」
讀與「憲」同。《史記》云：顓頊命南正重司天以屬神，命火正黎司地以屬民。《索隱》曰：案
《左傳》，重為句芒，木正，黎為祝融，火正，蓋重、黎二人元是木、火之官，兼司天地職。案：
司馬貞說非也。此重又一人。下地是生噎，處於西極，以行日月星辰之行次。
主察日月星辰之度數次舍也。

　　有人反臂，名曰天虞。即尸虞也。有女子方浴月。帝俊妻常羲，_{沅曰：}
《史記》云：帝嚳娶娵訾氏女。《索隱》曰：案皇甫謐曰，女名常羲也。生月十有二，此
始浴之。羲與羲和浴日同。有玄丹之山，出黑丹也。有五色〔註57〕之鳥，人面
有髮。爰有青鴍、音文。沅曰：《玉篇》云：鴍，鶃子也。黃鷔，音敖。青鳥、黃鳥，
其所集者其國亡。沅曰：此似釋《海外西經》「鴍鳥鶃鳥」也。

　　有池，名孟翼之攻顓頊之池。孟翼，人姓名。

　　大荒之中有山，名曰鏖鏖鉅，_{鏖音如敖。}日月所入者。有獸，左右有
首，名曰屏蓬〔註58〕。即并封也，語有輕重耳。有巫山者，有壑山者，有金門
之山。有人名曰黃姬〔註59〕之尸。有比翼之鳥。有白鳥，青翼黃尾玄喙。
奇鳥。有赤犬，名曰天犬，其所下者有兵。《周書》云：天狗所止，地盡傾，餘光

〔註53〕「樞也」二字盧文弨校曰：極。
〔註54〕蔣本墨筆：何以知非藏本之譌？
〔註55〕山字盧本、蔣本（朱筆）校曰：上。
〔註56〕盧文弨校曰：疑噓唏。
〔註57〕色字盧文弨校曰：采。
〔註58〕蓬字盧文弨校曰：逢。
〔註59〕蔣本墨筆：吳本作黃姖。

燭〔註60〕天為流星，長十數〔註61〕丈，其疾如風，其聲如雷，其光如電。吳楚七國反時，炊過梁國者是〔註62〕也。

西海之南，流沙之濱，赤水之後，黑水之前，有大山，名曰昆侖之丘。沅曰：舊本作「崑崙」。有神，人面，虎身，有文有尾，皆白，處之。言其尾以白為點駁。其下有弱水之淵，環之；其水不勝鴻毛。其外有炎火之山，投物輒然。今去扶南東萬里有耆薄國，東復五千里許有火山國，其山雖霖雨火常然，火中有白鼠，時出山邊求食，人捕得之，以毛作布，今之火澣布是也。即此山之類。有人，戴勝，虎齒，有豹尾〔註63〕，穴處，名曰西王母。《河圖玉版》亦曰：西王母居崑崙之山。《西山經》曰：西王母居玉山。《穆天子傳》曰：乃紀名迹於弇山之石，曰西王母之山也。然則，西王母雖以崑崙之〔註64〕宮，亦自有離宮〔註65〕別窟游息之處，不專住〔註66〕一山也。故記事者各舉〔註67〕所見而言之。此山萬物盡有。沅曰：此肅州昆侖也。

大荒之中有山，名曰常陽之山，日月所入。沅曰：此似釋《海外西經》「形夭葬常羊之山」也。

有寒荒之國。沅曰：此疑即謂韓荒在蜀也。有二人，曰女祭、女薎〔註68〕。或持觶〔註69〕，或持俎也〔註70〕。沅曰：此似釋《海外西經》「女祭女戚」也。「薎」字舊本作「蔑」，非〔註71〕。

有壽麻之國。《呂氏春秋》曰：南〔註72〕服壽麻，北懷闟〔註73〕耳〔註74〕。沅曰：《呂》作「壽靡」，高誘注云：西極之國，「靡」亦作「麻」。南嶽娶〔註75〕州山女，名曰女虔，女虔生季格，季格生壽麻。壽麻正立無景，疾呼無響，言其稟形

〔註60〕燭字盧文弨校曰：飛。
〔註61〕「十數」二字盧文弨校乙。
〔註62〕「國者是」三字盧文弨校曰：分曲野。
〔註63〕盧文弨：藏作有尾，似當作豹尾。
〔註64〕之字盧文弨校曰：為。
〔註65〕宮字盧文弨校曰：室。
〔註66〕住字下盧文弨校增曰：於。
〔註67〕舉字下盧文弨校增曰：其。
〔註68〕薎字盧文弨校曰：戚，前。
〔註69〕觶字盧文弨校曰：鱓。
〔註70〕蔣本墨筆：吳本持俎下無也字。
〔註71〕盧文弨：薎，藏。
〔註72〕南字盧文弨校曰：西。又於畢引高誘注後評：是。
〔註73〕闟字盧文弨校曰：儋，見《任數篇》。
〔註74〕耳字盧文弨校曰：茸也。
〔註75〕盧文弨：舊提行。又校「嶽娶」曰：岳取。

氣有異於人也。《列仙傳》曰：玄俗無景也〔註76〕。**爰有大暑，不可以往。**言熱炙殺人也。**有人無首，操戈盾立，名曰夏耕之尸。**亦形夭〔註77〕尸之類。**故成湯伐夏桀于章山，克之，**于章，山名。**斬耕厥前，**頭亦在前者〔註78〕。**耕既立，無首，走厥咎，**逃避罪也。**乃降于巫山。**自竄於巫山。巫山今在建平巫縣。

有人，名曰吳回，沅曰：《大戴禮・帝繫》云：老童娶於竭水氏，產重黎及吳回。《史記》云：帝嚳誅重黎，以其弟吳回為重黎，後復居火正，為祝融。《潛夫論・志氏姓》云：黎，顓頊氏裔子吳回也。高誘注《呂氏春秋》云：祝融，即老童之子吳回是也。又云：吳國回祿之神，託于竈。又注《淮南子》云：祝融，顓頊之孫老童之子吳回也，一名黎，為高辛氏火正，號為祝融。案：《大戴禮》及《史記》皆以吳回為黎之弟，王符、高誘以為黎即吳回。攷班固《古今人表》云：嬌極，老童妃，生重黎。又有吳回，亦同《大戴禮》。又有祝融，云陸終是其子，此祝融，陸終之父，實即吳回，《大戴禮》所云吳回產陸終也。班固重出，以為二人，則非是矣。蓋祝融，火正官名，黎與吳回俱為之，故皆得名祝融也。**奇左，是無右臂。**即奇肱也。吳回，祝融弟，亦為火正也。沅曰：「是無右臂」四字是釋「奇左」也，非本文。

有蓋山之國。有樹，赤皮支榦，青葉，名曰朱木。或作朱威木也。沅曰：《說文》云：朱，赤心木，松柏之屬。又，司馬相如賦有「朱楊」，郭注云：朱楊，赤莖柳也。名曰朱木，楊柳也。

有一臂民。北極下亦有一腳人，見《河圖玉版》。沅曰：此似釋《海外西經》「一臂國」也。

大荒之中有山，名曰大荒之山，日月所入。有人焉，三面，沅曰：此似釋《海外西經》「三身國」也。**是顓頊之子，三面一臂，**無左臂也。**三面之人不死，**言人頭三邊各有面也。玄菟太守王頎至沃沮國，問其耆老，云復有一破船隨波出在海岸邊上，有一人項中復有面，與語不解，了不食而死。此是兩面人也。《呂氏春秋》曰：一臂三面之鄉也。**是謂大荒之野。**

西南海之外，赤水之南，流沙之西，有人，珥兩青蛇，乘兩龍，名曰夏后開。沅曰：釋《海外西經》「大樂之野夏后氏啟于此儛九代」也。「開」，漢人避諱改字。**開上三嬪于天，**嬪，婦也。言獻美女於天帝。**得《九辯》與《九歌》以下。**皆天帝樂名也。開登天而竊以下用之也。《開筮》曰：昔彼《九冥》，是與帝《辯》同宮之序，是為《九歌》。又曰：不得竊《辯》與《九歌》以國於下。義具見《歸藏》也。沅曰：《楚辭》

〔註76〕蔣本墨筆：吳本景下無也字。
〔註77〕夭字盧文弨校曰：夭。
〔註78〕者字盧文弨校曰：也。

云：啟《九辯》與《九歌》。又曰：啟棘賓商，《九辯》《九歌》。是其事也。**此大**〔註79〕**穆之野，高二千仞，**《竹書》曰：顓頊產伯鯀，是維若陽，居大穆之陽也。**開焉得始歌《九招**〔註80〕**》。**《竹書》曰：夏后開儛《九招》也。

　　有互人之國，人面魚身。沅曰：舊本作注，今据藏經本改正。**炎帝之孫，**炎帝，神農是也。**名曰靈恝，**音如券契之契。**靈恝生互**〔註81〕**人，是能上下于天。**言能乘雲雨也。**有魚偏枯，名曰魚婦。顓頊死即復蘇。**言其人能變化也。**風道北**〔註82〕**來，天乃大水泉，**言泉水得風暴溢出。道，猶從也。《韓非》曰：玄鶴二八，道南方而來。**蛇乃化為魚，是謂魚婦。顓頊死即復蘇。**《淮南子》曰：后稷隴在建木西，其人死復蘇，其中〔註83〕為魚。蓋謂此也。**有青鳥，身黃、赤足、六首，名曰鸀鳥。**音觸。**有大巫山者**〔註84〕**，有金之山。西南大荒之隅，**沅曰：舊本「隅」上有「中」字，今据藏經本無。**有偏句、常羊之山。**〔註85〕

　　沅曰：右第十六篇。

山海經第十六　　終〔註86〕

總校張預，分校朱昌壽、金肇麒校

〔註79〕大字盧文弨校曰：天。（注同。）蔣本墨筆：大穆，吳本誤作穆天，而註內又誤作天穆。

〔註80〕招字盧文弨校曰：韶。（注同。）

〔註81〕互字盧文弨校曰：氏。（前互字盧校曰丘，此曰氏。藏本分別作丘、氏。）

〔註82〕北字當從藏本作「此」，盧文弨未出校。

〔註83〕中字盧文弨校曰：半乃。蔣本朱筆校曰：半。

〔註84〕蔣本墨筆：吳本無者字。

〔註85〕舊本此處皆有十二字，畢本刪去：按夏后開即啟，避漢景帝諱云。

〔註86〕盧文弨尾批：七月九日校。

山海經第十七

晉記室參軍郭璞傳

兵部侍郎兼都察院右副都御史巡撫陝西西安等處地方贊理軍務兼理糧餉
欽賜一品頂帶畢沅新校正

大荒北經〔註1〕

東北海之外，大荒之中，河水之閒，附禺之山，沅曰：此似釋《海外北經》
「務隅山」也。帝顓頊與九嬪葬焉。此皆殊俗義所作冢。爰有鴞〔註2〕久、文貝、
離俞、鸞鳥、皇鳥、沅曰：舊本作「凰」，非。大物、小物，言備有也。有青鳥、
琅鳥、玄鳥、黃鳥、虎、豹、熊、羆、黃蛇、視肉、璇瑰、瑤碧，皆出
衛于山。在其山邊也。丘方員三百里。丘南帝俊竹林在焉，大可為舟。言舜
林中竹，一節則可以為船也。竹南有赤澤水，水色赤也。名曰封淵。封，亦大也。有
三桑無枝。皆高百仞。丘西有沈淵，顓頊所浴。

有胡不與之國，一國復名耳。今胡夷語皆通〔註3〕然。列姓，黍食。

大荒之中有山，名曰不咸。有肅慎氏之國。今肅慎國去遼東三千餘里，穴
居，無衣，衣豬皮，冬以膏塗體，厚數分，用卻風寒。其人皆工射，弓長四尺，勁強。箭以楛
〔註4〕為之，長尺五寸，青石為鏑，此春秋時隼集陳侯之庭所得矢也。晉大興三年，平州刺史
崔毖遣別駕高會使來獻肅慎氏之弓矢，箭鏃有似銅骨作者。問，曰〔註5〕轉與海內國通，得用

〔註1〕盧文弨校增：第十七〇〇（此三字當為郭氏傳）。
〔註2〕鴞字盧文弨校曰：鴟。
〔註3〕「皆通」二字盧文弨校乙。
〔註4〕楛字下盧文弨校增曰：木。
〔註5〕曰字盧文弨校曰：之云。

此。今名之為挹婁國，出好貂、赤玉。豈從海外轉而至此乎？《後漢書》所謂「挹婁」者是也。沅曰：此似釋《海外西經》「肅慎國」也。**有蜚蛭，四翼。**翡窒兩音。**有蟲，獸首蛇身，名曰琴蟲。**亦蛇類也。

有人名曰大人。有大人之國，沅曰：此似釋《海外東經》「大人國」也。**釐姓，黍食。有大青蛇，黃頭，食麈。**今南方蚺蛇，食鹿。麈，亦鹿屬也。**有楡山。有鯀攻程州之山。**皆因其事而名物〔註6〕也。

大荒之中有山，名曰衡天。有先民之山。有槃木千里。音盤。

有叔歜國，音作感反，一音觸。沅曰：《華陽國志》云：帝嚳封其支度于蜀，世為侯伯。疑歜亦淖也，讀如蜀。**顓頊之子，黍食，使四鳥，虎豹熊羆。有黑蟲，如熊狀，名曰猎猎。**或作狋，音夕，同。

有北齊之國，沅曰：此疑即百濟國。**姜姓，使虎豹熊羆。**

大荒之中有山，名曰先〔註7〕檻大逢之山，沅曰：藏經本作「光檻」。**河、濟所入，海北注焉。**河、濟注海，已復出海外，入此山中也。**其西有山，名曰禹所積石。有陽山者。有順山者，順水出焉。**沅曰：此似釋《海外北經》「禹所積石」也。

有始州之國，有丹山。此山純出丹朱〔註8〕也。《竹書》曰：和甲西征，得一丹山〔註9〕。今所在亦有丹山，丹出土穴中。**有大澤方千里〔註10〕，羣鳥所解。**《穆天子傳》曰：北至廣〔註11〕原之野，飛鳥所解其羽，乃於此獵，鳥獸絕羣，載羽百車。《竹書》亦曰：穆王北征，行流沙千里，積羽千里。皆謂此澤也。沅曰：此似釋《海內西經》「大澤」也。

有毛民之國，其人面體皆生毛。**依姓，食黍，使四鳥。禹生均國，均國生役采，**采一作來。**役采生修**沅曰：藏經本作「循」。**鞈，**音如單袷之袷。**修鞈殺綽人，**人名。**帝念之，潛為之國，**潛密用之為國。**是此毛民。**沅曰：此似釋《海外東經》「毛民國」也。

有儋耳之國，任姓。其人耳大，下儋垂在肩上。朱崖、儋耳，鏤畫其耳，亦以放之也〔註12〕。沅曰：此似釋《海外北經》「聶耳國」也。《淮南子》作「耽耳」。

禺號子，食穀。北海之渚中，言在海島中種粟給食，謂禺彊也。**有神，人面鳥身，珥兩青蛇，踐兩赤蛇，名曰禺彊。**沅曰：此似釋《海外北經》「禺彊」也。

〔註6〕「而名物」三字盧文弨校作「以名山」。

〔註7〕先字盧文弨校曰：光。

〔註8〕丹朱二字盧文弨校曰：疑朱丹。

〔註9〕此句盧文弨校作：和甲西征丹山戎。自注：《竹書》校。

〔註10〕盧文弨：吳、項本提行。

〔註11〕盧文弨校曰：廣，本書曰曠。（此「本書」指《穆天子傳》。）

〔註12〕此句藏本作「亦以效今人也」，盧文弨曰：疑「亦以放效之也」。

　　大荒之中有山，名曰北極天櫃，音匱。沇曰：藏經本作「櫃」。海水北注焉。有神，九首、人面、鳥身，名曰九鳳。又有神，銜蛇操蛇，其狀虎首、人身、四蹄、沇曰：依義當為「蹏」。此字「蹄」省文。長肘，名曰彊良。亦在《畏獸畫》中。

　　大荒之中有山，名曰成都載天。有人，珥兩黃蛇，把兩黃蛇，名曰夸父。沇曰：此似釋《海外北經》「夸父與日逐」也。后土生信，信生夸父。夸父不量力，欲追日景，逮之于禺谷。禺淵，日所入也，今作虞。將飲河而不足也，將走大澤。未至，死于此。渴死。應龍已殺蚩尤，又殺夸父，上云夸父不量力，與日競而死，今此復云為應龍所殺，死無定名，觸事而寄，明其變化無方，不可揆測之也。乃去南方處之，故南方多雨。言龍水物，以類相感故也。

　　有沇曰：舊本「有」上有「又」字，据藏經本無。無腸之國，是任姓，為人長也。沇曰：此似釋《海外北經》「無腸國」也。無繼之〔註13〕，食魚。「繼」亦當作「脅」，謂膊腸也。沇曰：此似釋《海外北經》「無脅國」也。

　　共工臣名曰〔註14〕相繇，相柳也。語聲轉耳。九首，蛇身，沇曰：言身有鱗。自環，言蟠轉旋也。食于九土〔註15〕。言貪殘也。其所歍所尼，歍，嘔，猶噴吒。尼，止也。即為原沇曰：舊本作「源」，非。澤，言多氣力。不辛乃苦，言氣酷烈。百獸莫能處。言畏之也。禹湮洪水，殺相繇，禹塞洪水浩大〔註16〕，因以溺殺之也。其血腥臭，不可生穀，其地多水，不可居〔註17〕。言其膏血滂流成淵水也。禹湮之，三仞三沮，言禹以土塞之之〔註18〕地陷壞也。乃以為池，羣帝是因以為臺。地下宜積土，故眾帝因來在此共作臺也。沇曰：此似釋《海外北經》「相柳」也。在昆侖之北。有岳之山，尋竹生焉。尋，大竹名。

　　大荒之中有山，名曰不句，海水北沇曰：舊本脫「北」字，今据藏經本增。入焉。有係昆之山者，有共工之臺，射者不敢北鄉。言畏之也。有人衣青衣，名曰黃帝女魃〔註19〕。音如旱妭〔註20〕之魃。沇曰：章懷太子賢注《後漢書》引此作「妭」，云：妭亦魃也。《玉篇》云：女妭禿無髮，同魃。蚩尤作兵，伐黃帝。

〔註13〕之字盧文弨校曰：子。蔣本墨筆：之，吳本作子，疑是也。
〔註14〕曰字本脫，盧本、蔣本校補。
〔註15〕土字盧文弨校曰：山。
〔註16〕蔣本墨筆：吳本無浩大二字。
〔註17〕居字下盧文弨校增曰：也。
〔註18〕二「之」字盧本、蔣本（朱筆）校刪一字。
〔註19〕魃字盧文弨校曰：妭。（下同。）又有眉批曰：《太平御覽》作妭，藏下亦作妭。
〔註20〕妭字蔣本朱筆校曰：魃。

黃帝〔註21〕乃令應龍攻之冀州之野。冀州，中土也。黃帝亦教虎豹熊羆，以與炎帝戰於阪泉之野而滅之，見《史記》。沅曰：《歸藏‧啟筮》云：蚩尤出自羊水，八肱八趾疏〔註22〕首，登九淖以伐空桑，黃帝殺之于青丘。見《初學記》。《龍魚河圖》云：黃帝攝政，有蚩尤兄弟八十一人，並獸身人語，銅頭鐵額，食沙，造五兵，仗刀戟大弩，威震天下，誅殺無道，萬民欽命黃帝行天子事；黃帝以仁義，不能禁止蚩尤，乃仰天而歎，天遣玄女下授黃帝兵符，伏蚩尤；後天下復擾亂，黃帝遂畫蚩尤形象以威天下，咸謂蚩尤不死，八方皆為殄滅。孔安國曰「九黎君號蚩尤」是也。見《史記正義》。皇甫謐云，黃帝使應龍殺蚩尤於九黎之谷；或曰黃帝斬蚩尤于中冀，因名其地曰絕轡之野。見《史記索隱》。應龍畜水。蚩尤請風伯雨師，從大風雨。沅曰：許慎云：大風，風伯也。《淮南子》曰：堯時九嬰、大風皆為民害，堯乃使羿殺大風于青丘之澤。黃帝乃下天女曰魃，雨止，遂殺蚩尤。沅曰：《史記》云：黃帝與蚩尤戰于涿鹿之野，遂禽殺蚩尤。魃不得復上，所居不雨，旱氣在也。叔均言之帝，後置之赤水之北。遠徙之也。叔均乃為田祖。主田之官。《詩》云：田祖有神。魃時亡之，畏見逐也。所欲逐之者，令曰「神〔註23〕北行」，向水位也。先除水道，決通溝瀆。言逐之必得雨，故見先除〔註24〕水道，今之逐魃是也。

有人，方食魚，名曰深目民之國，沅曰：《周書‧王會》云：目深桂。此釋《海外北經》「深目國」也。盼姓，沅曰：此字《說文》所無，見《玉篇》，云：目光也。郭云「黃帝時姓」，徧檢書傳，黃帝時無此姓也。食魚。亦胡類，但眼絕深，黃帝時姓〔註25〕也。

有鍾山者，有女子，衣青衣，名曰赤水女子獻。神女也。

大荒之中有山，名曰融父山，順水入焉。有人，名曰犬戎。黃帝生苗龍，苗龍生融吾，融吾生弄一作卞。明，沅曰：《史記索隱》引此作「並明」，明藏經本直作「卞」。弄明生白犬，白犬有牝牡，言自相配合也。是為犬戎，肉食。有赤獸，馬狀無首，名曰戎宣王〔註26〕尸。犬戎之神名也。

有山名曰齊州之山、君山、鬹山、音潛。鮮野山、魚山。

有人一目，當面中生。沅曰：四字舊本作本文，据藏經本是郭注。此釋《海外北經》「一目國」也。｜一曰是威姓，少昊之子，食黍。｜

有繼無民，繼無民沅曰：當為「無繼」。任姓，無骨子，食氣、魚。言有無

〔註21〕帝字初刻本脫，盧文弨校增。
〔註22〕疏字本脫。
〔註23〕神字盧文弨校曰：祖。
〔註24〕見字盧文弨校刪。除字盧文弨校曰：利。
〔註25〕姓字盧文弨校曰：至。
〔註26〕蔣本墨筆：王，疑之字之譌，古「之」字形似「王」也。

骨人〔註27〕。《尸子》曰：徐偃王有筋無骨也。沅曰：此似釋《海外北經》「無脊國」也。

西北海外〔註28〕**，流沙之東，有國曰中輪，**沅曰：舊本作「�」，藏經本作此。**顓頊之子，食黍。**

有國名曰賴丘。有犬戎國。有神，人面獸身，名曰犬戎。

西北海外，黑水之北，有人，有翼，名曰苗民。三苗之民。沅曰：《神異經》云：西荒中有人焉，面目手足皆人形，而胳下有翼，不能飛；為人饕餮，淫逸無理，名曰苗民。**顓頊生驩頭，驩頭生苗民，苗民釐姓，食肉。有山名曰章山。**

大荒之中，有衡石山，九陰山，灰野之山，沅曰：舊本作「洞」，《水經注》、李善注《文選》引此俱作「灰」。**上有赤樹，青葉赤華，名曰若木。**生〔註29〕崑崙西，附西極，其華光赤照下〔註30〕地。**有牛黎之國，有人無骨，儋耳之子。**儋耳人生無骨子也。沅曰：牛黎國即柔利國也，聲皆相近。此釋《海外北經》文。

西北海之外，赤水之北，有章尾山。沅曰：此即鍾山，「鍾」「章」音相近。**有神，人面蛇身而赤，**身長千里也〔註31〕。沅曰：此五字《藝文類聚》引作本文，「里」字作「尺」。**直目正乘，**直目，目從也。正乘，未詳〔註32〕。沅曰：「乘」恐「朕」字假音，俗作「眹」也。**其瞑乃晦，其視乃明，**言視為晝，眠〔註33〕為夜也。**不食不寢不息，風雨是謁，**言能請致風雨。沅曰：「謁」，「噎」字假音。**是燭九陰，**照九陰之幽隱也。**是謂燭龍。**《離騷》曰：日安不到，燭龍何燿？《詩含神霧》曰：天不足西北，無有陰陽消息，故有龍銜精〔註34〕以往照天門中。《淮南子》曰：蔽于委羽之山，不見天日也。沅曰：此似釋《海外北經》「鍾山之神」也。

沅曰：右第十七篇。〔註35〕

山海經第十七　終

總校張預，分校朱昌壽、金肇麒校

〔註27〕人字下盧文弨校增曰：也。
〔註28〕此節與上節之間，盧文弨夾批：不當連。
〔註29〕生字盧文弨校曰：在。
〔註30〕照下二字盧文弨校乙。
〔註31〕也字上盧文弨校增曰：者。蔣本墨筆：吳本無也字。
〔註32〕詳字盧文弨校曰：聞。
〔註33〕眠字盧文弨校曰：瞑。
〔註34〕精字上盧文弨校增曰：火。
〔註35〕盧文弨尾批：七月十一日校。

山海經第十八

晉記室參軍郭璞傳

兵部侍郎兼都察院右副都御史巡撫陝西西安等處地方贊理軍務兼理糧餉欽賜一品頂帶畢沅新校正

海內經〔註1〕

東海之內，北海之隅，有國名曰朝鮮、沅曰：此似釋《海內北經》「朝鮮」也。天毒，沅曰：《史記·大宛傳》有「身毒國」，徐廣云：「身」或作「乾」，又作「訖」。《索隱》曰：身音乾，毒音篤，孟康曰即天竺也，所謂浮圖胡也，在月氏東南數千里。萬震《南州志》云：地方三萬里，佛道所出，其國王居城郭，殿皆雕文刻鏤，街曲市里各有行列，左右諸大國凡十六，皆共奉之，以天地之中也。其人水居，朝鮮，今樂浪郡也。天毒，即天竺國，貴道德，有文書、金銀錢貨，浮屠出此國中。晉大興四年，天竺胡王來朝獻珍寶。偎人愛人。偎，亦愛也，音隱限反〔註2〕。沅曰：《列子》云：列姑射山，有神人，不偎不愛，仙聖為之臣。亦此義也。「愛人」，舊本作「愛之」，今据藏經本改正。

西海之內，流沙之中，有國名曰壑市。音郝。沅曰：《水經注》云：流沙在西海郡北，又逕浮渚，歷壑市之國，又逕于鳥山之東朝雲國，西歷崑山，西南出於過瀛之山。

西海之內，流沙之西，有國名曰氾葉。音如氾濫之氾。

流沙之西，有鳥山者，三水出焉。三水同出一山也。爰有黃金、璿、瑰、

〔註1〕盧文弨校增曰：第十八郭氏傳。又曰：藏脫。
〔註2〕盧文弨校曰：疑音隱限。

－217－

丹、貨、銀、鐵，皆流于〔註3〕此中。言其水中有雜珍奇寶也。又有淮山，好水出焉。

流沙之東，黑水之西，有朝雲之國，司彘之國。黃帝娶〔註4〕雷祖，沉曰：《史記》作「嫘祖」，徐廣曰「祖」一作「俎」，《正義》曰一作「儡」。《古今人表》作「絫」。生昌意，《世本》云：黃帝娶於西陵氏之子，謂之纍祖，產青陽及昌意〔註5〕。昌意降處若水，沉曰：《史記索隱》云：降，下也；若水在蜀，即所封國也。《水經》曰：水出旄牛徼外，東南至故關為若水。生韓流，《竹書》云：昌意降居若水，產帝乾荒。乾荒即韓流也，生帝顓頊〔註6〕。沉曰：「韓」「乾」聲相近，「流」即「㐬」字，字之誤也。韓流擢首、謹耳、擢首，長咽。謹耳，未聞。沉曰：《說文》云：顓，頭專專謹也。此文云云，疑顓頊所以名，以似其父與？人面、豕喙、麟身、渠股、渠，車輞，言跰脚也。《大傳》曰：大如車渠。豚止，止，足。取淖子曰阿〔註7〕女，沉曰：「淖」即「濁」字，古用「淖」也。《帝王世紀》云：顓頊母曰景僕，蜀山氏女，為昌意正妃，謂之女樞，生顓頊於若水。見《初學記》。生帝顓頊。《世本》云：顓頊母，濁山氏之子，名昌僕。沉曰：案此經，則顓頊，韓流之子，昌意之孫也。《大戴禮·帝繫》云：昌意產高陽。又云：昌意娶於蜀山氏之子，謂之昌僕氏，產顓頊。《史記》云：顓頊，黃帝之孫而昌意之子。《世本》亦云。與此不同，未知其審。

流沙之東，黑水之閒，有山，名不死之山。即員丘也。

華山青水之東，有山名曰肇山，有人，名曰柏子高，柏子高，仙者也。沉曰：舊本脫「子」字，藏經本有。〔註8〕柏高上下于此，至于天。言翱翔雲天，往來此山也。沉曰：伯高當即伯僑。司馬相如賦：廝征伯僑。揚雄賦：方征僑。李善注曰：姓征名僑也。《索隱》注《史記》「正伯喬」云：古仙人。

西南黑水之閒，有都廣之野，后稷葬焉。其城方三百里，蓋天下之中，素女所出也。《離騷》曰：絕都廣野而直柏號也。沉曰：「其城方三百里」已下十六字，舊本是郭注。案王逸《楚辭章句》引，有「其城方三百里，蓋天下之中」十一字。逸，後漢人，則為本文無疑。沉又曰：此釋《海內西經》「后稷之葬」也。沉又曰：皇〔註9〕甫謐云：后稷冢去中國三萬里。見《史記集解》。疑太遠，非也。爰有膏菽、沉曰：當為「朮」。膏稻、

〔註3〕流於二字盧文弨校曰：出。
〔註4〕娶字盧文弨校曰：妻。蔣本墨筆：娶雷祖，吳作妻雷祖。
〔註5〕昌意二字初刻本誤倒，盧文弨校乙，又於下校增曰：也。蔣本墨筆：吳本作昌意，此倒誤。
〔註6〕「也生帝顓頊」五字，盧文弨校作：韓流，帝顓頊也。又自注：與下不同。
〔註7〕阿字盧文弨校曰：河，藏。又有眉批曰：《御覽》作幹流、倬子、河女。
〔註8〕盧文弨校「柏子高」為「柏于高」，又于「藏經本有」下注：作于。
〔註9〕皇字初刻本作黃，盧本、蔣本（朱筆）校改。

膏黍、膏稷，言好米〔註10〕皆滑如膏。《外傳》曰：膏粱之子〔註11〕，菽豆粢粟也。沅曰：舊本「好米」作「味好」，今据藏經本。**百穀自生，冬夏播琴。**播琴，猶播殖，方俗言耳。沅曰：播琴，播種也。《水經注》云：楚人謂冢為琴。「冢」「種」聲相近也。**鸞鳥自歌，鳳鳥自儛。**沅曰：當為「舞」〔註12〕。**靈壽實華，**靈壽，木名也，似竹有枝節。**草木所聚。**此在叢殖也。**爰有百獸，相羣爰處。**於此羣聚。**此草也，冬夏不死。**

南海之內，黑水青水之閒，有木，名曰若木，樹赤葉青。**若水出焉。**沅曰：《水經注》云：若木之生，非一所也；黑水之間，厥木所植，水出其下，故水受其稱焉。又，《水經》云：若水出蜀郡旄牛徼外，東南至故關為若水也。劉昭注《郡國志》「旄牛」云：《華陽國志》曰，邛崍有鮮水，若水一名洲江。**有禺中之國，有列襄之國，有靈山，有赤蛇在木上，名曰蝡蛇，木食。**言不食禽獸也。音如耎弱之耎。

有鹽長之國。有人焉，鳥首，名曰鳥氏。今佛書中有此人，即鳥夷也。**有九丘，以水絡之，**絡，猶繞也。**名曰陶唐之丘，**陶唐，堯號。**有叔得之丘，孟盈之丘，昆吾之丘，**此山出名金也。《尸子》曰：昆吾之金。沅曰：《淮南子》云：昆吾丘在南方。高誘注曰：昆吾，楚之祖祝融之〔註13〕孫，陸終之子，為夏伯也。**黑白之丘，赤望之丘，參衛之丘，武夫之丘，**此山出美石。**神民之丘。**言上有神人。

有木，青葉、紫莖、玄華、黃實，名曰建木，沅曰：此似釋《海內南經》「建木」也。**百仞無枝，有〔註14〕九欘，**枝回曲也，音如斤斸之斸。**下有九枸，**根盤錯也。《淮南子》曰：木大則根欋也〔註15〕。音劬。**其實如麻，**似麻子也。**其葉如芒。**芒，木，似棠黎〔註16〕也。**大暤爰過，**言庖羲於此經過也。**黃帝所為。**言治護之也。**有窫窳，龍首，是食人。**在弱水中。沅曰：此似釋《海內南經》「窫窳」也。**有青獸，人面，名曰猩猩。**能言語也。沅曰：此似釋《海內南經》「猩猩知人名」也。

西南有巴國。今三巴是。**大暤生咸鳥，咸鳥生乘釐，乘釐生後照，後照是始為巴人。**為之始祖。**有國名曰流黃辛氏，**即酆氏也。沅曰：此似釋《海內西經》「流黃酆氏」也。**其域〔註17〕中方三百里，其出是塵土**〔註18〕。言殷盛也。

〔註10〕好米二字盧文弨校作味好，又自注：項本。又於畢氏案語下批：誤。
〔註11〕子字盧文弨校曰：性。
〔註12〕盧文弨夾批：藏。（藏本正作舞。）
〔註13〕之字本誤作文。
〔註14〕有字上盧文弨校增曰：上。
〔註15〕蔣本墨筆：吳本欋下無也字。
〔註16〕黎字盧文弨蔣本（朱筆）校曰：梨。
〔註17〕域字蔣本朱筆校曰：城。
〔註18〕蔣本墨筆：塵土當是塵應等字之訛。知讓。

有巴遂山，繩水出焉。沅曰：「繩」舊本作「澠」。今据《水經注》云：繩水出徼外——引此云云——東南流分為二水，其一水枝流東出，逕廣柔縣，南流注于江，其一水南逕牦牛道，至大筰與弱水合，自下亦通謂之繩水矣。

又有朱卷之國〔註19〕。有黑蛇，青首，食象。即巴蛇也。沅曰：此似釋《海內南經》「巴蛇」也。

南方有贛巨人，即梟陽也，音感。沅曰：《太平寰宇記》云：太和縣，贛石山有山都獸，似人形。《異物志》云：大山窮谷之閒有山都，人不知其流續所出，髮長五寸而不能結，裸身，見人便走避之，種類疏少，曠野一見，然則自有男女焉。即此也。人面、長臂、黑身、有毛、反踵，見人笑亦笑，脣蔽其面，因即逃也。沅曰：此似釋《海內南經》「梟陽國」也。

又有黑人，虎首，鳥足，兩手持蛇，方啗之。

有嬴民，鳥足。音盈。有封豕。大豬也，羿射殺之。沅曰：《淮南子》云：堯之時，封豨為民害，堯乃使羿禽封豕於桑林。有人曰苗民。三苗民也。有神焉，人首蛇身，長如轅，大如車轂，澤神也。左右有首，岐頭。衣紫衣，冠旃冠，名曰延維。委蛇。人主得而饗食之，伯天下。齊桓公出田於大澤，見之，遂霸諸侯。亦見《莊周》，作「朱冠」也。有鸞鳥自歌，鳳鳥自舞。鳳鳥，首文曰德，翼文曰順，膺文曰仁，背文曰義，見則天下和。言和平也。又有青獸，如兔，沅曰：舊本作「菟」，非。名曰菌狗。音如朝菌之菌。沅曰：舊本作「㞞」，今据藏經本。有翠鳥，有孔鳥。孔雀也。

南海之內，有衡山，南岳。有菌山，音芝菌之菌。有桂山，或云「衡山有菌桂」。桂，員似竹，見《本草》。有山，名曰三天子之都。一本「三天子之鄣」山。沅曰：藏經本無郭傳，直作「三天子之鄣」。此似釋《海內南經》「三天子之鄣山」也。

南方蒼梧之丘，蒼梧之淵，沅曰：章懷太子賢注《後漢書》引此作「川」。其中有九嶷山，音疑。舜之所葬，在長沙零陵界中〔註20〕。山今在零陵營道縣南，其山九谿皆相似，故云九疑，古者總名其地為蒼梧也。沅曰：此似釋《海內南經》「蒼梧山」也。

北海之內，有蛇山者，蛇水出焉，東入于海。有五彩之鳥，飛蔽一鄉，漢宣帝元康元〔註21〕年，五色鳥以萬數過蜀都〔註22〕。即此鳥也。名曰翳鳥。鳳

〔註19〕盧文弨眉批：藏以下皆連。（意謂藏本以下內容不分節。）
〔註20〕「在長沙零陵界中」盧文弨眉批：亦當收小。
〔註21〕元字盧文弨校作三，又有眉批曰：藏七年，亦誤。
〔註22〕「過蜀都」盧文弨校曰：飛過屬縣。

屬也。《離騷》曰：駟玉虬而乘鷖。**又有不距之山，巧倕葬其西。**倕〔註23〕，堯巧工
也，音瑞。

北海之內，有反縛盜械帶戈常倍之佐，名曰相顧之尸。亦貳負臣危之類
也。**伯夷父生西岳，西岳生先龍，先龍是始生氐羌，氐羌乞姓。**伯夷父，顓
頊師，今氐羌其苗裔也。沅曰：此似釋《海內南經》「氐人國」也。

北海之內有山，名曰幽都之山，沅曰：《莊子》云：流共工於幽都。《淮南子》
云：堯北撫幽都。高誘注曰：陰氣所聚，故曰幽〔註24〕都，今雁門以北是。**黑水出焉。其
上有玄鳥、玄蛇、玄豹、玄虎、**黑虎名䖈，見《爾雅》。**玄狐蓬尾。**蓬，叢也。阻
雷反。《說苑》曰：蓬狐文豹之皮。**有大玄之山，有玄丘之民，**言丘上人物盡黑也。**有
大幽之國，**即幽民也，穴居無衣。**有赤脛之民。**郄已下正赤色。

有釘靈之國，沅曰：裴松之注《三國志》云：《魏略》曰，烏孫長老言，北丁令有馬
脛國，其人聲音似雁鶩，從膝以上身頭人也，膝以下生毛，馬脛馬蹄，不騎馬而走疾馬也。**其
民從膝已下有毛，馬蹄，善走。**《詩含神霧》曰：馬蹄，自鞭其蹄，日行三百里。

炎帝之孫伯陵，伯陵同吳權之妻阿女緣婦，同，猶通，言淫之也。吳權，
人姓名。**緣婦孕三年，**孕，懷身也。**是生鼓、延、殳，始為侯，**三子名也。殳音
殊。**鼓、延是始為鍾，**《世本》云：毋句作磬，倕作鍾。**為樂風。**作樂之曲制。

黃帝生駱明，駱明生白馬，白馬是為鯀。即禹父也。《世本》曰：黃帝生昌
意，昌意生顓頊，顓頊生鯀。**帝俊生禺號，禺號生淫梁，淫梁生番禺，是始為
舟。**《世本》云：共鼓、貨狄作舟。**番禺生奚仲，奚仲生吉光，吉光是始以木為
車。**《世本》云：奚仲作車。此言吉光，明其父子共創作意，是以互稱之。**少暤生般，**音
班。**般是始為弓矢。**《世本》云：牟夷作矢，揮作弓。弓矢一器，作者兩人〔註25〕，於義
有疑。此言般之作，是。沅曰：《荀子》云：倕作弓，浮游作矢。《墨子》云：羿作弓。《孫子》
云：倕作弓。《吳越春秋》云：黃帝作弓。俱不同。**帝俊賜羿彤弓素矰，**彤弓，朱弓。矰，
矢名，以白羽羽之。《外傳》：白羽之矰，望之如荼也。**以扶下國。**言令羿以射道除患，扶助
下國。**羿是始去恤下地之百艱。**言射殺鑿齒、封豕之屬也。有窮后羿慕羿射，故號此名
也。**帝俊生晏龍，晏龍是**〔註26〕**為琴瑟。**《世本》云：伏羲作琴，神農作瑟。**帝俊
有子八人，是始為歌舞。**沅曰：《呂氏春秋》云：昔陶唐氏之始，民氣鬱閼而滯著，筋

〔註23〕倕本誤作垂，盧本、蔣本（朱筆）校改。
〔註24〕幽字本脫。
〔註25〕此句盧文弨校作「弓矢一物，而兩人作」，又曰：藏「一物而又作」，亦譌。
〔註26〕是字盧文弨校曰：始。

骨瑟縮不達，故作為舞以宣導之。又云：帝嚳命咸黑作為聲。**帝俊生三身，三身生義均，義均是始為巧倕，是始作下民百巧。后稷是播百穀，稷之孫曰叔均，是始作牛耕。**始用黎牛〔註27〕。**大比赤陰，**或作音字。**是始為國。**得封為國。**禹、鯀是始布土，均定九州。**布，猶敷也。《書》曰：禹敷土，定高山大川。**炎帝之妻，赤水之子聽訞，生炎居，炎居生節並，節並生戲器，戲器生祝融。**祝融，高辛氏火正號。**祝融降處于江水，生共工。共工生術器，術器首方顛，**頭頂平也。**是復土壤，以處江水。**復祝融之所也。**共工生后土，后土生噎鳴**〔註28〕，**噎鳴生歲十有二。**生十二子皆以歲名名之，故云然。**洪水滔天，**滔，漫也。**鯀竊帝之息壤，以堙洪水，**息壤者，言土自長息無限，故可以塞洪水也。《開筮》曰：滔滔洪水，無所止極，伯鯀乃以息石息壤以填洪水。漢元帝時，臨淮徐縣地涌〔註29〕，長五六里，高二丈，即息壤之類也。沅曰：《史記》云：王迎甘茂於息壤。《索隱》曰：《山海經》《啟筮》云「昔伯鯀竊帝之息壤以堙洪水」，或是此也。《正義》曰：秦邑。**不待帝命。帝令祝融殺鯀于羽郊。**羽山之郊。**鯀復生禹。**《開筮》曰：鯀死三歲不腐，剖之以吳刀，化為黃龍也。**帝乃命禹卒布土，以定九州。**鯀續用不成，故復命禹終其功。沅曰：已上五卷，今本與藏經本多有異字。今兩用其長，文繁亦不著名。

　　沅曰：右第十八篇。〔註30〕

山海經第十八　　終

總校張預，分校朱昌壽、金肇麒校

〔註27〕「牛黎」二字初刻本作「黎牛」，盧文弨校作「犁牛」。
〔註28〕盧本、蔣本（朱筆）補注：音咽。（據藏本補。）
〔註29〕涌字盧文弨校曰：踊。
〔註30〕蔣本半墨半朱筆尾批：甲辰十一月又校，在西安節院。○朱批：十二月二十日，校抱經學士所寄本。

山海經新校正後序

　　秋颿先生作《山海經新校正》，其考証地理則本《水經注》，而自九經箋注、史家地志、《元和郡縣志》、《太平寰宇記》、《通典》、《通考》、《通志》，及近世方志，無不徵也。自漢以來，未有知《山海經》為地理書。司馬遷云「所有怪物不敢言」，班固云「放哉」。鄭玄注《尚書》，用《河圖》《地說》《地理志》，班固著《地理志》用《禹貢》、桑欽說，而皆不徵《山海經》。然則劉秀稱「文學大儒皆讀學以為奇」，不過以考禎祥變怪之物耳。酈道元所稱有《太康地志》《十三州記》《晉書·地道記》等書，山名水源，多有自古傳說，合于經証。李吉甫諸人，亦取諸此，以此顯經，故足据也。

　　先生開府陝西，假節甘肅，粵自崤函以西、玉門以外，無不親歷。又嘗勤民灑通水利，是以《西山經》四篇、《中次五經》諸篇疏証水道為獨詳焉。常言《北山經》泑澤、塗吾之屬，聞見不誣，惜在塞外，書傳少徵，無容附會也。其《五藏山經》，郭璞、道元不能遠引，今輔其識者，奚啻十五，恐博物君子無以加諸。星衍嘗欲為《五藏經圖》，繪所知山水，標今府縣，疑者則闕，顧未暇也。

　　先秦簡冊，皆以篆書，後乃行隸，偏旁相合，起于六代，六書之義，假借便亡。此書甚者，大苦山之「㿜」，怴怴之「怴」，蒲鶠之「鶠」，徧檢唐宋字書，都無所見。今考「㿜」即「苦」字，「怴」「鶠」則未聞。後世字書，乃遂取經俗寫以廣字例。其有知者，反云依傍字部，改變經文，此以不狂為狂。先生若蜚鼠云當為「鼶」，澇水云當作「浩」，樗木云當作「枰」，其類引据書傳，改正甚多，寔是漢唐舊本如此，古今讀者不加察核。又如「淩門」之為「龍門」，

「帝江」之為「帝鴻」,「舉父」之為「玃父」,此則聲音文字之學,直過古人。星衍夙著《經子音義》,以補陸氏德明《釋文》,有《山海經音義》二卷。及見先生,又焚筆硯。若《海外經》已下諸篇,襍有劉秀校注之詞,分別其文,降為細字,其在近世,可與戴校《水經》並行不倍。

先生又謂星衍:孔子曰「多識于鳥獸草木之名」,多莫多于《山海經》。《神農本草》載物性治疾病甚詳,此書可以証發。遇物能明,儒者宜了。惜未優游山澤,深體其原。以俟他時,桉經補疏。世有知者,冀廣異聞。然則先生勤學好問之心,又非星衍所能傳已。

乾隆四十八年癸卯二月廿六日,陽湖後學孫星衍,書於陝西節院長歡書屋。〔註1〕

〔註1〕蔣知讓尾批:丙辰冬十一月,讀第四遍,淵如其可幾及哉?與東原《水經》并為一代絕學已。師退識。○又有浮籤題曰:蔣知讓字師退,鉛山人,見曾賓谷《邢上題襟續集》。丙辰為嘉慶元年也。